Dinamiche del Potere: Navigare le Correnti dell'Influenza e dell'Autorità

Una Guida Approfondita per Comprendere, Acquisire e Utilizzare il Potere in Modo Etico ed Efficace nelle Relazioni, nella Leadership e nella Società

Peter Gorin

1. **La natura del potere:** Esplora le fondamenta del potere, le sue varie forme e come viene percepito nelle diverse culture e contesti sociali.

2. **L'arte della persuasione:** Tecniche e strategie per influenzare gli altri, sfruttando principi psicologici universali.

3. **Strategie di comunicazione:** Come comunicare efficacemente per esercitare influenza e potere.

4. **La psicologia della manipolazione:** Analisi delle tecniche manipolative e come riconoscerle e difendersi da esse.

5. **Leadership e autorità:** Esamina cosa rende un leader efficace e come l'autorità può essere costruita e mantenuta.

6. **La dinamica del potere nelle relazioni:** Come il potere si manifesta e cambia nelle relazioni personali e professionali.

7. **Il ruolo della segretezza e della discrezione:** L'importanza della riservatezza nella strategia del potere.

8. **Costruire e mantenere l'immagine pubblica:** Tecniche per creare e gestire la propria immagine pubblica e reputazione.

9. **La strategia dell'assenza:** Imparare quando e come l'assenza può aumentare il potere e l'influenza.

10. **Il potere del linguaggio non verbale:** Comprendere come il linguaggio del corpo e altri

segnali non verbali influenzino la percezione e il potere.

11. **Il concetto di sovversione:** Strategie per rovesciare o alterare le strutture di potere esistenti.

12. **L'importanza dell'adattabilità:** Come adattarsi efficacemente a cambiamenti e incertezze per mantenere il controllo.

13. **L'arte della guerra psicologica:** Tecniche per indebolire gli avversari mentalmente e strategicamente.

14. **La pianificazione a lungo termine:** L'importanza della visione e della strategia a lungo termine nel gioco del potere.

15. **La legge della reciprocità:** Come il dare e ricevere influisce sulle dinamiche di potere.

16. **La gestione dei conflitti:** Strategie per navigare e risolvere i conflitti mantenendo o accrescendo il proprio potere.

17. **Il potere della conoscenza:** Come l'informazione e la conoscenza possono essere utilizzate come strumenti di potere.

18. **La psicologia del timore e del rispetto:** L'equilibrio tra incutere paura e guadagnare rispetto.

19. **Il potere della flessibilità e della fluidità:** L'abilità di cambiare tattiche e strategie fluidamente per mantenere il vantaggio.

20.   **L'eredità del potere:** Riflessioni su come il potere è percepito e trasmesso attraverso le generazioni, e come costruire un'eredità duratura.

1. La natura del potere: Esplora le fondamenta del potere, le sue varie forme e come viene percepito nelle diverse culture e contesti sociali.

La "Natura del Potere" è un tema complesso e sfaccettato, fondamentale per comprendere come il potere si manifesti e operi nelle diverse società e culture. Questo capitolo si propone di esplorare le fondamenta del potere, esaminando le sue varie forme e la percezione che ne hanno le diverse culture e contesti sociali.

Definizione e Fondamenti

Il potere può essere definito come la capacità o l'autorità di influenzare il comportamento degli altri, di dirigere o prevenire gli esiti presenti o futuri. Questa capacità può derivare da diverse fonti, come la forza fisica, la conoscenza, l'autorità sociale o la ricchezza.

Forme di Potere

1. **Potere Coercitivo:** Basato sulla capacità di infliggere punizioni o dolore.

2. **Potere di Ricompensa:** Deriva dalla capacità di distribuire ricompense.

3. **Potere Legittimo:** Basato sulla posizione o sul ruolo sociale riconosciuto.

4. **Potere Referente:** Deriva dall'identificazione personale, dall'attrazione o dall'ammirazione.

5. **Potere Esperto:** Basato sulla competenza, sulla conoscenza o sull'abilità.

Percezione del Potere nelle Diverse Culture

La percezione e l'espressione del potere variano significativamente tra le culture:

- **Culture Occidentali:** Tendono a valorizzare il potere individuale, l'autonomia e l'espressione del sé, spesso associando il potere al successo personale e alla realizzazione.

- **Culture Orientali:** Possono enfatizzare il potere collettivo e la responsabilità sociale, dove l'armonia di gruppo e il rispetto per l'autorità tradizionale giocano un ruolo centrale.

- **Culture Tribali o Tradizionali:** Il potere può essere strettamente legato alla terra, alle tradizioni spirituali e agli anziani della comunità, con una forte enfasi sul rispetto reciproco e sul ruolo della comunità.

Contesti Sociali e il Potere

Il potere non è statico; si evolve e cambia in base al contesto sociale e storico. Ad esempio, la rivoluzione digitale ha trasformato il potere della conoscenza e dell'informazione, dando origine a nuove forme di potere basate sulla tecnologia e sull'accesso ai dati.

Implicazioni Morali e Sociali

L'esercizio del potere comporta profonde implicazioni morali e sociali. L'uso etico del potere richiede un'attenta considerazione dell'impatto delle proprie azioni sugli altri e sulla società nel suo insieme. Allo stesso tempo, le strutture di potere ingiuste possono portare a disuguaglianze sociali, abusi e oppressioni.

Conclusione

Esplorare la natura del potere significa immergersi in una riflessione profonda sui meccanismi che governano le relazioni umane e sulla responsabilità che deriva dall'esercizio del potere. Capire le diverse forme di potere e come vengono percepite nelle varie culture e contesti sociali è essenziale per navigare il complesso tessuto delle dinamiche sociali e per utilizzare il potere in modo responsabile ed etico.

L'indagine sulla natura del potere richiede un'esplorazione continua e multifaccettata, poiché il potere permea ogni aspetto delle interazioni umane e sociali. Al fine di approfondire ulteriormente questo tema, esamineremo le teorie del potere, le sue dinamiche relazionali, la sua influenza sul comportamento umano e le sue manifestazioni nei contesti storici e contemporanei.

Teorie del Potere

Il potere è stato oggetto di studio in varie discipline, ognuna offrendo prospettive uniche:

- **Filosofia:** Da Platone a Foucault, la filosofia ha esaminato il potere come concetto morale, etico e politico. Foucault, in particolare, ha esplorato il potere non solo come fenomeno repressivo ma anche come qualcosa che produce realtà, conoscenza e soggetti.

- **Sociologia:** Max Weber ha definito il potere come la capacità di imporre la propria volontà anche in presenza di resistenza. La sociologia continua a esplorare le strutture di potere all'interno della società, esaminando come queste influenzino le classi sociali, le relazioni di genere e le interazioni razziali.

- **Psicologia:** La psicologia del potere esamina come questo influenzi il comportamento, la percezione e il benessere degli individui. Studi hanno dimostrato che il potere può alterare le proprie capacità cognitive e la propensione al rischio.

Dinamiche Relazionali del Potere

Il potere si manifesta nelle relazioni tra individui o gruppi in modi complessi e spesso sottili:

- **Potere Simmetrico vs Asimmetrico:** Le relazioni possono avere distribuzioni di potere equilibrate (simmetriche) o sbilanciate (asimmetriche), influenzando la dinamica e l'interazione tra le parti.

- **Interdipendenza:** La teoria dell'interdipendenza suggerisce che il potere in una relazione deriva dalla reciproca dipendenza delle parti. Maggiore è l'indipendenza di una parte rispetto all'altra, maggiore è il suo potere.

Influenza del Potere sul Comportamento Umano

Il potere non solo modella le relazioni sociali ma influisce anche profondamente sul comportamento individuale:

- **Effetti Psicologici:** Il possesso del potere tende ad aumentare la sicurezza in sé stessi e la propensione al rischio, ma può anche portare a una minore capacità di empatizzare con gli altri.

- **Corruzione del Potere:** "Il potere corrompe, e il potere assoluto corrompe assolutamente." Questa famosa citazione di Lord Acton sottolinea il rischio che coloro in posizioni di potere perdano di vista l'etica e la moralità.

Manifestazioni del Potere nei Contesti Storici e Contemporanei

- **Imperi e Conquiste:** La storia è costellata di esempi di come il potere sia stato utilizzato per espandere territori, sottomettere popoli e costruire imperi.

- **Rivoluzioni e Movimenti Sociali:** Le rivoluzioni, dal punto di vista del potere, rappresentano il rovesciamento delle strutture di potere esistenti. I movimenti sociali moderni dimostrano il potere collettivo nel contestare e modificare le norme sociali e politiche.

Potere e Tecnologia

Nell'era digitale, il potere è stato trasformato dalla tecnologia:

- **Sorveglianza Digitale:** La capacità di monitorare e raccogliere dati su scala massiva offre nuove forme di potere e controllo.

- **Social Media:** Le piattaforme di social media hanno ridefinito il potere di influenzare, permettendo a individui e gruppi di raggiungere un pubblico globale e di mobilitare sostegno per cause sociali, politiche ed economiche.

Potere, Etica e Responsabilità

La riflessione sul potere richiede un'esplorazione delle sue implicazioni etiche:

- **Etica del Potere:** L'uso etico del potere implica la considerazione dell'impatto delle proprie azioni sugli altri e la responsabilità di agire per il bene comune.

- **Empowerment:** L'empowerment, o il processo di aumentare la forza economica, politica, sociale o spirituale degli individui e delle comunità, rappresenta un aspetto positivo del potere, promuovendo l'uguaglianza e la giustizia sociale.

Riflessioni Finali

L'esplorazione della natura del potere rivela la sua complessità e pervasività nelle relazioni umane e sociali. Comprendere il potere in tutte le sue forme e manifestazioni è cruciale per navigare il mondo in modo etico e responsabile, riconoscendo la propria posizione all'interno di strutture di potere e lavorando per costruire società più eque e giuste.

Proseguendo nell'esplorazione della natura intricata del potere, è essenziale considerare anche le sue radici antropologiche, l'impatto sulle strutture politiche, le nuove frontiere rappresentate dai media e dall'intelligenza artificiale, e le questioni di genere legate al potere.

Radici Antropologiche del Potere

Per comprendere a fondo il potere, dobbiamo rivolgerci alle sue origini nella storia umana e preistorica. Gli antropologi hanno studiato come le prime società umane gestivano il potere e l'autorità, spesso legate a strutture familiari, tribali o al controllo delle risorse. Queste dinamiche di potere primordiali hanno gettato le basi per complesse strutture politiche e sociali.

- **Potere e Risorse:** L'accesso e il controllo delle risorse naturali hanno sempre giocato un ruolo cruciale nella distribuzione del potere all'interno delle società. Ciò include non solo le risorse materiali ma anche le risorse intellettuali e spirituali.

- **Potere e Rituale:** Molti gruppi tribali utilizzano rituali per esprimere e consolidare il potere, sia attraverso cerimonie che delineano la gerarchia sociale sia attraverso pratiche che sanciscono il passaggio di potere.

Potere e Strutture Politiche

Il potere è fondamentale nella formazione e nel mantenimento delle strutture politiche. Dallo sviluppo delle prime città-stato fino alle moderne democrazie, il modo in cui il potere viene esercitato e distribuito è al centro della governance.

- **Teorie Politiche del Potere:** Filosofi come Machiavelli e Hobbes hanno offerto visioni penetranti su come il potere debba essere esercitato per mantenere l'ordine e la stabilità, spesso enfatizzando la necessità di una leadership forte.

- **Potere e Legge:** Le leggi sono uno strumento attraverso cui il potere viene esercitato all'interno della società. Esse stabiliscono i confini dell'azione accettabile e fungono da meccanismo per risolvere i conflitti, riflettendo al contempo le dinamiche di potere sottostanti.

Potere, Media e Tecnologia

L'avvento dei media di massa e, più recentemente, dei social media ha trasformato radicalmente il paesaggio del potere, democratizzandolo ma anche creando nuove forme di manipolazione e controllo.

- **Potere dei Media:** I media hanno il potere di plasmare l'opinione pubblica, influenzare le decisioni politiche e determinare l'agenda sociale. Questo potere può essere utilizzato sia per informare sia per manipolare il pubblico.

- **Tecnologia e Sorveglianza:** Le tecnologie di sorveglianza digitale offrono agli stati e alle corporazioni poteri senza precedenti per monitorare e controllare i cittadini, sollevando importanti questioni etiche sulla privacy e la libertà individuale.

Potere e Genere

La questione del genere fornisce un'altra lente critica attraverso cui esaminare il potere. Le dinamiche di genere influenzano profondamente come il potere viene esercitato e sperimentato nelle società.

- **Strutture Patriarcali:** Molte società sono state storicamente organizzate attorno a strutture patriarcali che privilegiano il potere maschile. Queste strutture influenzano tutto, dalla distribuzione della ricchezza alla rappresentazione politica.

- **Femminismo e Potere:** I movimenti femministi hanno svolto un ruolo cruciale nel contestare le strutture di potere esistenti, sottolineando l'importanza dell'uguaglianza di genere e lavorando per smantellare il patriarcato.

Intelligenza Artificiale e Futuro del Potere

L'ascesa dell'intelligenza artificiale (IA) presenta nuove sfide e opportunità per le dinamiche di potere. L'IA può potenzialmente ridisegnare il paesaggio lavorativo, influenzare le decisioni politiche e persino alterare il modo in cui interpretiamo l'etica e la moralità.

- **IA e Lavoro:** L'automazione minaccia di redistribuire il potere economico, potenzialmente aumentando le disuguaglianze se non gestita con attenzione.

- **Decisioni AI:** Man mano che affidiamo sempre più decisioni importanti agli algoritmi, dobbiamo considerare come queste tecnologie influenzino le distribuzioni di potere e garantire che rimangano etiche e giuste.

L'approfondimento delle varie dimensioni del potere mostra quanto sia pervasivo e complesso. Da considerazioni antropologiche a questioni di genere, dalla politica ai media, il potere si intreccia con ogni aspetto dell'esistenza umana, influenzando la società a livelli sia macro che micro.

Nell'esaminare ulteriormente la complessità del potere, è importante considerare anche come la globalizzazione e i cambiamenti climatici stiano ridefinendo le dinamiche di potere a livello mondiale, oltre a riflettere sul ruolo dell'etica nel contesto del potere e come le teorie del potere si adattano e evolvono nel tempo.

Potere e Globalizzazione

La globalizzazione ha portato a una maggiore interconnessione tra le nazioni, le economie e le persone, ma ha anche modificato profondamente le tradizionali dinamiche di potere:

- **Potere Economico Globale:** La globalizzazione favorisce il trasferimento di potere economico dalle economie nazionali ai giocatori transnazionali, come le multinazionali, che possono operare su scala globale.

- **Disuguaglianze Globali:** Mentre alcuni beneficiano enormemente della globalizzazione, essa ha anche amplificato le disuguaglianze, sia all'interno delle nazioni che tra paesi ricchi e paesi in via di sviluppo, rivelando nuove sfide nel gestire il potere e la giustizia a livello globale.

Potere e Cambiamento Climatico

Il cambiamento climatico rappresenta una delle maggiori sfide globali del nostro tempo, con implicazioni profonde per le dinamiche di potere:

- **Negoziazioni Climatiche:** La lotta contro il cambiamento climatico ha visto emergere nuove forme di potere nelle negoziazioni internazionali, dove le nazioni vulnerabili cercano di esercitare influenze nonostante le loro limitate capacità economiche.

- **Giustizia Climatica:** La questione della giustizia climatica evidenzia come le responsabilità e le conseguenze del cambiamento climatico siano distribuite in modo diseguale, con i paesi meno responsabili per le emissioni che spesso subiscono gli impatti più gravi.

Etica e Potere

L'etica gioca un ruolo cruciale nel modulare e guidare l'esercizio del potere:

- **Responsabilità del Potere:** Con grande potere viene una grande responsabilità. L'etica del potere riguarda il riconoscimento di questa responsabilità, soprattutto quando le azioni di un individuo o di un'entità hanno vasti impatti sulla società.

- **Potere ed Equità:** Un uso etico del potere richiede considerazioni di equità e giustizia, assicurando che le decisioni e le azioni non beneficino ingiustamente alcuni gruppi a spese di altri.

Evoluzione delle Teorie del Potere

Le teorie del potere non sono statiche; evolvono in risposta ai cambiamenti sociali, economici e tecnologici:

- **Post-Strutturalismo e Potere:** Teorie post-strutturaliste, come quelle di Foucault, hanno messo in discussione le concezioni tradizionali del potere, sottolineando come sia diffuso in tutta la società attraverso discorsi e pratiche, piuttosto che concentrato in specifici siti o individui.

- **Potere e Reti Sociali:** Nell'era dell'informazione, le teorie del potere stanno iniziando a concentrarsi sulle reti come fondamentali nella distribuzione del potere, riconoscendo che le connessioni e le relazioni possono essere altrettanto importanti delle risorse materiali.

Potere e Resistenza

La resistenza contro il potere oppressivo evidenzia l'innata capacità umana di contestare e cambiare le dinamiche di potere esistenti:

- **Movimenti di Resistenza:** Dalle primavere arabe ai movimenti per i diritti civili, la storia è ricca di esempi di come gruppi sottomessi abbiano utilizzato la resistenza per rivendicare il potere e lottare per la giustizia.

- **Strategie di Resistenza:** Le strategie di resistenza variano da azioni non violente e disobbedienza civile a campagne di sensibilizzazione e attivismo digitale, ciascuna riflettendo diverse tattiche per sfidare il potere ingiusto.

La natura del potere, quindi, si estende ben oltre la semplice capacità di esercitare controllo o influenza; essa è intrecciata con questioni di etica, giustizia, resistenza e cambiamento sociale. Ogni aspetto del potere, dalla sua radice antropologica alle sue manifestazioni contemporanee in politica, economia, e tecnologia, offre approfondimenti su come possiamo navigare e potenzialmente ristrutturare le dinamiche di potere per creare società più eque e inclusive.

Proseguendo nella nostra esplorazione del concetto di potere, diventa fondamentale esaminare anche il ruolo dell'educazione e della conoscenza come mezzi di potere, le implicazioni del potere sulla salute mentale e fisica, e l'influenza del potere nelle relazioni intergenerazionali.

Educazione e Conoscenza come Potere

L'educazione è spesso vista come uno dei mezzi più efficaci per accedere al potere. Non solo fornisce le competenze e le conoscenze necessarie per navigare il mondo, ma può anche trasformare le strutture di potere esistenti:

- **Accesso all'Educazione:** L'accesso all'educazione è una questione di potere in sé. Le società che promuovono un accesso equo all'educazione tendono a mostrare una distribuzione del potere più equilibrata.

- **Conoscenza come Potere:** Il detto "la conoscenza è potere" sottolinea come l'informazione possa essere utilizzata per influenzare o cambiare le circostanze. Nelle società moderne, la gestione delle informazioni è diventata una fonte critica di potere.

Potere e Salute

Le dinamiche di potere possono avere un impatto significativo sulla salute mentale e fisica degli individui, influenzando non solo l'accesso alle cure sanitarie ma anche la percezione del benessere:

- **Potere e Salute Mentale:** Posizioni di potere elevato o estremamente basso possono portare a stress e pressioni che incidono sulla salute mentale, evidenziando l'importanza del supporto psicologico e delle reti di sicurezza sociale.

- **Disuguaglianze Sanitarie:** Le disuguaglianze nel potere economico e sociale si riflettono spesso in disuguaglianze sanitarie, con gruppi svantaggiati che hanno minor accesso a cure di qualità e a un'educazione sanitaria adeguata.

Potere nelle Relazioni Intergenerazionali

Le dinamiche di potere giocano un ruolo cruciale anche nelle relazioni intergenerazionali, influenzando il trasferimento di conoscenze, risorse e status:

- **Trasmissione del Potere:** Le pratiche di eredità e le tradizioni culturali determinano come il potere e le risorse vengono trasferiti da una generazione all'altra, influenzando le opportunità future e la mobilità sociale.

- **Conflitti Generazionali:** Differenze nelle percezioni del potere possono portare a conflitti generazionali, con giovani che spesso sfidano le strutture di potere stabilite in cerca di cambiamento e rinnovamento.

Potere e Sviluppo Sostenibile

In un'era di sfide globali come il cambiamento climatico e la disuguaglianza economica, il concetto di sviluppo sostenibile si intreccia strettamente con le dinamiche di potere:

- **Decisioni per lo Sviluppo Sostenibile:** Coloro che detengono il potere economico e politico sono spesso in posizione di influenzare le politiche e le pratiche di sviluppo sostenibile, determinando la direzione degli sforzi per un futuro più verde e giusto.

- **Empowerment per la Sostenibilità:** Promuovere l'empowerment di comunità locali e gruppi svantaggiati è fondamentale per realizzare obiettivi di sviluppo sostenibile, assicurando che tutti abbiano voce nelle decisioni che influenzano il loro ambiente e il loro benessere.

Potere e Innovazione

L'innovazione tecnologica continua a ridefinire le dinamiche di potere, creando nuove sfide e opportunità:

- **Innovazione come Cambiamento di Potere:** Le nuove tecnologie possono rovesciare le tradizionali strutture di potere, offrendo a nuovi attori la possibilità di emergere e sfidare lo status quo.

- **Etica dell'Innovazione:** Con il potere dell'innovazione viene la responsabilità di considerare le implicazioni etiche delle nuove tecnologie, assicurando che non aumentino le disuguaglianze o compromettano i diritti umani.

Riflessioni Finali

L'esame approfondito del potere rivela una trama complessa di influenze, responsabilità ed effetti che si estendono attraverso ogni aspetto dell'esperienza umana. Dalle sue radici nella storia umana e nella cultura alla sua espressione nelle strutture politiche, sociali ed economiche contemporanee, il potere è sia una forza che modella le società che un campo di battaglia per la giustizia e l'equità. Riconoscere e comprendere le molteplici dimensioni del potere è fondamentale per qualsiasi sforzo volto a costruire un mondo più giusto ed equo.

Approfondendo ulteriormente il tema del potere, è cruciale esaminare il suo legame con la cultura e l'identità, l'intersezione tra potere e diritti umani, nonché l'importanza della trasparenza e dell'accountability nelle strutture di potere.

Potere, Cultura e Identità

La cultura e l'identità giocano un ruolo significativo nelle dinamiche di potere, influenzando come viene esercitato il potere e da chi:

- **Cultura e Norme Sociali:** Le norme culturali definiscono spesso i parametri all'interno dei quali il potere è accettato e legittimato. Queste norme possono sia rafforzare che sfidare le strutture di potere esistenti, a seconda di come evolvono nel tempo.

- **Identità e Potere:** L'identità, sia essa basata su etnia, genere, religione o altra affiliazione, può influenzare profondamente l'accesso al potere e le opportunità di esercitarlo. La lotta per il riconoscimento e l'uguaglianza delle minoranze evidenzia il legame intrinseco tra identità e potere.

Potere e Diritti Umani

Le dinamiche di potere hanno un impatto diretto sui diritti umani, sia positivamente, attraverso la promozione e protezione dei diritti, sia negativamente, quando il potere viene abusato:

- **Promozione dei Diritti Umani:** Gli attori potenti, come le nazioni e le organizzazioni internazionali, giocano un ruolo cruciale nella promozione dei diritti umani, utilizzando il loro potere per influenzare le politiche e pratiche sia a livello nazionale che globale.

- **Abusi di Potere e Diritti Umani:** Allo stesso tempo, la storia è costellata di esempi in cui le strutture di potere sono state utilizzate per opprimere e violare i diritti umani, evidenziando la necessità di meccanismi di accountability e trasparenza.

Trasparenza e Accountability

La trasparenza e l'accountability sono essenziali per un esercizio etico del potere, garantendo che coloro in posizioni di autorità siano responsabili delle loro azioni:

- **Importanza della Trasparenza:** La trasparenza nelle decisioni e nelle azioni delle autorità aiuta a prevenire abusi di potere e corruzione, consentendo al pubblico di monitorare e valutare le azioni dei loro leader.

- **Meccanismi di Accountability:** Sistemi efficaci di accountability, inclusi controlli e bilanciamenti, sono fondamentali per assicurare che il potere sia esercitato in modo giusto ed equo, e che ci siano conseguenze per gli abusi.

Potere e Tecnologia: Considerazioni Future

L'avanzamento tecnologico continua a ridefinire le frontiere del potere, sollevando questioni complesse su privacy, sorveglianza e l'influenza delle intelligenze artificiali sulle decisioni umane:

- **Privacy e Sorveglianza:** Con l'incremento delle capacità di raccolta dati, la tensione tra sicurezza e privacy diventa un campo di battaglia critico per il potere, richiedendo un equilibrio delicato tra protezione e libertà individuali.

- **Intelligenza Artificiale e Decisioni:** Man mano che l'IA assume ruoli sempre più rilevanti nelle nostre vite, sorge la questione di come queste tecnologie influenzino il potere decisionale umano e le implicazioni etiche di delegare decisioni importanti a sistemi algoritmici.

Potere e Cambiamento Sociale

Infine, è essenziale riconoscere il potere del cambiamento sociale guidato dalla base, in cui individui e comunità si mobilitano per sfidare le ingiustizie e costruire società più inclusive ed eque:

- **Movimenti Sociali:** Dall'attivismo per il clima ai movimenti per i diritti civili, i movimenti sociali dimostrano la capacità delle persone di unirsi per esercitare il potere collettivo, sfidando le strutture di potere consolidate e promuovendo cambiamenti significativi.

- **Empowerment Comunitario:** L'empowerment delle comunità, in particolare quelle storicamente marginalizzate, è fondamentale per redistribuire il potere in modo più equo, assicurando che tutte le voci siano ascoltate e valorizzate nelle decisioni che influenzano la loro vita.

Attraverso queste riflessioni, diventa evidente che il potere è un fenomeno complesso, intrecciato con ogni aspetto della vita umana. La sua comprensione richiede un'esplorazione continua delle sue manifestazioni, dei suoi effetti e delle sue potenziali trasformazioni, sempre con una profonda considerazione per l'etica, l'equità e la giustizia sociale.

Concludendo il nostro esame approfondito sulla natura del potere, è chiaro che questo tema trasversale attraversa tutte le dimensioni dell'esperienza umana, manifestandosi in una moltitudine di forme che vanno dalle strutture politiche ed economiche alle relazioni interpersonali, culturali e sociali. Il potere non è semplicemente una questione di controllo o dominio; è intrinsecamente legato alla capacità di influenzare, modellare e determinare il corso degli eventi e delle vite umane, sia su scala individuale che collettiva.

La Multidimensionalità del Potere

Abbiamo visto come il potere si manifesti in diversi ambiti: dalla politica all'economia, dalla tecnologia alla cultura, e come queste manifestazioni siano interconnesse in maniere complesse e spesso invisibili. Il potere economico, ad esempio, può influenzare direttamente il potere politico e viceversa, mentre il potere culturale può modellare le percezioni sociali del potere stesso, influenzando norme e valori.

Dinamiche di Potere e Interazioni Sociali

Le dinamiche di potere influenzano le interazioni tra individui, gruppi e nazioni, determinando chi ha voce in capitolo nelle decisioni importanti e chi viene marginalizzato o escluso. Queste dinamiche sono in continua evoluzione, con nuove forme di potere che emergono in risposta ai cambiamenti sociali, tecnologici e ambientali.

Potere, Etica e Responsabilità

Una riflessione critica sul potere richiede di considerare le questioni etiche e di responsabilità ad esso associate. L'uso del potere porta con sé la responsabilità di agire in modo giusto ed equo, considerando l'impatto delle proprie azioni sugli altri e sul mondo. La trasparenza, l'accountability e il rispetto per i diritti umani sono essenziali per un esercizio etico del potere.

Sfide e Opportunità

Il potere presenta sia sfide che opportunità. Le sfide includono il rischio di abuso, la corruzione, le disuguaglianze e l'oppressione. Tuttavia, esistono anche opportunità significative: il potere può essere utilizzato per promuovere lo sviluppo sostenibile, la giustizia sociale, l'innovazione e il cambiamento positivo. Movimenti sociali e forme di resistenza dimostrano la capacità collettiva di rinegoziare e trasformare le dinamiche di potere esistenti.

Verso una Comprensione Olistica del Potere

Per navigare il complesso paesaggio del potere, è necessario adottare un approccio olistico che tenga conto delle sue molteplici dimensioni e delle intersezioni tra di esse. Ciò richiede un impegno continuo all'apprendimento, all'ascolto e alla riflessione, così come la volontà di impegnarsi in dialoghi costruttivi e azioni collettive.

In conclusione, il potere è un tessuto complesso intrecciato nel cuore della società umana, plasmando e essendo plasmato da continui processi di interazione e cambiamento. Comprendere il potere richiede un'indagine critica e multidisciplinare, che riconosca sia le sue potenzialità per il bene comune sia i rischi di abuso e ingiustizia. Affrontare le sfide legate al potere e sfruttare le sue opportunità per il progresso richiede saggezza, coraggio e un impegno collettivo verso l'equità e la giustizia.

2. L'arte della persuasione: Tecniche e strategie per influenzare gli altri, sfruttando principi psicologici universali.

L'arte della persuasione è un campo di studio affascinante che si intreccia con la psicologia, la comunicazione e le scienze sociali, mirando a comprendere come possiamo influenzare le opinioni, le emozioni e le azioni degli altri. Le tecniche e le strategie di persuasione sfruttano principi psicologici universali per creare messaggi convincenti e indurre cambiamenti di comportamento. Esploreremo alcuni dei principali concetti e metodi che costituiscono l'essenza dell'arte della persuasione.

Reciprocità

La reciprocità è un principio fondamentale che sottolinea come gli esseri umani siano naturalmente inclini a restituire un favore quando ne ricevono uno. Nell'arte della persuasione, questo può tradursi nel fornire qualcosa di valore prima di chiedere qualcosa in cambio. Questo "qualcosa" può essere tangibile, come un regalo, o intangibile, come informazioni utili o un complimento sincero.

Coerenza e Impegno

Le persone tendono a essere coerenti con ciò che hanno detto o fatto in passato. Se riesci a ottenere un piccolo impegno iniziale, è più probabile che quell'individuo acconsenta a richieste più grandi e correlate in futuro. Questo principio è spesso utilizzato nelle campagne di marketing e fundraising, dove un piccolo primo passo può portare a un coinvolgimento più profondo.

Prova Sociale

La prova sociale si basa sull'idea che gli individui guardino agli altri per determinare cosa sia corretto o desiderabile. Mostrare che molte persone hanno adottato una tua idea o utilizzato un tuo prodotto può convincere altri a fare lo stesso. Questo principio è particolarmente potente in situazioni di incertezza o quando le persone si sentono indecise.

Simpatia

Siamo più propensi ad essere persuasi da persone che ci piacciono. La simpatia può derivare da somiglianze apparenti, complimenti, contatti frequenti e collaborazione. Inoltre, attributi come l'attrattiva fisica e una buona capacità di ascolto possono aumentare la simpatia e, di conseguenza, la persuasività.

Autorità

Mostrare di avere competenza o autorità in un determinato campo può aumentare notevolmente le possibilità di persuasione. Le persone tendono a rispettare l'opinione di esperti e autorità, pertanto dimostrare credibilità attraverso titoli, abbigliamento appropriato o presentando prove esperte può essere efficace.

Scarsità

Il principio di scarsità si basa sulla percezione che le opportunità sembrano più preziose quando sono limitate. Evidenziare la rarità di un'opportunità o la brevità di un'offerta può spingere le persone ad agire per paura di perdere qualcosa di unico o di valore.

Narrazione

La narrazione è una potente tecnica di persuasione che coinvolge il pubblico a livello emotivo. Le storie permettono di presentare casi, idee o prodotti in modo più coinvolgente e memorabile. Una narrazione efficace può suscitare empatia e consentire agli ascoltatori di vedere se stessi nel racconto, aumentando così la persuasione.

Contrasto

Il principio di contrasto implica presentare due opzioni in successione per influenzare la percezione della seconda. Per esempio, dopo aver mostrato un'opzione più costosa, una successiva a prezzo inferiore sembrerà molto più ragionevole, anche se in un contesto diverso non sarebbe stata percepita così.

Linguaggio del Corpo e Comunicazione Non Verbale

La comunicazione non verbale, come il contatto visivo, l'espressione facciale e il linguaggio del corpo, gioca un ruolo significativo nella persuasione. Essere consapevoli di questi segnali e utilizzarli strategicamente può rafforzare il messaggio verbale e aumentare l'efficacia della persuasione.

Questi principi e tecniche, se utilizzati con etica e responsabilità, offrono potenti strumenti per influenzare e persuadere in una varietà di contesti, dalla pubblicità alla leadership, dalla negoziazione personale alla comunicazione pubblica. La chiave è comprendere il pubblico, essere autentici nel messaggio e applicare questi principi in modo equilibrato e rispettoso.

L'approfondimento dell'arte della persuasione ci porta a esplorare ulteriori dimensioni e strategie che, quando integrate con i principi psicologici universali, possono migliorare significativamente la capacità di influenzare efficacemente gli altri.

Appello alle Emozioni

L'appello alle emozioni è una tecnica persuasiva potente che sfrutta le risposte emotive piuttosto che la logica o la ragione per influenzare le decisioni. Gli appelli alla paura, alla felicità, alla sorpresa o alla tristezza possono motivare fortemente le azioni delle persone. La creazione di messaggi che toccano direttamente i cuori del pubblico può rendere la comunicazione più impattante e memorabile.

Framing e Angolazione del Messaggio

Il modo in cui un'informazione o un'opzione viene presentata, o "inquadrata", può influenzare significativamente la percezione e la decisione di un individuo. Il framing può enfatizzare i benefici o minimizzare i costi di un'azione specifica, manipolando sottilmente l'atteggiamento verso essa. Ad esempio, parlare di "95% di successo" piuttosto che di "5% di fallimento" può cambiare drasticamente la percezione di un'offerta.

Domande Retoriche

Le domande retoriche sono un potente strumento di persuasione che invita gli ascoltatori a riflettere senza necessariamente richiedere una risposta diretta. Queste domande possono guidare il pensiero verso una conclusione specifica o rafforzare un punto chiave, rendendo il messaggio più persuasivo.

Principio di Antipatia

Sebbene la simpatia sia un potente motore di persuasione, anche il principio di antipatia può essere utilizzato strategicamente. Evidenziare una minaccia comune o un avversario condiviso può unire un pubblico verso un obiettivo comune, aumentando la coesione di gruppo e l'adesione al messaggio.

Utilizzo di Metodi Socratici

Il metodo socratico, basato su domande guidate per stimolare il pensiero critico e illuminare le idee, può essere un approccio persuasivo efficace. Incoraggiando il pubblico a giungere alle proprie conclusioni attraverso una serie di domande mirate, si può aumentare il senso di autonomia e convincimento interno.

Principio di Esclusività

L'idea che qualcosa sia esclusivo o disponibile solo per un selezionato gruppo di persone può aumentare il desiderio e l'interesse per quello specifico oggetto o idea. Presentare un'offerta come limitata o esclusiva sfrutta il desiderio di appartenenza e di unicità, rendendo il messaggio più attraente.

Testimonianze e Endorsement

Le testimonianze e gli endorsement da parte di individui rispettati, esperti o popolari nel campo di interesse del pubblico possono significativamente aumentare la credibilità e l'attrattiva di un messaggio o prodotto. L'approvazione da parte di una figura autorevole serve come una potente prova sociale, suggerendo che l'adozione dell'idea o del prodotto sia una scelta saggia e desiderabile.

Ascolto Attivo e Empatia

La capacità di ascoltare attivamente e di mostrare empatia non è solo fondamentale per costruire relazioni, ma è anche una strategia persuasiva cruciale. Dimostrando di comprendere e condividere i sentimenti o le preoccupazioni del pubblico, si può creare un terreno comune e aumentare l'apertura verso il proprio messaggio.

Reiterazione e Rinforzo

La ripetizione di un messaggio chiave in modi diversi e attraverso vari canali può rafforzare il ricordo e la persuasione. La reiterazione aiuta a consolidare le informazioni nella memoria a lungo termine, rendendo più probabile che il pubblico ricordi e agisca in base al messaggio.

Incorporando queste strategie avanzate con una comprensione profonda dei principi psicologici, si può affinare ulteriormente l'arte della persuasione. È cruciale, tuttavia, applicare queste tecniche con integrità e rispetto per gli altri, assicurandosi che la persuasione sia sempre etica e orientata al benessere reciproco.

Mentre continuiamo ad approfondire l'arte della persuasione, è utile esplorare ulteriori concetti e strategie che possono arricchire la nostra capacità di influenzare efficacemente il pensiero e il comportamento altrui. Questi approfondimenti sottolineano l'importanza di un approccio olistico e adattivo alla persuasione, che tenga conto della complessità delle dinamiche umane.

Personalizzazione del Messaggio

L'adattamento del messaggio alle caratteristiche specifiche del pubblico, come interessi, esperienze e livello di comprensione, può aumentare significativamente l'efficacia della persuasione. La personalizzazione rende il messaggio più rilevante e accattivante per l'individuo, aumentando la probabilità che venga accettato e agito.

Uso Strategico del Silenzio

Il silenzio può essere uno strumento potente nella comunicazione persuasiva. Usato strategicamente, può creare spazio per la riflessione, sottolineare l'importanza di un punto o invitare l'altro a colmare il vuoto, potenzialmente rivelando informazioni utili o predisponendolo ad accettare il tuo punto di vista.

Tecniche di Visualizzazione

Incorporare elementi visivi o invitare il pubblico a visualizzare uno scenario può essere estremamente persuasivo, specialmente quando si cerca di evocare emozioni o dimostrare il valore pratico di un'idea o prodotto. La visualizzazione aiuta a concretizzare concetti astratti e a rendere il messaggio più vivido e memorabile.

Principio di Compatibilità

Questo principio si basa sull'idea che le persone siano più inclini ad accettare idee o cambiamenti che percepiscono come compatibili con i loro valori, credenze o esperienze preesistenti. Presentare il tuo messaggio in modo che risuoni con i valori fondamentali del tuo pubblico può facilitare una maggiore apertura e accettazione.

Aneddoti ed Esempi Concreti

Fornire aneddoti o esempi concreti può rendere un argomento più relatabile e comprensibile, aumentando la sua forza persuasiva. Gli esempi tangibili aiutano a illustrare come un'idea o soluzione possa funzionare nella vita reale, rendendo il concetto più attraente e persuasivo.

Principio di Novità

Le persone sono naturalmente attratte da idee, prodotti o esperienze nuove o innovative. Presentare il tuo messaggio sottolineandone gli aspetti unici o nuovi può catturare l'attenzione e stimolare l'interesse, rendendo il pubblico più ricettivo alla tua persuasione.

Framing Positivo vs. Negativo

La decisione di presentare un messaggio con un framing positivo (enfatizzando i benefici) o negativo (sottolineando le conseguenze negative della non azione) può avere un impatto significativo sulla reazione del pubblico. La scelta tra questi due approcci dovrebbe essere guidata dalla comprensione delle motivazioni e delle emozioni del tuo pubblico.

Principio di Non Conformità

Mentre la prova sociale e l'autorità sono principi potenti, in alcune circostanze, sottolineare la non conformità o l'indipendenza di pensiero può essere altrettanto persuasivo. Celebrare l'individualità e la capacità di andare contro la corrente può attrarre coloro che valorizzano l'autenticità e la distinzione.

Principio del Piede nella Porta vs. Porta in Faccia

Queste due tecniche psicologiche sfruttano modi diversi di indurre una persona ad acconsentire a una richiesta più grande. Il principio del "piede nella porta" implica ottenere prima l'accordo su una piccola richiesta, mentre la tecnica della "porta in faccia" inizia con una richiesta grande e irragionevole, seguita da una più piccola e ragionevole, che è quella che si intendeva ottenere fin dall'inizio.

Ruolo dell'Autoefficacia

Rafforzare la percezione di autoefficacia del tuo pubblico — la convinzione nella propria capacità di eseguire azioni e raggiungere obiettivi — può essere un potente motore di persuasione. Incoraggiare le persone a credere nella loro capacità di agire può aumentare la probabilità che accettino e si impegnino nel tuo messaggio.

Applicare queste tecniche e principi richiede sensibilità, adattabilità e, soprattutto, un impegno verso pratiche etiche e rispettose. La vera maestria nell'arte della persuasione risiede nella capacità di influenzare positivamente, guidando gli altri verso decisioni che beneficiano tutti i soggetti coinvolti.

Nell'approfondire ulteriormente l'arte della persuasione, emergono concetti sofisticati che toccano la psicologia profonda e l'interazione umana. Questi aspetti avanzati offrono ulteriori strumenti per influenzare efficacemente gli altri mantenendo un'etica di rispetto e autenticità.

Sintonizzazione Emotiva

La capacità di sintonizzarsi con lo stato emotivo del tuo pubblico e rispecchiare tali emozioni può aumentare significativamente la connessione e la persuasività. Questa sintonizzazione richiede un'elevata intelligenza emotiva e la capacità di leggere segnali non verbali e toni vocali, creando un ambiente di empatia e comprensione reciproca.

Storytelling Avanzato

Oltre alla semplice narrazione, le tecniche avanzate di storytelling coinvolgono l'uso di archetipi, metafore e simboli che risuonano a livello inconscio. Questi elementi possono trasformare una storia da semplicemente interessante a profondamente coinvolgente, stimolando l'immaginazione dell'ascoltatore e facilitando una connessione emotiva più forte.

Principio di Rarità Emotiva

Mentre la scarsità di un prodotto può essere un potente motore di persuasione, la rarità emotiva — l'idea che un'esperienza o un'emozione offerta sia unica e irripetibile — può avere un impatto ancora maggiore. Sottolineare l'unicità dell'esperienza emotiva che il tuo messaggio o prodotto può fornire aumenta il suo valore percepito.

Tecniche di Dissonanza Cognitiva

Creare una leggera dissonanza cognitiva — il disagio che proviene dal mantenere due credenze contraddittorie — può motivare le persone a cambiare atteggiamenti o comportamenti per risolvere la tensione interna. Tuttavia, è cruciale utilizzare questa tecnica con delicatezza, guidando dolcemente il pubblico verso una risoluzione che allinea le loro azioni con i loro valori fondamentali.

Strategie di Impegno Comunitario

Involgere il tuo pubblico in una comunità o in un movimento più ampio può amplificare la persuasione attraverso il senso di appartenenza. Creare spazi per la discussione, il supporto reciproco e l'azione collettiva rende il messaggio più vivace e dinamico, aumentando il coinvolgimento e la motivazione all'azione.

Utilizzo della Curiosità

Stimolare la curiosità presentando enigmi, domande aperte o informazioni incomplete può incentivare il pubblico a esplorare ulteriormente il tuo messaggio. La curiosità è una potente forza motivazionale che può guidare l'apprendimento e l'accettazione di nuove idee.

Principi di Psicologia Ambientale

L'ambiente in cui viene presentato il tuo messaggio può influenzare la sua ricezione. La psicologia ambientale studia come elementi come il colore, la luce, lo spazio e persino la temperatura possano avere sottili effetti sul comportamento e l'apertura al cambiamento. Adattare l'ambiente per ottimizzare il confort e la ricettività può rafforzare l'impatto del tuo messaggio.

Utilizzo dell'Umorismo

L'umorismo, quando usato con attenzione e rispetto, può abbattere le barriere, rendere il messaggio più memorabile e creare una connessione positiva con il pubblico. Tuttavia, è importante calibrare l'umorismo in base al contesto e alla sensibilità del pubblico per evitare malintesi o offese.

Tecniche di Mindfulness e Presenza

Essere completamente presente e consapevole durante la comunicazione può migliorare la tua capacità di persuasione. La mindfulness aumenta la tua capacità di rispondere in modo autentico e flessibile alle reazioni del pubblico, permettendoti di adattare il tuo messaggio in tempo reale per massimizzare la risonanza e l'impatto.

Pratiche di Autenticità e Vulnerabilità

Mostrarsi autentici e, quando appropriato, vulnerabili, può creare una connessione profonda e fiducia con il pubblico. Condividere esperienze personali o sfide può dimostrare l'integrità del tuo messaggio e motivare gli altri a rispondere in modo aperto e sincero.

Integrando queste strategie avanzate con un solido fondamento nei principi di persuasione, si può navigare il complesso panorama delle interazioni umane con maggiore efficacia e sensibilità. È fondamentale, tuttavia, ricordare che il potere della persuasione dovrebbe sempre essere esercitato con un profondo senso di responsabilità etica, puntando a influenzare positivamente e migliorare il benessere collettivo.

Proseguendo nell'esplorazione delle strategie di persuasione avanzate, ci imbattiamo in concetti che sfruttano la complessità delle dinamiche umane e sociale per affinare ulteriormente l'efficacia comunicativa. Questi aspetti avanzati offrono prospettive nuove e approfondite su come navigare e influenzare le percezioni, le emozioni e le decisioni.

Psicologia del Colore

La psicologia del colore esamina come i diversi colori possano influenzare lo stato d'animo, i sentimenti e persino le decisioni delle persone. Nell'ambito della persuasione, l'uso strategico del colore nei materiali visivi, negli ambienti o nell'abbigliamento può evocare specifiche risposte emotive e aumentare l'efficacia del messaggio.

Pattern Interruption

La tecnica del pattern interruption interrompe il normale flusso di pensiero o comportamento del pubblico, creando un momento di apertura per nuove informazioni o prospettive. Questo può essere ottenuto attraverso un cambiamento improvviso nel discorso, un'azione inaspettata o un elemento sorprendente nel materiale visivo, attirando l'attenzione e aumentando la ricettività al messaggio.

Principi di Design Esperienziale

Il design esperienziale si concentra sulla creazione di esperienze coinvolgenti e memorabili che possono trasmettere messaggi in modo più efficace. Integrando elementi multisensoriali, narrazioni immersive o interazioni interattive, si può intensificare l'impatto emotivo e persuasivo del messaggio.

Linguaggio del Corpo Consapevole

Oltre ai principi di base della comunicazione non verbale, un utilizzo consapevole del linguaggio del corpo può amplificare la persuasione. Questo include la gestione dello spazio personale, l'uso mirato del contatto visivo e la calibrazione della propria espressività per allinearsi e risuonare meglio con il pubblico.

Principio del Peak-End

Il principio del peak-end suggerisce che le persone giudicano un'esperienza principalmente in base a come si sono sentite nel punto più intenso (il picco) e alla fine dell'esperienza, piuttosto che sulla media di ogni momento dell'esperienza. Nella persuasione, focalizzarsi su un forte messaggio emotivo o su una conclusione impattante può lasciare un ricordo duraturo.

Anatomia del Conflitto e Risoluzione

Comprendere l'anatomia del conflitto e le strategie di risoluzione può essere cruciale nella persuasione, specialmente quando si affrontano temi controversi o resistenze. Presentare soluzioni che riconoscono e affrontano le preoccupazioni del pubblico può ridurre l'opposizione e facilitare l'accettazione del messaggio.

Anchoring Emotivo

L'anchoring emotivo si riferisce alla pratica di associare un messaggio o un'idea a una forte emozione o esperienza personale. Questa associazione crea un "ancora" emotiva che può rendere il messaggio più persuasivo e difficile da dimenticare.

Mirroring e Matching

Tecniche di mirroring e matching, che coinvolgono l'imitazione sottile del linguaggio del corpo, del tono della voce o del linguaggio verbale del pubblico, possono creare un senso di affinità e comprensione. Questa risonanza inconscia può aumentare la fiducia e l'apertura verso il messaggio.

Utilizzo della Musica e del Suono

La musica e i suoni possono avere un potente impatto emotivo e possono essere utilizzati per rinforzare un messaggio, evocare specifiche risposte emotive o creare un ambiente più coinvolgente. La scelta strategica della musica di sottofondo o degli effetti sonori può migliorare significativamente l'atmosfera e l'efficacia della comunicazione persuasiva.

Applicazione della Teoria dei Giochi

La teoria dei giochi, lo studio matematico delle strategie di decisione tra interagenti razionali, può offrire intuizioni preziose nelle dinamiche di persuasione, specialmente in contesti di negoziazione o concorrenza. Comprendere come le persone prevedono e reagiscono alle mosse degli altri può guidare l'elaborazione di strategie comunicative più efficaci.

Ogni una di queste tecniche avanzate apre nuove possibilità per affinare e personalizzare l'approccio alla persuasione, sottolineando l'importanza di un'analisi attenta del contesto, del pubblico e degli obiettivi specifici. L'efficacia nella persuasione richiede non solo la conoscenza di questi principi ma anche la capacità di applicarli con sensibilità, rispetto e un forte senso etico.

Approfondendo ancora di più l'arte complessa della persuasione, ci si imbatte in nuove sfumature e strategie che possono rafforzare la capacità di influenzare in modo positivo e etico. Questi concetti avanzati forniscono un ulteriore livello di sofisticazione nell'interazione persuasiva, arricchendo le tecniche di base con approcci più raffinati e personalizzati.

Principio di Complementarità

Mentre il mirroring comportamentale può creare connessione e fiducia, il principio di complementarità si concentra sull'adattare il proprio comportamento per completare o migliorare gli stili di interazione del pubblico. Questo può significare assumere un ruolo più ascoltante e di supporto quando si interagisce con qualcuno di dominante o, al contrario, assumere la guida in situazioni in cui gli altri si mostrano indecisi o passivi.

Effetto Halo

L'effetto halo si verifica quando una caratteristica positiva di una persona o di un prodotto influenza positivamente la percezione complessiva. Nella persuasione, creare una forte prima impressione positiva può far sì che le qualità successive vengano valutate più favorevolmente. Essere consapevoli di questo effetto può aiutare a posizionare strategicamente gli aspetti più forti o più attraenti all'inizio di una presentazione o di un incontro.

Utilizzo di Paradossi

Presentare paradossi o dichiarazioni che sembrano contraddire la logica comune può stimolare l'interesse e la riflessione critica, spingendo il pubblico a esplorare più a fondo il messaggio. Questa tecnica può essere particolarmente efficace per rompere schemi di pensiero consolidati e aprire la strada a nuove prospettive.

Psicologia del Contagio Emotivo

Il contagio emotivo descrive il processo attraverso cui le persone "prendono" le emozioni degli altri attraverso la comunicazione non verbale. Nella persuasione, esprimere genuinamente entusiasmo, passione o fiducia può indurre risposte emotive simili nel pubblico, rendendo il messaggio più coinvolgente e convincente.

Dinamiche di Gruppo e Influenza Sociale

Comprendere le dinamiche di gruppo può migliorare significativamente l'efficacia della persuasione in contesti collettivi. Identificare e coinvolgere i leader di opinione o utilizzare la discussione di gruppo per generare consenso può amplificare l'accettazione e l'adozione delle idee.

Principi di Fluency Cognitiva

La fluency cognitiva si riferisce alla facilità con cui le informazioni vengono elaborate. Messaggi che sono facili da elaborare mentalmente — attraverso linguaggio chiaro, design pulito e argomentazioni logiche — tendono ad essere percepiti come più veritieri e convincenti. Ottimizzare la presentazione del messaggio per massimizzare la fluency può quindi aumentare l'efficacia persuasiva.

Bias di Conferma e Sfida

Mentre il bias di conferma — la tendenza a privilegiare informazioni che confermano le proprie credenze preesistenti — può rappresentare una barriera alla persuasione, può anche essere utilizzato strategicamente per introdurre nuove idee in modo che risuonino con i valori e le convinzioni del pubblico.

Allo stesso tempo, presentare sfide moderate a tali convinzioni può stimolare un'elaborazione più profonda e una maggiore apertura al cambiamento.

Nudging

Il concetto di nudging implica la progettazione di scelte ambientali che incoraggiano le persone a prendere decisioni benefiche senza limitare la loro libertà di scelta. Nel contesto della persuasione, piccoli "nudge" o suggerimenti possono guidare sottilmente il comportamento verso l'outcome desiderato, rispettando al contempo l'autonomia individuale.

Tecniche di Distrazione Selettiva

In alcune situazioni, una leggera distrazione può ridurre la resistenza alle informazioni persuasive, soprattutto se il pubblico ha opinioni contrarie forti. L'uso controllato di elementi distrattivi può abbassare le difese critiche, rendendo il messaggio centrale più accettabile.

Sfruttare il Ritmo e il Timing

Il ritmo e il timing della comunicazione possono influenzare notevolmente l'accettazione di un messaggio. Variazioni nel ritmo del discorso, pause strategiche e la tempistica dell'esposizione delle informazioni chiave possono migliorare l'attenzione, l'elaborazione e la memorizzazione del messaggio.

Incorporando queste tecniche sofisticate e consapevoli, chi pratica l'arte della persuasione può navigare con maggiore efficacia il complesso paesaggio delle interazioni umane, influenzando positivamente e rispettosamente le decisioni e i comportamenti. Come sempre, l'uso etico e rispettoso di queste strategie è fondamentale per mantenere l'integrità personale e la fiducia del pubblico.

Continuando l'esplorazione delle tecniche di persuasione avanzate, troviamo ulteriori strumenti che approfondiscono la

nostra comprensione di come influenzare efficacemente e
eticamente le decisioni e le percezioni altrui. Questi approcci
raffinati sfruttano la psicologia, la comunicazione strategica e la
sensibilità contestuale per arricchire l'interazione persuasiva.

Tecniche di Pre-suasione

La pre-suasione si riferisce alla pratica di predisporre il pubblico
alla ricezione di un messaggio prima che questo sia
effettivamente presentato. Questo può avvenire attraverso la
creazione di un contesto o di uno stato d'animo specifico che
renda il pubblico più ricettivo al messaggio successivo. Ad
esempio, suscitare curiosità o anticipazione prima di introdurre
un argomento può migliorare l'attenzione e l'interesse.

Sfruttare il Senso di Scopo

Collegare il messaggio a un senso di scopo o a valori più ampi
può aumentarne notevolmente l'attrattiva e la persuasività. Le
persone sono naturalmente inclini a cercare significato nelle
loro azioni e decisioni; quindi, dimostrare come un'idea o
un'azione possa contribuire a un obiettivo o a un valore
condiviso può motivare profondamente e guidare il
cambiamento.

L'Arte del Questioning

Oltre a utilizzare domande retoriche, un approccio persuasivo
può includere tecniche di questioning strategico che guidano il
pubblico a scoprire autonomamente le risposte o le conclusioni
che desideri promuovere. Questo metodo socratico incoraggia
l'elaborazione attiva e può portare a una convinzione più
profonda e a un maggiore senso di proprietà delle idee o delle
decisioni.

Psicologia della Sequenzialità

L'ordine in cui vengono presentate le informazioni può avere un impatto significativo sulla loro efficacia persuasiva. La psicologia della sequenzialità esplora come la strutturazione e la sequenza degli argomenti influenzino la comprensione, il ricordo e la persuasione. Ad esempio, iniziare con punti forti per catturare l'attenzione e concludere con un appello emotivo per lasciare un'impressione duratura può ottimizzare l'impatto del messaggio.

Capitalizzare sulla Congruenza Contestuale

La congruenza contestuale implica l'allineamento del messaggio con il contesto o l'ambiente in cui viene ricevuto. I messaggi che sono direttamente pertinenti o che rispecchiano l'esperienza attuale del pubblico hanno maggiori probabilità di essere percepiti come rilevanti e convincenti. Ciò richiede una profonda comprensione del contesto e della situazione del tuo pubblico.

La Potenza della Specificità

Mentre gli appelli emotivi e le grandi narrazioni possono essere potenti, c'è anche una forte persuasività nella specificità — fornire dettagli concreti, dati, esempi specifici o testimonianze. Questi elementi aggiungono credibilità e tangibilità al tuo messaggio, rendendolo più convincente per coloro che potrebbero cercare prove o dettagli pratici.

Principi di Psicologia Positiva

Incorporare elementi di psicologia positiva, come la gratitudine, l'ottimismo e la celebrazione dei piccoli successi, può migliorare l'accettazione del messaggio. Le persone sono più aperte e ricettive quando si sentono positive e speranzose, quindi enfatizzare gli aspetti positivi e le potenziali ricompense può rafforzare la persuasione.

Differenziazione e Posizionamento

Distinguere chiaramente il tuo messaggio, idea o prodotto dai concorrenti o dalle alternative può aumentarne il valore percepito e la persuasività. Il posizionamento strategico che evidenzia unicità, vantaggi esclusivi o superiorità in aree chiave può rendere il tuo messaggio più attraente.

Feedback Loop e Adattamento

La creazione di cicli di feedback che consentano di raccogliere risposte dal tuo pubblico e di adattare di conseguenza il messaggio può migliorare significativamente l'efficacia persuasiva nel tempo. L'adattamento basato sul feedback mostra che valuti e rispetti le opinioni del tuo pubblico, aumentando la fiducia e l'affinità.

Affrontare e Ridurre le Obiezioni

Anticipare e affrontare proattivamente le potenziali obiezioni nel tuo messaggio può rafforzare la tua posizione e rendere la tua argomentazione più solida. Fornire risposte e soluzioni alle preoccupazioni comuni dimostra comprensione e preparazione, riducendo le resistenze e migliorando la ricezione del messaggio.

Ognuna di queste tecniche avanzate offre un modo per approfondire e personalizzare l'approccio persuasivo, tenendo sempre presente l'importanza di agire con integrità e rispetto verso il pubblico. La maestria nella persuasione risiede nell'equilibrio tra influenzare efficacemente e mantenere un impegno etico verso le persone e le comunità con cui interagiamo.

Proseguendo nell'esame delle tecniche avanzate di persuasione, emergono altre strategie che si basano su una comprensione approfondita della psicologia umana e delle dinamiche sociali. Questi metodi avanzati possono offrire modi ancora più sofisticati per influenzare positivamente e in modo etico le percezioni e i comportamenti.

I Principi della Narrazione Immersiva

Andando oltre il semplice storytelling, la narrazione immersiva cerca di coinvolgere completamente il pubblico in una storia, utilizzando tecniche che stimolano più sensi e creano un'esperienza coinvolgente e memorabile. Questo approccio può includere l'uso di realtà virtuale, narrazioni multimediali interattive o esperienze dal vivo che permettono al pubblico di sentirsi parte della storia, aumentando significativamente il potenziale persuasivo del messaggio.

Psicologia della Sopravvivenza e del Bisogno

Sfruttare la comprensione dei bisogni umani fondamentali, come descritto nella gerarchia dei bisogni di Maslow, può fornire un potente punto di leva nella persuasione. Presentare il tuo messaggio come qualcosa che può soddisfare bisogni essenziali (ad esempio, sicurezza, appartenenza, stima) può renderlo più convincente, in quanto risuona con le motivazioni profonde e universali degli individui.

Approcci di Design Centrati sull'Uomo

Incorporare principi di design thinking e design centrato sull'utente nella creazione di messaggi persuasivi mette in primo piano le esigenze, i desideri e le esperienze del pubblico. Questo approccio implica un profondo coinvolgimento con il pubblico per comprendere le loro prospettive e co-creare soluzioni che rispondano efficacemente ai loro problemi, rendendo il processo persuasivo più organico e accettato.

Utilizzo di Archetipi e Simbolismo Universale

Gli archetipi, modelli psicologici universali identificati da Carl Jung, possono essere utilizzati nella persuasione per evocare risposte istintive e connessioni profonde. Incorporare questi simboli universali nel tuo messaggio può toccare corde emotive comuni, rendendo la comunicazione più profonda e risonante a un livello inconscio.

Strategie di Microtargeting

Il microtargeting utilizza dati e analisi dettagliati per comprendere e segmentare il pubblico in nicchie specifiche, permettendo di personalizzare i messaggi in modo incredibilmente preciso. Questa tecnica, sebbene richieda un'attenta considerazione etica, può aumentare notevolmente la rilevanza e l'efficacia del messaggio per gruppi specifici, migliorando la persuasione attraverso la personalizzazione.

La Psicologia del Gioco e della Gamification

Applicare elementi di gioco o meccaniche di gamification alla presentazione del tuo messaggio può renderlo più coinvolgente e divertente, aumentando l'interazione e il ricordo. Elementi come la sfida, il progresso visibile e le ricompense possono motivare e coinvolgere il pubblico in modi che vanno oltre la comunicazione tradizionale.

Dinamiche di Potere e Linguaggio

Comprendere e navigare le dinamiche di potere presenti nella comunicazione può migliorare la capacità di persuasione. Modulare il linguaggio per adattarlo al contesto di potere specifico — sia che tu stia parlando con qualcuno in una posizione di autorità sia che tu stia cercando di elevare le voci meno ascoltate — può rendere il tuo messaggio più efficace.

Principi di Economia Comportamentale

Applicare le scoperte dell'economia comportamentale, che
studia gli effetti dei fattori psicologici sulle decisioni economiche
degli individui, può offrire insight preziosi per la persuasione.
Comprendere come le persone valutano le perdite e i guadagni,
prendono decisioni sotto incertezza e sono influenzate da bias
cognitivi può guidare la creazione di messaggi che parlano
direttamente alle modalità decisionali del pubblico.

Empowerment e Autodeterminazione

Incentrare i messaggi attorno ai concetti di empowerment e
autodeterminazione può essere estremamente persuasivo.
Facilitando al pubblico la percezione di avere il controllo e la
capacità di effettuare cambiamenti positivi per sé stessi o per la
comunità, si può motivare un'azione più significativa e
sostenuta.

Ogni una di queste tecniche avanzate apre nuove porte alla
capacità di influenzare e motivare attraverso la persuasione,
evidenziando l'importanza di un approccio etico e centrato
sull'utente. Man mano che queste strategie diventano più
sofisticate, diventa cruciale bilanciare l'efficacia persuasiva con
la responsabilità di rispettare la libertà e l'autonomia di scelta
del pubblico, assicurando che l'influenza esercitata serva gli
interessi e il benessere di tutti i coinvolti.

Mentre proseguiamo nell'esplorazione delle tecniche di
persuasione avanzate, diventa evidente che la capacità di
influenzare efficacemente il pensiero e il comportamento
richiede una comprensione approfondita non solo della
psicologia umana ma anche delle tecniche comunicative
innovative. Questi approcci aggiuntivi ampliano ulteriormente il
repertorio di strumenti a disposizione per una persuasione etica
e impattante.

Approcci Transmedia

L'utilizzo di strategie transmedia per distribuire un messaggio attraverso vari canali e formati offre un modo per coinvolgere il pubblico su più livelli sensoriali ed emotivi. Creando una narrativa coerente che si espande attraverso video, testi, audio e esperienze interattive, si può aumentare l'immersione e il coinvolgimento del pubblico, rendendo il messaggio più persuasivo e memorabile.

Principio dell'Identificazione

Il principio dell'identificazione si basa sulla tendenza delle persone a essere influenzate da chi percepiscono simile a sé o chi rappresenta l'immagine di ciò che aspirano a diventare. Presentare portavoce o testimonial con cui il tuo pubblico possa facilmente identificarsi può aumentare significativamente l'efficacia del tuo messaggio, poiché gli spettatori sono più inclini a emulare modelli di ruolo che rispecchiano i propri valori o aspirazioni.

Contenuto Generato dall'Utente

Incoraggiare il contenuto generato dall'utente intorno a un'idea o un prodotto può servire come potente strumento di persuasione. Questo approccio sfrutta la prova sociale e l'autenticità, poiché le persone tendono a fidarsi delle opinioni e delle esperienze condivise dai loro pari più di qualsiasi messaggio commercialmente prodotto. Facilitare una piattaforma dove il pubblico può condividere le proprie storie e esperienze può amplificare la risonanza e l'accettazione del tuo messaggio.

Intelligenza Collettiva

Sfruttare l'intelligenza collettiva, incoraggiando la collaborazione e la condivisione delle conoscenze tra il tuo pubblico, può non solo arricchire il messaggio ma anche aumentarne la diffusione. Creando spazi per la discussione, il brainstorming e la risoluzione collaborativa dei problemi, si valorizza il contributo di ciascuno e si stimola un maggiore impegno con il messaggio principale.

Tecniche di Visual Thinking

Il visual thinking, o pensiero visivo, impiega diagrammi, mappe mentali, e altre rappresentazioni grafiche per chiarire idee complesse e rafforzare la comunicazione. Integrare elementi visivi che aiutino a decomporre e illustrare il tuo messaggio può facilitare la comprensione e l'accettazione da parte del pubblico, rendendo le informazioni più accessibili e persuasive.

Approcci Basati sulla Mindfulness

Promuovere la mindfulness e la consapevolezza nel contesto della persuasione può aiutare il pubblico a ricevere il messaggio in modo più aperto e riflessivo. Tecniche che incoraggiano la presenza mentale e la riflessione possono ridurre la resistenza e aumentare la capacità delle persone di considerare nuove prospettive in modo più equilibrato.

Strategie di Engagement Multi-sensoriale

Coinvolgere più sensi attraverso la presentazione del tuo messaggio può creare un'esperienza più ricca e coinvolgente. Che si tratti di integrare elementi tattili in un workshop, di utilizzare profumi in un evento dal vivo o di sfruttare suoni ambientali in una presentazione multimediale, l'engagement multi-sensoriale può amplificare l'impatto emotivo e mnemonico del messaggio.

Principi di Behavioral Design

Applicare i principi di behavioral design, che studiano come l'ambiente di scelta influenzi il comportamento umano, può migliorare la capacità di guidare le decisioni del pubblico in modo sottile ma efficace. Progettare esperienze che rendano più facile e intuitivo per il pubblico adottare il comportamento o l'atteggiamento desiderato può trasformare la persuasione in un'esperienza più naturale e meno intrusiva.

Ogni strategia avanzata evidenzia l'importanza di una comprensione multidimensionale della persuasione, che va ben oltre la semplice trasmissione di un messaggio. Integrando queste tecniche, si può costruire una comunicazione che non solo informa ma anche ispira, coinvolge e motiva profondamente il pubblico. Tuttavia, l'efficacia di queste strategie dipende dalla loro applicazione etica e rispettosa, mirata a promuovere il benessere e l'arricchimento reciproco tra comunicatore e ricevente.

Mentre continuiamo a scavare più a fondo nell'arte della persuasione, emergono strategie ulteriormente raffinate che enfatizzano l'importanza di adattare e personalizzare le tecniche di persuasione per rispecchiare le mutevoli dinamiche sociali e tecnologiche. Questi metodi avanzati ampliano il campo dell'influenza persuasiva attraverso l'innovazione e l'approfondimento psicologico.

Tecniche di Persuasione Cross-Culturale

La globalizzazione e l'interconnessione digitale richiedono una crescente sensibilità alle differenze culturali nella comunicazione persuasiva. Adottare un approccio cross-culturale, che tenga conto dei valori, delle norme e delle aspettative comunicative specifiche di diverse culture, può migliorare notevolmente l'efficacia del messaggio a livello globale. Questo include la comprensione di come concetti come l'autorità, il rispetto e la comunità variano tra le culture e influenzano la ricezione del messaggio.

Utilizzo dell'Analisi Predittiva

L'avanzamento delle tecnologie di dati e analisi permette l'uso dell'analisi predittiva per affinare le strategie di persuasione. Attraverso l'analisi comportamentale e la modellazione predittiva, è possibile anticipare le reazioni del pubblico a determinati messaggi e adattare la comunicazione per massimizzare la persuasione prima ancora di iniziare la campagna. Questo approccio basato sui dati consente una personalizzazione e un targeting del messaggio altamente sofisticati.

Storydoing invece che Storytelling

Mentre il storytelling rimane una potente tecnica di persuasione, il "storydoing", ovvero l'atto di coinvolgere il pubblico in attività che vivono e comunicano il messaggio attraverso l'esperienza diretta, guadagna terreno. Questo approccio trasforma il pubblico da semplici spettatori a partecipanti attivi, creando connessioni emotive profonde e memorabili attraverso l'azione e l'esperienza diretta.

Psicologia della Personalizzazione Dinamica

La personalizzazione dinamica si basa sull'adattamento del messaggio in tempo reale in risposta alle interazioni e ai comportamenti del pubblico. Utilizzando tecnologie avanzate e intelligenza artificiale, si possono creare esperienze di comunicazione che si modellano e cambiano in base alle reazioni individuali, rendendo il processo di persuasione incredibilmente personale e rilevante.

Incorporare la Logica dei Meme

I meme, in quanto forma virale di comunicazione online, incarnano principi di brevità, impatto visivo e replicabilità che possono essere sfruttati in strategie persuasive. Studiare la logica dei meme — come si diffondono, perché alcune idee diventano virali mentre altre no — può offrire intuizioni preziose su come creare messaggi che catturano l'immaginazione collettiva e si diffondono organicamente.

Utilizzo di Piattaforme Collaborative

Le piattaforme collaborative online offrono nuove vie per coinvolgere il pubblico nella co-creazione di messaggi e soluzioni. Questo approccio non solo aumenta l'engagement e l'investimento emotivo nel messaggio ma promuove anche una sensazione di proprietà e agenzia tra il pubblico, rendendo il processo persuasivo più democratico e partecipativo.

Principi di Neuro-estetica

La neuro-estetica, che studia come la percezione della bellezza influenzi il cervello umano, può essere applicata per migliorare l'attrattiva e l'efficacia dei messaggi persuasivi. Incorporare elementi estetici che sono universalmente o culturalmente percepiti come belli o armoniosi può aumentare l'attenzione, l'emozione e la memorabilità del messaggio.

Strategie di Decostruzione e Ricostruzione

Questo approccio implica prima sfidare e decostruire le percezioni o le credenze esistenti del pubblico per poi ricostruire e riorientare la comprensione intorno a nuovi concetti o prospettive. Attraverso questo processo di destabilizzazione e successiva ristrutturazione, è possibile superare la resistenza e incoraggiare una maggiore apertura verso idee innovative o controintuitive.

Sfruttare il Potere delle Comunità Virtuali

Le comunità virtuali, come i forum online e i social media, rappresentano un terreno fertile per la persuasione attraverso la costruzione di relazioni e l'influenza sociale. Creare o partecipare attivamente a queste comunità può facilitare la diffusione di messaggi in modo organico, sfruttando la fiducia e l'autenticità delle relazioni online per amplificare l'impatto persuasivo.

Ognuna di queste strategie avanzate mette in luce l'importanza di adattare continuamente le tecniche di persuasione all'evoluzione del contesto sociale, culturale e tecnologico. Mantenendo al centro l'etica e il rispetto per il pubblico, queste tecniche possono essere impiegate per guidare il cambiamento positivo, promuovere la comprensione e influenzare efficacemente verso obiettivi mutualmente benefici.

Mentre ci addentriamo ancora più a fondo nell'esplorazione dell'arte della persuasione, troviamo che l'integrazione di principi interdisciplinari e l'adozione di approcci innovativi possono ampliare ulteriormente il nostro repertorio di strategie persuasive. Questi concetti avanzati si basano su una fusione di conoscenze provenienti da diversi campi, dall'etologia alla cibernetica, offrendo nuove prospettive su come influenzare efficacemente le decisioni e i comportamenti.

Principi di Etologia Applicata

L'etologia, lo studio del comportamento animale, può offrire spunti interessanti sulla persuasione umana, soprattutto in termini di comunicazione non verbale, territorialità e dinamiche di gruppo. Comprendere questi istinti primordiali e come si manifestano nel contesto sociale e lavorativo moderno può aiutare a modellare strategie persuasive che risuonano a livello istintivo con il pubblico.

Tecniche di Persuasione Basate sulla Cibernetica

La cibernetica, lo studio dei sistemi regolativi e di feedback, offre un framework per comprendere come le informazioni vengano percepite, elaborate e utilizzate per influenzare il comportamento. Applicando questi principi alla persuasione, è possibile progettare messaggi che si adattano dinamicamente alle reazioni del pubblico, creando un ciclo di comunicazione più interattivo e reattivo.

Utilizzo di Metafore Complesse

Le metafore sono uno strumento di persuasione estremamente potente, ma l'uso di metafore complesse e stratificate può arricchire ulteriormente la comunicazione, collegando concetti in modi non immediatamente evidenti ma profondamente significativi. Queste metafore richiedono una riflessione più profonda e possono stimolare insight e connessioni creative nel pubblico, aumentando l'effetto persuasivo.

Tecniche di Framing Evoluto

Mentre il framing è ben noto come tecnica di persuasione, l'approccio evoluto al framing sfrutta comprensioni sofisticate della psicologia narrativa e delle aspettative del pubblico per strutturare il messaggio in modi che vanno oltre la semplice presentazione positiva o negativa. Questo può includere il framing temporale, il contrasto strategico tra scenari futuri, o l'integrazione di elementi di sorpresa e curiosità.

Approcci Olistici alla Persuasione

Adottare un approccio olistico significa considerare il benessere complessivo del pubblico e come vari aspetti della vita e dell'esperienza umana interagiscono con il messaggio che si cerca di trasmettere. Questo approccio richiede una comprensione empatica e multidimensionale del pubblico, cercando di allineare il messaggio con i loro valori, bisogni e aspirazioni globali.

Applicazione della Teoria dei Sistemi Complessi

La teoria dei sistemi complessi studia come parti interconnesse all'interno di un sistema si influenzano a vicenda in modi non lineari e imprevedibili. Applicando questa teoria alla persuasione, si può iniziare a vedere il pubblico e il contesto non solo come elementi statici ma come un insieme dinamico di relazioni e influenze, permettendo di adattare le strategie persuasive in modo più flessibile e reattivo.

Integrazione della Sostenibilità nel Messaggio

In un'epoca caratterizzata da crescente consapevolezza ambientale e sociale, incorporare principi di sostenibilità e responsabilità nel tuo messaggio può non solo aumentarne l'attrattiva ma anche rafforzare la credibilità e la fiducia nel tuo pubblico. Questo approccio dimostra un impegno nei confronti di valori condivisi e può motivare il pubblico ad adottare comportamenti più consapevoli e sostenibili.

Esplorazione della Co-creazione di Significato

Invece di vedere la persuasione come un trasferimento unidirezionale di informazioni, l'approccio alla co-creazione di significato invita il pubblico a partecipare attivamente all'interpretazione e all'applicazione del messaggio. Questo processo collaborativo non solo aumenta l'engagement ma anche permette al messaggio di essere modellato e arricchito dalle diverse prospettive e esperienze del pubblico.

Ogni una di queste strategie avanzate sottolinea l'importanza di una comprensione profonda e rispettosa delle complesse dinamiche che influenzano la persuasione. Mentre le tecniche diventano più sofisticate, resta fondamentale l'impegno verso l'uso etico della persuasione, assicurando che le strategie adottate promuovano il benessere, il rispetto e l'arricchimento reciproco tra comunicatore e pubblico.

Concludendo il nostro approfondimento sull'arte della persuasione, abbiamo esplorato una vasta gamma di tecniche e strategie che dimostrano la complessità e la potenza della comunicazione persuasiva. Questo viaggio ci ha portato attraverso principi psicologici fondamentali, tecniche di comunicazione avanzate, e strategie innovative che sfruttano le ultime scoperte in diverse discipline. L'efficacia della persuasione risiede non solo nella capacità di trasmettere un messaggio, ma anche nella profonda comprensione del contesto umano, sociale e culturale in cui quel messaggio viene ricevuto.

Abbiamo visto come principi come la reciprocità, la coerenza, la prova sociale, la simpatia, l'autorità e la scarsità formino la base della persuasione, sfruttando tendenze comportamentali innate per influenzare le decisioni e i comportamenti. Abbiamo anche esplorato come tecniche più sofisticate, come la pre-suasione, l'uso di archetipi, il microtargeting, e l'approccio transmediale, possano amplificare ulteriormente l'efficacia dei nostri sforzi persuasivi attraverso l'adattamento preciso e l'engagement multisensoriale.

Il ruolo dell'etica nella persuasione è emerso come un tema ricorrente e fondamentale. Mentre esploravamo le varie tecniche e strategie, è diventato evidente che l'uso responsabile della persuasione richiede un impegno costante per il rispetto, l'integrità e il benessere del pubblico. La persuasione, quando applicata eticamente, ha il potenziale non solo di influenzare le decisioni, ma anche di arricchire le relazioni, promuovere la comprensione e contribuire al bene comune.

L'arte della persuasione si evolve continuamente, rispondendo ai cambiamenti nella tecnologia, nella società e nella cultura. Le strategie di oggi possono dover essere adattate o reinventate domani, in risposta a nuove sfide e opportunità. Questo richiede da parte dei comunicatori una mentalità aperta, un impegno per l'apprendimento continuo e una sensibilità alle dinamiche culturali e individuali che influenzano la ricezione del messaggio.

In ultima analisi, la maestria nella persuasione non si riduce semplicemente all'efficacia con cui riusciamo a convincere gli altri ad adottare una particolare visione o azione. Si tratta piuttosto della capacità di coinvolgere il pubblico in un dialogo significativo, di rispettare la diversità di opinioni e esperienze e di promuovere scelte informate che riflettano valori condivisi e interessi comuni. La vera arte della persuasione risiede nella costruzione di ponti di comprensione e nella facilitazione di cambiamenti positivi che rispettano la dignità e l'autonomia di ogni individuo.

3. Strategie di comunicazione: Come comunicare efficacemente per esercitare influenza e potere.

Comunicare efficacemente per esercitare influenza e potere richiede una combinazione attenta di abilità interpersonali, comprensione psicologica e tecniche strategiche. L'efficacia comunicativa non si limita alla semplice trasmissione di informazioni; piuttosto, implica l'abilità di connettersi con gli altri a livello emotivo e cognitivo, promuovendo comprensione, persuasione e, in ultima analisi, azione. Di seguito sono esplorate diverse strategie chiave per ottimizzare la comunicazione al fine di esercitare un'influenza significativa e positiva.

Ascolto Attivo

L'ascolto attivo è fondamentale per qualsiasi forma di comunicazione efficace. Questo non solo dimostra rispetto e apertura verso il punto di vista altrui, ma fornisce anche informazioni preziose che possono essere utilizzate per adattare il proprio messaggio in modo più persuasivo. L'ascolto attivo include:

- Prestare piena attenzione al parlante.

- Evitare di interrompere.

- Fornire feedback non verbale, come annuire o mantenere il contatto visivo.

- Parafrasare o riassumere quanto detto per assicurarsi di averlo compreso correttamente.

Chiarezza e Concisione

Essere chiari e concisi nel trasmettere il proprio messaggio aiuta a prevenire malintesi e assicura che il messaggio principale venga ricevuto e compreso. Questo comporta:

- Utilizzare un linguaggio semplice e diretto.
- Evitare jargon e terminologia tecnica a meno che non sia strettamente necessario.
- Concentrarsi sull'essenziale, evitando divagazioni inutili.

Costruire Credibilità

La credibilità del comunicatore è cruciale per esercitare influenza. Questa si costruisce attraverso:

- Dimostrare competenza e conoscenza dell'argomento.
- Essere affidabili e coerenti nel tempo.
- Mostrare integrità e trasparenza nelle proprie intenzioni.

Uso Efficace del Linguaggio del Corpo

La comunicazione non verbale gioca un ruolo significativo nell'influenzare come il messaggio viene ricevuto. Il linguaggio del corpo efficace include:

- Mantenere una postura aperta e invitante.
- Utilizzare gesti per sottolineare i punti chiave.
- Evitare segnali di chiusura o difensività, come braccia incrociate o evitare il contatto visivo.

Adattare il Messaggio al Pubblico

Comprendere il proprio pubblico e adattare di conseguenza il messaggio è fondamentale per la comunicazione persuasiva. Ciò implica:

- Conoscere gli interessi, i bisogni e le preoccupazioni del pubblico.

- Utilizzare esempi o analogie che risuonino con le esperienze del pubblico.

- Scegliere canali di comunicazione appropriati basati sulle preferenze del pubblico.

Incoraggiare il Feedback

La comunicazione è un processo bidirezionale. Incoraggiare il feedback permette di:

- Valutare l'efficacia del proprio messaggio.

- Capire meglio le prospettive altrui.

- Ajustare le future comunicazioni in base alle risposte ricevute.

Raccontare Storie

Il storytelling è una potente tecnica persuasiva che può rendere il messaggio più relatabile e memorabile. Le storie efficaci:

- Sono pertinenti al messaggio principale.

- Coinvolgono emotivamente il pubblico.

- Sono facili da ricordare e ripetere.

Mostrare Empatia

Mostrare empatia nel processo comunicativo dimostra comprensione e rispetto per le prospettive altrui, facilitando una connessione più profonda. Questo può essere realizzato attraverso:

- Riconoscere e validare i sentimenti e le preoccupazioni del pubblico.

- Esprimere comprensione per le situazioni altrui.

- Adattare il messaggio per rispecchiare questa comprensione.

Incorporando queste strategie, si può migliorare significativamente la capacità di comunicare in modo efficace, esercitando influenza e potere in un modo che promuova l'integrità, il rispetto reciproco e l'azione positiva. La chiave per una comunicazione di successo risiede nella capacità di connettersi autenticamente con gli altri, comprendere le loro prospettive e motivazioni, e trasmettere il proprio messaggio in modo chiaro, convincente e rispettoso.

Approfondendo ulteriormente le strategie per comunicare efficacemente ed esercitare influenza e potere, possiamo esplorare nuove dimensioni che arricchiscono la nostra capacità di interagire in modo persuasivo e costruttivo.

Gestione delle Emozioni

Una comunicazione efficace richiede la capacità di gestire le proprie emozioni e di rispondere adeguatamente a quelle degli altri. Questo include:

- Rimanere calmi e composti anche in situazioni di stress o conflitto.

- Utilizzare tecniche di regolazione emotiva, come la respirazione profonda o la ristrutturazione cognitiva, per mantenere il focus.

- Essere consapevoli di come le proprie emozioni possano influenzare il modo di comunicare e percepire il messaggio.

Sviluppare la Resilienza Comunicativa

La resilienza nella comunicazione si riferisce alla capacità di mantenere efficacia e coerenza nel proprio messaggio, anche di fronte al disaccordo, al rifiuto o alle sfide. Ciò implica:

- Ascoltare attivamente le critiche senza diventare difensivi, utilizzandole come opportunità per apprendere o chiarire.

- Rimbalzare da situazioni di comunicazione infruttuose o negative con una prospettiva costruttiva.

- Mantenere la propria integrità e i propri valori centrali, pur essendo flessibili nel modo di presentare il messaggio.

Applicare la Negoziazione e il Compromesso

Nelle situazioni in cui esistono divergenze di opinioni o interessi, l'applicazione di tecniche di negoziazione e compromesso può facilitare una comunicazione più efficace e produttiva. Questo comporta:

- Identificare e riconoscere gli interessi comuni e le aree di potenziale accordo.

- Esplorare soluzioni creative che possano soddisfare le parti coinvolte.

- Essere disposti a fare concessioni ragionevoli per raggiungere un esito mutualmente accettabile.

Utilizzo del Feedback Positivo

Incorporare feedback positivo nella comunicazione può non solo rafforzare i comportamenti desiderati ma anche costruire relazioni più forti e positive. Questo include:

- Riconoscere e lodare gli sforzi e i contributi degli altri.

- Fornire rinforzi positivi che incoraggino la ripetizione di comportamenti o azioni utili.

- Utilizzare il feedback positivo per creare un ambiente di comunicazione più aperto e incoraggiante.

Tecniche di Ascolto Riflessivo

L'ascolto riflessivo va oltre l'ascolto attivo, richiedendo al comunicatore di riflettere e interpretare il significato più profondo dietro alle parole dell'interlocutore. Questo può includere:

- Parafrasare non solo il contenuto ma anche i sentimenti espressi per mostrare comprensione emotiva.

- Porre domande che approfondiscano la comprensione o che esplorino le implicazioni di ciò che è stato detto.

- Utilizzare l'ascolto riflessivo per costruire una connessione più profonda e facilitare una maggiore apertura.

Costruire Storie di Successo Condivise

Creare e condividere storie di successo all'interno di un team o un'organizzazione può servire come potente strumento di persuasione, dimostrando tangibilmente il valore e l'efficacia di certi comportamenti o iniziative. Questo comporta:

- Raccogliere e presentare esempi concreti di successi ottenuti attraverso la collaborazione o l'adozione di nuove strategie.

- Utilizzare queste storie come casi di studio o punti di riferimento per motivare e guidare future azioni.

Promuovere la Diversità di Perspettive

Riconoscere e valorizzare la diversità di opinioni e prospettive può arricchire la comunicazione e promuovere un ambiente più inclusivo e innovativo. Ciò implica:

- Creare spazi sicuri per la condivisione di opinioni diverse, incoraggiando un dialogo aperto e rispettoso.

- Utilizzare la diversità di pensiero come risorsa per esplorare soluzioni creative ai problemi.

- Evitare l'eco-camera e cercare attivamente input e prospettive diverse per informare la propria comprensione e il proprio approccio comunicativo.

Incorporando queste strategie avanzate, si può migliorare notevolmente la propria capacità di comunicare in modo efficace, influenzando positivamente e costruttivamente gli altri. La chiave per una comunicazione di successo risiede nell'equilibrio tra espressione autentica e ascolto empatico, promuovendo uno scambio di idee che rispetti la dignità e il valore di ogni individuo coinvolto.

Espandendo ulteriormente sulle strategie di comunicazione per esercitare efficacemente influenza e potere, si rivelano metodi che integrano sapientemente conoscenze psicologiche, sociologiche e tecnologiche avanzate. Questi approcci offrono modi innovativi per arricchire l'interazione e aumentare l'impatto comunicativo.

Sfruttare la Psicologia Ambientale

L'ambiente in cui avviene la comunicazione può avere un impatto significativo sulla ricezione del messaggio. La psicologia ambientale studia come fattori come lo spazio fisico, il design, e l'atmosfera influenzano il comportamento e le emozioni umane. Adattare consapevolmente l'ambiente per favorire apertura e comfort può potenziare la capacità di persuasione, rendendo il pubblico più recettivo al messaggio. Ciò include l'utilizzo di illuminazione soffusa, spazi accoglienti e disposizioni dei posti che incoraggiano l'interazione.

Principi di Design della Comunicazione

Il design della comunicazione, che abbraccia principi visivi, tipografici e grafici, gioca un ruolo cruciale nel rendere i messaggi più comprensibili e accattivanti. L'applicazione di principi di design può aiutare a strutturare le informazioni in modo che siano facilmente navigabili, evidenziare elementi chiave attraverso l'uso del colore o della forma e utilizzare visualizzazioni dati per presentare argomenti complessi in modi intuitivi. Questo approccio non solo aumenta l'attrattiva estetica ma anche l'efficacia comunicativa del messaggio.

Intelligenza Culturale nella Comunicazione

L'intelligenza culturale, o la capacità di attraversare confini culturali e prosperare in più contesti culturali, è fondamentale nella comunicazione globale. Comprendere e adattarsi alle norme comunicative, ai valori e alle aspettative di diverse culture può migliorare notevolmente l'efficacia della comunicazione interculturale. Ciò implica non solo l'adattamento del linguaggio o dei riferimenti culturali ma anche la sensibilità alle modalità di comunicazione preferite, come il livello di direttezza o l'uso di metafore.

Leverage Behavioral Insights

Gli insight comportamentali, tratti dalla psicologia comportamentale e dall'economia comportamentale, offrono potenti strumenti per progettare messaggi che allineano sottilmente i comportamenti desiderati con le tendenze umane naturali. Questo può includere l'utilizzo di "nudge" per incoraggiare determinate azioni o la progettazione di opzioni in modo che le scelte più vantaggiose siano percepite come più attraenti. Questi approcci sfruttano una comprensione profonda di come le persone prendono decisioni nella vita reale, permettendo comunicazioni più mirate e influenti.

Tecniche di Visualizzazione Mentale

Incoraggiare il pubblico a visualizzare mentalmente scenari o risultati può essere una potente tecnica di persuasione. Questo processo aiuta a rendere i concetti più concreti, facilita l'empatia con situazioni ipotetiche e aumenta la percezione dell'urgenza o dell'importanza di un messaggio. La visualizzazione può essere guidata attraverso narrazioni dettagliate, descrizioni vivide o persino esercizi interattivi che incoraggiano il pubblico a immaginare se stessi in determinate situazioni.

Sviluppo di Comunità e Network

Costruire e mantenere comunità attorno a marchi, cause o idee è una strategia di comunicazione che sfrutta la forza delle reti sociali per diffondere messaggi e promuovere l'engagement. Questo implica non solo la condivisione di contenuti ma anche la facilitazione della discussione, l'incoraggiamento alla partecipazione e la co-creazione di valore con i membri della comunità. Le comunità possono servire come potenti amplificatori di messaggi, creando spazi per il sostegno reciproco, la condivisione di conoscenze e la collaborazione.

Promozione dell'Introspezione

Incentivare l'introspezione nel pubblico può rafforzare la comunicazione persuasiva, permettendo alle persone di riflettere sui propri valori, credenze e motivazioni. Questo approccio può aiutare a superare la resistenza ai cambiamenti di comportamento o di opinione, poiché incoraggia l'autoesplorazione e l'allineamento personale con il messaggio trasmesso. Tattiche come porre domande provocatorie, presentare dilemmi morali o esporre contrasti tra realtà attuali e ideali futuri possono stimolare questo processo di riflessione.

Utilizzo di Simulazioni e Giochi di Ruolo

Le simulazioni e i giochi di ruolo offrono modi interattivi per esplorare scenari complessi, praticare abilità comunicative e sperimentare le conseguenze delle decisioni in ambienti controllati. Questi strumenti possono essere particolarmente utili in contesti educativi o formativi, dove l'obiettivo è sviluppare competenze di negoziazione, risoluzione dei conflitti o leadership. Fornendo esperienze immersive, queste tecniche possono rivelare dinamiche sottili e incoraggiare l'apprendimento attraverso l'esperienza diretta.

Ogni strategia evidenziata qui rappresenta un tassello nel vasto mosaico delle tecniche di comunicazione efficace. Integrando questi approcci, si può mirare a creare una comunicazione che non solo informa ma anche ispira, coinvolge e mobilizza, sfruttando il potere della parola per costruire ponti, influenzare positivamente e guidare il cambiamento. La comunicazione efficace, alla sua essenza, si fonda sulla capacità di connettersi autenticamente con gli altri, rispettando le loro prospettive e arricchendo il dialogo collettivo.

Proseguendo nell'esplorazione delle strategie per comunicare efficacemente ed esercitare influenza, ci immergiamo in tecniche ancora più sofisticate che sfruttano la comprensione dei meccanismi umani e tecnologici per amplificare il potere comunicativo.

Storyscaping

Andando oltre il tradizionale storytelling, lo storyscaping crea un mondo intorno al messaggio, dove il pubblico può immergersi completamente. Questo approccio crea un ambiente narrativo che va oltre una singola storia, coinvolgendo il pubblico in un'esperienza più ampia e interconnessa. Attraverso l'uso di piattaforme digitali, eventi dal vivo e contenuti multimediali, lo storyscaping permette al pubblico di vivere il messaggio in modi personali e significativi, promuovendo un legame più profondo con le idee presentate.

Tecnologia Immersiva

L'utilizzo di tecnologie immersive come la realtà virtuale (VR) e la realtà aumentata (AR) apre nuove frontiere nella comunicazione persuasiva. Queste tecnologie permettono di creare esperienze che possono modificare la percezione e aumentare l'empatia, posizionando il pubblico direttamente all'interno di scenari o storie. Per esempio, una simulazione VR che mostra l'impatto del cambiamento climatico su comunità specifiche può avere un impatto emotivo e cognitivo molto più forte rispetto alla semplice visione di dati o grafici.

Analisi del Sentiment

Applicare l'analisi del sentiment e altre tecniche di intelligenza artificiale alla comunicazione consente di rilevare e comprendere le reazioni emotive del pubblico in tempo reale o attraverso l'analisi dei social media. Questa comprensione può guidare l'adattamento del messaggio, assicurando che sia in risonanza con lo stato emotivo attuale del pubblico e aumentando la pertinenza e l'efficacia della comunicazione.

Principi di Scenarizzazione

La scenarizzazione, che implica la costruzione di scenari futuri dettagliati, può essere utilizzata per illustrare le conseguenze di determinate azioni o decisioni. Presentare scenari vividi che esplorano diverse traiettorie può aiutare il pubblico a comprendere meglio le implicazioni a lungo termine delle loro scelte, facilitando una comunicazione che motiva un cambiamento considerato e strategico.

Dinamiche di Co-creazione Online

Sfruttare le piattaforme online per la co-creazione di contenuti e idee con il pubblico sfrutta la creatività collettiva e promuove un senso di appartenenza e impegno. Questo approccio trasforma i destinatari passivi in partecipanti attivi, incentivando l'innovazione e la condivisione di prospettive diverse. La co-creazione può aumentare l'adesione e l'accettazione del messaggio, dato che il pubblico contribuisce direttamente alla sua forma e al suo significato.

L'Arte del Feedback Strategico

Incorporare sistemi di feedback strategico nella comunicazione non solo fornisce insight preziosi ma anche rinforza il rapporto con il pubblico. Creare meccanismi attraverso cui il pubblico può esprimere opinioni, fare domande o condividere esperienze trasforma la comunicazione in un dialogo bidirezionale, dove l'apprendimento e l'adattamento sono continui. Questo processo consente una maggiore personalizzazione e raffinamento dei messaggi futuri.

Approcci Multisensoriali

Integrare stimoli multisensoriali nella comunicazione può aumentare notevolmente l'impatto e la memorabilità del messaggio. Oltre agli elementi visivi e sonori, considerare come stimoli tattili, olfattivi o gustativi possano essere incorporati in esperienze di marca o educative per creare una connessione più profonda e un ricordo duraturo.

Mindfulness nella Comunicazione

Promuovere pratiche di mindfulness e consapevolezza nel contesto della comunicazione aiuta sia il mittente che il destinatario a essere più presenti, aperti e ricettivi. La mindfulness può ridurre i pregiudizi, aprire nuovi livelli di comprensione e favorire un ambiente comunicativo in cui l'ascolto attivo e l'empatia prevale su reazioni affrettate o difensive.

Incorporare queste strategie avanzate nella propria cassetta degli attrezzi comunicativa non solo migliora la capacità di influenzare e persuadere ma promuove anche un'interazione più significativa e autentica con il pubblico. Man mano che il panorama della comunicazione continua a evolversi, l'abilità di adattarsi, imparare e applicare nuove tecniche in modo etico diventa cruciale per esercitare un'influenza positiva e duratura.

Proseguendo nella nostra esplorazione delle strategie di comunicazione avanzate per esercitare efficacemente influenza e potere, emergono ulteriori concetti che si basano sulla continua innovazione e sulla profonda comprensione delle interazioni umane.

Applicazione dell'Intelligenza Emotiva

L'intelligenza emotiva, ovvero la capacità di riconoscere, comprendere e gestire le proprie emozioni e quelle degli altri, è fondamentale per una comunicazione influente. Migliorare l'intelligenza emotiva può portare a:

- Una maggiore capacità di connettersi emotivamente con il pubblico, personalizzando la comunicazione in base allo stato emotivo percepito degli interlocutori.

- La capacità di rispondere in modo flessibile alle dinamiche emotive durante la comunicazione, permettendo un'adattabilità che può rafforzare il legame e la persuasione.

L'uso di Analogie Complesse

Le analogie complesse e ben costruite possono facilitare la comprensione di concetti nuovi o complicati, collegandoli a idee o esperienze familiari. Questo può includere:

- Creare collegamenti tra il messaggio che si desidera trasmettere e storie o esperienze universali, aumentando così la rilevanza e la memorabilità del messaggio.

- Utilizzare analogie per superare le barriere cognitive, rendendo i concetti astratti più accessibili e comprendibili.

Creazione di Esperienze Condivise

Favorire esperienze condivise attraverso la comunicazione non solo crea un senso di comunità ma anche rafforza la persuasione attraverso il legame sociale. Questo può avvenire attraverso:

- Organizzare eventi o workshop che incoraggino l'interazione diretta e la partecipazione attiva.

- Creare campagne di comunicazione che invitino alla
  condivisione di esperienze personali, collegando individui
  attraverso storie comuni.

Sfruttare la Narrativa Seriale

La narrativa seriale, o la tecnica di svelare una storia o un
messaggio attraverso una serie di comunicazioni, può
mantenere il pubblico impegnato e anticipare il seguito. Questo
approccio:

- Crea aspettativa e interesse, incoraggiando il pubblico a
  seguire attivamente il discorso o la campagna nel tempo.

- Permette una costruzione graduale del contesto e della
  comprensione, rinforzando il messaggio chiave attraverso
  ripetizioni e approfondimenti.

Integrazione di Feedback Loop Aperti

Incorporare loop di feedback aperti nella strategia comunicativa
consente un dialogo continuo con il pubblico, dove le risposte e
le percezioni possono informare e guidare l'evoluzione della
comunicazione. Questo implica:

- Utilizzare piattaforme digitali per monitorare le reazioni e
  interagire con il pubblico in tempo reale.

- Adattare e modificare il messaggio o l'approccio in base al
  feedback ricevuto, dimostrando flessibilità e rispetto per
  le prospettive del pubblico.

Tecniche di Visualizzazione Avanzate

L'evoluzione delle tecniche di visualizzazione, inclusi strumenti
interattivi e immersive data visualizations, offre nuovi modi per
presentare informazioni complesse in modi intuitivi e
coinvolgenti. Questo può includere:

- L'uso di realtà aumentata per sovrapporre dati o informazioni al mondo reale, fornendo un contesto immediato.

- Creare visualizzazioni interattive che permettono al pubblico di esplorare i dati o le informazioni in modo personale, aumentando l'engagement e la comprensione.

Fomentare la Partecipazione Attraverso il Gioco

Integrare elementi ludici, come sfide, livelli e ricompense, nella comunicazione può motivare e coinvolgere il pubblico in modi unici. Questi meccanismi di gamification:

- Incoraggiano la partecipazione attiva e prolungata, trasformando l'apprendimento o l'adozione di nuove idee in un'esperienza piacevole e gratificante.

- Possono facilitare l'acquisizione di nuove competenze o comportamenti attraverso la pratica ripetuta in un contesto di gioco.

Ottimizzazione per la Connettività Mobile

In un'era dominata dalla connettività mobile, ottimizzare la comunicazione per dispositivi mobili è essenziale per raggiungere efficacemente il pubblico. Questo include:

- Progettare messaggi che siano brevi, visivamente accattivanti e facili da consumare su schermi piccoli.

- Sfruttare le app e le piattaforme social per interagire con il pubblico in modi che siano convenienti e immediati.

Integrando queste tecniche avanzate, si può costruire una strategia di comunicazione che non solo trasmette informazioni ma anche ispira, coinvolge e mobilizza il pubblico. La chiave del successo risiede nell'abilità di adattarsi alle mutevoli dinamiche tecnologiche e umane, mantenendo sempre un impegno verso la comunicazione responsabile e centrata sull'ascoltatore.

Nell'approfondire ancora più a fondo le strategie di comunicazione avanzate per esercitare efficacemente influenza e potere, emergono ulteriori aspetti che enfatizzano la necessità di innovazione continua e di un'acuta comprensione psicologica per navigare e influenzare efficacemente il panorama sociale e tecnologico in evoluzione.

Personalizzazione Dinamica del Contenuto

La personalizzazione dinamica va oltre il semplice adattamento del messaggio in base alle informazioni demografiche o comportamentali, utilizzando l'intelligenza artificiale e l'apprendimento automatico per adattare i contenuti in tempo reale alle reazioni e alle interazioni degli utenti. Questo metodo permette una comunicazione estremamente rilevante e personale, potenziando significativamente l'engagement e l'efficacia persuasiva.

Utilizzo Strategico dei Big Data

L'analisi dei big data offre una comprensione senza precedenti delle tendenze comportamentali, delle preferenze e delle dinamiche sociali. Sfruttare i big data nella pianificazione e nell'esecuzione delle strategie comunicative consente di identificare modelli, prevedere comportamenti e personalizzare gli approcci comunicativi con precisione, massimizzando l'impatto e l'efficienza del messaggio.

Comunicazione Multicanale Integrata

Un approccio multicanale integrato coordina la comunicazione attraverso vari piattaforme e media per creare un'esperienza omogenea e coerente per l'utente. Questo include la combinazione di canali digitali e non digitali, come social media, email, eventi dal vivo e pubblicità tradizionale, per raggiungere il pubblico ovunque si trovi e in modi che risonano con le loro abitudini di consumo dei media.

Principi di Psicologia Transpersonale

Applicare principi della psicologia transpersonale, che esplora gli aspetti spirituali e trascendentali dell'esperienza umana, può arricchire la comunicazione introducendo temi che risuonano con la ricerca di significato e connessione più profonda degli individui. Questo può includere enfatizzare la connessione umana universale, promuovere valori condivisi o ispirare attraverso il richiamo a esperienze che superano l'individuo.

Storytelling Visivo Avanzato

Con l'aumentare dell'importanza dei contenuti visivi, lo storytelling visivo diventa una componente cruciale della comunicazione efficace. Tecniche avanzate, come l'uso di grafica interattiva, video immersivi e realtà aumentata, possono trasformare il modo in cui i messaggi vengono percepiti e assimilati, creando esperienze narrative coinvolgenti che captano l'attenzione e stimolano l'immaginazione.

Sviluppo di Leadership Narrativa

La leadership narrativa si concentra sull'uso della narrazione come strumento chiave per la leadership e l'influenza. Ciò include la capacità di raccontare storie che definiscono la visione, trasmettono valori e motivano l'azione, nonché la capacità di ascoltare e incorporare le storie degli altri per costruire una visione condivisa e promuovere un senso di appartenenza e impegno.

Esperimenti di Comunicazione Iterativa

L'adozione di un approccio sperimentale alla comunicazione, dove diversi messaggi, formati e canali vengono testati e valutati per efficacia, consente un affinamento continuo delle strategie. Questo processo iterativo di sperimentazione, feedback e adattamento permette di rimanere agili e reattivi alle mutevoli dinamiche del pubblico e del contesto.

Focalizzazione sull'Esperienza Utente (UX)

Incorporare principi di design dell'esperienza utente (UX) nella comunicazione assicura che l'interazione dell'utente con il messaggio sia intuitiva, soddisfacente e priva di attriti. Questo può variare dalla progettazione di siti web e applicazioni mobili alla creazione di documenti e materiali di marketing che siano facili da navigare e accattivanti.

Incoraggiamento dell'Autoespressione

Facilitare e incoraggiare l'autoespressione tra il pubblico può rafforzare l'engagement e la connessione emotiva con il messaggio. Creando piattaforme e opportunità per gli utenti di condividere le loro storie, opinioni e creatività, si promuove un senso di comunità e di partecipazione attiva, aumentando l'investimento personale nel messaggio o nella causa.

Incorporando queste tecniche avanzate, i comunicatori possono navigare efficacemente il panorama sempre più complesso della comunicazione moderna, influenzando positivamente e costruendo relazioni autentiche con il loro pubblico. Mentre queste strategie si evolvono, rimane fondamentale un impegno verso pratiche etiche e rispettose, assicurando che la comunicazione serva non solo gli obiettivi immediati ma anche il benessere e l'arricchimento della comunità più ampia.

Mentre continuiamo ad approfondire le strategie avanzate per una comunicazione efficace che esercita influenza e potere, esploriamo nuove dimensioni che enfatizzano la necessità di un approccio olistico e innovativo. Questi concetti avanzati si basano sulla fusione di intuizioni derivanti da una vasta gamma di discipline, dall'etica alla neuroscienza, per creare una comunicazione che non solo informa ma trasforma.

Ecosistemi di Comunicazione Integrati

La creazione di ecosistemi di comunicazione integrati prende in considerazione non solo il messaggio e il mezzo, ma anche come questi si intersecano con l'ambiente digitale, sociale e fisico del pubblico. Questo approccio richiede una pianificazione olistica che assicuri coerenza e risonanza attraverso tutti i punti di contatto, amplificando l'impatto attraverso la sinergia tra canali diversi.

Comunicazione Basata sui Valori

Centrare la comunicazione sui valori condivisi può rafforzare significativamente il legame tra emittente e destinatario, promuovendo un senso di fiducia e comunità. Questo implica identificare e articolare i valori fondamentali che motivano l'organizzazione o l'individuo e rifletterli in modo autentico in tutte le forme di comunicazione. Questa trasparenza e coerenza valoriale favoriscono un impegno più profondo e duraturo.

Neurocomunicazione

Applicare le conoscenze della neuroscienza alla comunicazione — dalla comprensione di come i messaggi vengono elaborati nel cervello alla realizzazione di pattern che suscitano emozioni positive — può migliorare notevolmente l'efficacia del messaggio. Tecniche che stimolano l'attenzione, la memoria e l'emozione a livello cerebrale possono rendere la comunicazione più impattante e memorabile.

Comunicazione Visual Data-Driven

L'utilizzo di dati visivi, come infografiche e dashboard interattive, per raccontare storie o presentare argomentazioni consente di trasmettere informazioni complesse in modo intuitivo e coinvolgente. Un approccio data-driven alla comunicazione visiva non solo aumenta la credibilità ma facilita anche la comprensione e l'interazione da parte del pubblico.

Principi di Design Inclusivo

Incorporare principi di design inclusivo assicura che la comunicazione sia accessibile e rilevante per un'ampia gamma di pubblici, inclusi coloro con diverse abilità, contesti culturali e preferenze di apprendimento. Questo approccio promuove l'equità e l'empatia, garantendo che nessuno sia escluso dal dialogo o dall'azione.

Strategie di Micro-Momenti

Sfruttare i micro-momenti, ovvero quegli istanti in cui gli individui si rivolgono a un dispositivo per agire su un bisogno di apprendere, fare, scoprire o acquistare, può catturare l'attenzione in un panorama digitale affollato. Progettare messaggi per essere tempestivi, rilevanti e utili in questi momenti critici aumenta la pertinenza e l'impatto.

Dinamiche di Giustizia Narrativa

Esplorare le dinamiche della giustizia narrativa implica assicurare che le storie e i messaggi riflettano equità, riconoscimento e rispetto per tutte le voci, specialmente quelle marginalizzate o sottorappresentate. Questo implica non solo chi parla, ma anche le storie che vengono raccontate e come. Promuovere una diversità di narrativa contribuisce a una comprensione più ricca e multiforme dei problemi affrontati.

Comunicazione Come Pratica di Mindfulness

Adottare un approccio mindfulness alla comunicazione incoraggia la presenza, l'ascolto profondo e la risposta consapevole. Questo non solo migliora la qualità dell'interazione ma promuove anche un clima di rispetto reciproco e comprensione. La comunicazione mindful può aiutare a navigare disaccordi o malintesi con maggiore apertura e meno conflitto.

Queste strategie rappresentano solo una frazione del vasto spettro di tecniche disponibili per migliorare la comunicazione in un'epoca di rapidi cambiamenti tecnologici e culturali. La chiave del successo risiede nella capacità di rimanere flessibili, etici e centrati sull'umano, utilizzando la comunicazione non solo come mezzo per trasmettere informazioni, ma come strumento per costruire ponti, ispirare azioni e catalizzare cambiamenti positivi.

Mentre esploriamo ulteriormente le profondità della comunicazione efficace per esercitare influenza e potere, ci avventuriamo in aree che intersecano la tecnologia emergente, le teorie avanzate della comunicazione e la comprensione psicologica del comportamento umano. Questi nuovi orizzonti offrono strumenti innovativi e approfondimenti per affinare ulteriormente la nostra capacità di influenzare positivamente e responsabilmente.

La Sinergia tra Comunicazione e Tecnologie Emergenti

L'evoluzione continua delle tecnologie digitali apre nuove frontiere per la comunicazione. L'integrazione di intelligenza artificiale, chatbot avanzati, e realtà mista (MR) nelle strategie di comunicazione permette interazioni più personalizzate e immersive, capaci di adattarsi in tempo reale ai bisogni e alle reazioni degli utenti. Sviluppare competenze in queste aree tecnologiche può significativamente potenziare l'efficacia comunicativa, rendendo i messaggi più rilevanti e coinvolgenti per il pubblico.

Comunicazione Sostenibile

Con una crescente consapevolezza globale sui problemi ambientali e sociali, la comunicazione sostenibile diventa cruciale. Questo approccio enfatizza la trasparenza, l'etica e la responsabilità nel creare e diffondere messaggi. Implementare pratiche di comunicazione che riflettano e promuovano la sostenibilità può non solo migliorare l'immagine di un'entità ma anche stimolare un cambiamento significativo, influenzando positivamente la percezione pubblica e il comportamento verso questioni di importanza critica.

Dinamiche di Gruppo Online

Nell'era digitale, le dinamiche di gruppo online assumono un ruolo centrale nella modellazione delle opinioni e dei comportamenti. Comprendere come le informazioni vengono condivise, discusse e modificate nelle comunità online può offrire intuizioni preziose per la creazione di messaggi che siano non solo virali ma anche capaci di sostenere dialoghi costruttivi. Navigare efficacemente queste dinamiche richiede un approccio olistico che consideri l'etica, l'engagement e l'empatia.

Integrazione di Feedback Emotivo

L'analisi emozionale, che comprende il rilevamento e l'interpretazione delle reazioni emotive attraverso feedback verbale e non verbale, offre una dimensione aggiuntiva alla comprensione del pubblico. Integrare questo tipo di feedback nella valutazione della comunicazione può aiutare a affinare messaggi e strategie in modo che risuonino più profondamente con gli stati emotivi e le motivazioni del pubblico, migliorando così l'efficacia persuasiva.

Leverage Cross-Culturale e Globale

Nell'ambito della comunicazione globale, la capacità di navigare e rispettare le differenze culturali diventa imperativa. Strategie che abbracciano la diversità e promuovono l'inclusione possono non solo evitare fraintendimenti ma anche arricchire il messaggio con prospettive multiple. La comunicazione efficace su scala globale richiede una profonda comprensione delle norme culturali, delle lingue e delle preferenze comunicative di diversi gruppi, sottolineando l'importanza di un approccio empatico e rispettoso.

Promozione dell'Alfabetizzazione Mediatica

Con l'abbondanza di informazioni e la prevalenza della disinformazione, promuovere l'alfabetizzazione mediatica diventa una componente essenziale della comunicazione responsabile. Educare il pubblico su come valutare criticamente le fonti di informazione, riconoscere il bias e comprendere il contesto può rafforzare la resilienza sociale contro la manipolazione e favorire una cittadinanza più informata e impegnata.

Sperimentazione con Formati Narrativi Ibridi

L'esplorazione di formati narrativi ibridi che fondono testo, audio, video e interattività può offrire modi nuovi e coinvolgenti per raccontare storie e trasmettere messaggi. Questi formati, sfruttando la natura multidimensionale dell'esperienza umana, possono creare narrazioni più ricche e sfaccettate, aumentando l'impatto emotivo e cognitivo del messaggio.

Mentre queste strategie avanzate continuano ad evolversi, la chiave per una comunicazione di successo rimane l'equilibrio tra innovazione tecnologica e sensibilità umana. La capacità di adattarsi, imparare e applicare questi concetti in modo etico e consapevole garantirà che la comunicazione non solo raggiunga i suoi obiettivi ma anche contribuisca al benessere collettivo e al progresso sociale.

Concludendo la nostra esplorazione approfondita sulle strategie avanzate di comunicazione per esercitare efficacemente influenza e potere, abbiamo attraversato un vasto panorama di tecniche, principi e innovazioni che si estendono oltre i confini tradizionali della comunicazione. Questo viaggio ci ha portato dalla comprensione dell'ascolto attivo e della chiarezza del messaggio, attraverso l'adozione di tecnologie emergenti e l'integrazione di approcci interdisciplinari, fino alla promozione di una comunicazione che sia non solo informativa ma anche trasformativa.

Abbiamo visto come l'efficacia comunicativa si basi su una profonda comprensione delle dinamiche umane e sociali, richiedendo una sintesi tra intelligenza emotiva, competenza culturale e responsabilità etica. Le strategie esplorate enfatizzano l'importanza di:

- **Ascoltare con Empatia**: Porsi in ascolto attivo, valorizzando le prospettive altrui e promuovendo un dialogo genuino.

- **Comunicare con Chiarezza e Precisione**: Sviluppare messaggi che siano diretti, comprensibili e privi di ambiguità per garantire una comprensione condivisa.

- **Costruire Credibilità e Fiducia**: Dimostrare affidabilità, competenza e integrità nel tempo per rafforzare l'autorità comunicativa.

- **Sfruttare Tecnologie Avanzate**: Integrare strumenti digitali e piattaforme interattive per creare esperienze di comunicazione immersive e personalizzate.

- **Promuovere l'Inclusione e la Diversità**: Rispettare e valorizzare le differenze, incoraggiando una comunicazione che sia accessibile e risonante con un ampio spettro di pubblici.

- **Incoraggiare la Partecipazione Attiva**: Stimolare l'engagement e la co-creazione di contenuti per sviluppare un senso di appartenenza e investimento personale.

- **Adottare un Approccio Etico**: Mantenere un impegno costante verso pratiche di comunicazione che rispettino la dignità e il benessere di tutti i coinvolti.

Le strategie avanzate di comunicazione esaminate offrono un ricco insieme di strumenti capaci di navigare la complessità delle interazioni contemporanee, in un mondo sempre più connesso e tecnologicamente avanzato. Tuttavia, l'efficacia di queste strategie non risiede unicamente nella loro implementazione tecnica ma nella capacità di applicarle con consapevolezza, sensibilità e un profondo impegno verso il raggiungimento di obiettivi condivisi e benefici mutuali.

In ultima analisi, l'arte di comunicare efficacemente — esercitando influenza e potere in modo responsabile — si radica nella capacità di intrecciare autenticità, connessione umana e innovazione. Man mano che continuiamo a esplorare e adattarci alle mutevoli dinamiche del nostro mondo, il fulcro della comunicazione efficace rimane l'aspirazione a costruire ponti di comprensione, a ispirare azioni positive e a contribuire a una società più informata, empatica e coesa.

4. La psicologia della manipolazione: Analisi delle tecniche manipolative e come riconoscerle e difendersi da esse.

La psicologia della manipolazione esplora come le tecniche manipolative vengano utilizzate per influenzare il comportamento e le decisioni delle persone senza il loro consenso consapevole. Riconoscere e difendersi da tali tattiche è essenziale per mantenere l'autonomia personale e promuovere relazioni sane. Di seguito, verranno analizzate alcune delle tecniche manipolative più comuni e fornite strategie per identificarle e proteggersi.

Tecniche Manipolative Comuni

- **Reciprocità Forzata**: Sfruttare la tendenza umana a ricambiare favori o gesti, anche quando non richiesti, per indurre a compiere determinate azioni.

- **Scarsità Artificiale**: Creare una percezione di urgenza o limitatezza per spingere a decisioni affrettate, sfruttando la paura di perdere un'opportunità.

- **Gaslighting**: Indurre dubbi sulla propria percezione della realtà, memoria o sanità mentale, minando l'autostima e aumentando la dipendenza dall'aggressore.

- **Impegno e Coerenza**: Sfruttare il desiderio di coerenza personale per portare qualcuno a conformarsi a impegni progressivamente più grandi, partendo da richieste inizialmente piccole e innocue.

- **Prova Sociale**: Utilizzare la pressione dei pari o l'esempio di altri per indurre comportamenti o credenze, sfruttando il bisogno di appartenenza o di conformità sociale.

- **Adulazione**: Usare complimenti eccessivi o non sinceri per abbassare la guardia di una persona e renderla più suscettibile all'influenza.

Come Riconoscerle

Per difendersi dalle tecniche manipolative, è cruciale sviluppare la capacità di riconoscerle. Ecco alcuni segnali da tenere in considerazione:

- **Inconsistenze**: Prestare attenzione a discrepanze tra parole e azioni, promesse e risultati.

- **Sensazioni di Pressione**: Sentirsi spinti a prendere decisioni rapidamente o senza sufficiente informazione è spesso un segnale di manipolazione.

- **Emozioni Forti**: Le tattiche manipolative spesso mirano a suscitare forti emozioni, come paura, colpa o vergogna, per influenzare le decisioni.

- **Isolamento**: Gli sforzi per isolarti dagli altri o per denigrare le tue relazioni possono essere tentativi di aumentare la tua dipendenza dall'aggressore.

- **Cambiamenti nel Proprio Comportamento o Sentimenti**: Notare un cambiamento nella propria autostima, sicurezza nelle decisioni o sentimenti di inadeguatezza può indicare l'influenza di tattiche manipolative.

Strategie di Difesa

- **Stabilire e Mantenere Confini**: Avere chiari limiti personali e professionali è fondamentale per proteggersi dalla manipolazione. Imparare a dire "no" e a mantenere la propria posizione.

- **Ricerca e Riflessione**: Prenditi il tempo per riflettere sulle decisioni, soprattutto quando si provano forti emozioni o pressioni. Cercare informazioni da fonti indipendenti può offrire una prospettiva più equilibrata.

- **Sviluppare la Consapevolezza Emotiva**: Comprendere e regolare le proprie emozioni può ridurre la vulnerabilità alle tecniche che mirano a sfruttare le reazioni emotive.

- **Cercare Supporto Esterno**: Condividere esperienze e sentimenti con persone di fiducia può aiutare a validare la propria percezione della realtà e offrire protezione contro il gaslighting e altre forme di manipolazione emotiva.

- **Educazione Continua**: Informarsi sulle tattiche manipolative e sulle dinamiche di potere può migliorare la capacità di riconoscere e resistere alla manipolazione.

Capire la psicologia della manipolazione non solo aiuta a proteggere se stessi ma promuove anche relazioni più autentiche e rispettose. Mantenere un atteggiamento critico e investire nello sviluppo personale e nella consapevolezza emotiva sono passi fondamentali per navigare il complesso paesaggio delle interazioni umane con integrità e resilienza.

Proseguendo nella nostra esplorazione delle tecniche manipolative e di come difendersi, esaminiamo ulteriori strategie che si basano sulla comprensione psicologica e sull'autoconsapevolezza per rafforzare la resilienza individuale e collettiva contro la manipolazione.

Riconoscimento delle Strategie di Isolamento

Gli manipolatori spesso cercano di isolare le loro vittime per ridurre l'influenza esterna e aumentare la dipendenza. Essere consapevoli di tattiche come il denigrare amici e familiari, o l'indurre sensi di colpa per trascorrere tempo con altri, può aiutare a identificare e contrastare gli sforzi di isolamento.

Mantenere e valorizzare reti di supporto diverse è essenziale per la propria sicurezza emotiva e psicologica.

Analisi Critica del Linguaggio Caricato

Il linguaggio può essere un potente strumento di manipolazione, utilizzato per inquadrare le situazioni in modi che inducono vergogna, paura o senso di obbligo. Imparare a riconoscere l'uso di linguaggio carico e tecniche retoriche può aiutare a distanziarsi emotivamente dalle parole usate per manipolare, permettendo una risposta più oggettiva e centrata.

Rafforzamento dell'Autostima

Un senso di sé forte e un'alta autostima sono barriere efficaci contro la manipolazione. Gli individui con una solida autostima sono meno propensi a cercare approvazione esterna e più capaci di respingere tentativi di manipolazione che sfruttano l'insicurezza. Investire in attività e relazioni che rafforzano l'immagine positiva di sé può fornire un'ancora di stabilità emotiva.

Pratica dell'Ascolto Interno

Sviluppare la capacità di ascoltare i propri istinti e sentimenti interni è fondamentale. Spesso, il corpo e l'intuito forniscono segnali di avvertimento in situazioni manipolative. Affinare l'ascolto di queste sensazioni interne può guidare a scelte più allineate con i propri valori e benessere.

Educazione sulla Dissonanza Cognitiva

Comprendere il concetto di dissonanza cognitiva — lo stress o il disagio che proviene dal mantenere due credenze contrastanti contemporaneamente — può preparare gli individui a riconoscere e gestire i tentativi di manipolazione che sfruttano questa tensione psicologica. Riconoscere i propri valori e credenze fondamentali e rimanere fedeli a questi può ridurre la vulnerabilità alla manipolazione che cerca di sfruttare la dissonanza per indurre cambiamenti di comportamento o opinione.

Creazione di Sistemi di Supporto Proattivo

Invece di cercare supporto solo in risposta a episodi di manipolazione, costruire proattivamente una rete di relazioni basate sulla fiducia, il rispetto reciproco e l'apertura può offrire un ambiente di supporto continuo. Questo sistema non solo fornisce una risorsa per la validazione delle esperienze e delle percezioni ma anche un meccanismo di feedback per la crescita personale e l'apprendimento.

Applicazione di Tecniche di Mindfulness

La mindfulness e la meditazione possono migliorare la consapevolezza di sé e la regolazione emotiva, aumentando la capacità di distaccarsi dalle tecniche manipolative e di rispondere in modo più calmo e centrato. La pratica regolare della mindfulness può aiutare a sviluppare una maggiore consapevolezza delle proprie reazioni emotive e dei pattern di pensiero, permettendo di interrompere cicli di risposta automatica alla manipolazione.

Impegno nella Crescita Personale Continua

L'impegno in un percorso di crescita e sviluppo personale è fondamentale per costruire la resilienza contro la manipolazione. Questo può includere l'apprendimento di nuove abilità, l'esplorazione di interessi personali, e l'impegno in attività che rafforzano il senso di identità e autonomia. La crescita personale continua contribuisce a un senso di scopo e soddisfazione che può proteggere dall'influenza manipolativa.

Attraverso la comprensione e l'applicazione di queste strategie, gli individui possono non solo difendersi dalle tecniche manipolative ma anche promuovere relazioni più sane e costruttive, sia a livello personale che professionale. La chiave risiede nell'equilibrio tra l'autoriflessione, l'educazione continua e la costruzione di comunità di supporto che valorizzino l'autenticità, il rispetto e la comprensione reciproca.

Approfondendo ulteriormente le tecniche per riconoscere e difendersi dalla manipolazione, esploriamo nuove dimensioni che enfatizzano l'importanza della resilienza psicologica, della critica costruttiva e dell'autoconsapevolezza nel contesto delle relazioni interpersonali e delle dinamiche di potere.

Sviluppo della Resilienza Psicologica

La resilienza psicologica, la capacità di recuperare rapidamente da situazioni stressanti o avverse, gioca un ruolo cruciale nella difesa contro la manipolazione. Potenziare questa resilienza attraverso pratiche come la riflessione personale, il diario emotivo o la terapia può aiutare a mantenere l'equilibrio emotivo e la chiarezza di pensiero anche di fronte a tentativi manipolativi intensi.

Critica Costruttiva e Feedback

Imparare a fornire e ricevere critiche costruttive può rivelarsi un'abilità fondamentale nella navigazione di relazioni dove potrebbero insinuarsi dinamiche manipolative. Questo non solo promuove un dialogo aperto e onesto ma aiuta anche a stabilire confini chiari su ciò che è accettabile e ciò che non lo è, rafforzando il rispetto reciproco e la comprensione.

Riflessione sulla Propria Suscettibilità

Comprendere e riflettere sulle proprie vulnerabilità che potrebbero rendere più suscettibili alla manipolazione è fondamentale. Questo potrebbe includere desideri insoddisfatti, insicurezze o bisogni emotivi non espressi. Riconoscere queste aree e lavorare attivamente per affrontarle può diminuire l'efficacia delle tecniche manipolative che mirano a sfruttare tali vulnerabilità.

Promozione dell'Educazione Emotiva

L'educazione emotiva, sia a livello personale che collettivo, è fondamentale per costruire difese contro la manipolazione. Comprendere il vasto spettro delle emozioni umane e imparare come queste influenzano il comportamento e la presa di decisioni può migliorare significativamente la capacità di navigare e rispondere a situazioni potenzialmente manipolative con maggiore consapevolezza e controllo.

Strategie di Distanziamento Emotivo

Praticare il distanziamento emotivo può essere una tecnica utile quando si affrontano tentativi di manipolazione. Ciò implica la capacità di riconoscere e analizzare le proprie emozioni da una prospettiva esterna, riducendo l'impatto immediato e permettendo una valutazione più oggettiva della situazione. Questo approccio aiuta a mantenere la calma e a prendere decisioni più ponderate.

Utilizzo della Logica e del Pensiero Critico

Rafforzare il pensiero critico e l'approccio logico alle interazioni può offrire una solida difesa contro la manipolazione, specialmente quella che si basa su argomentazioni emotive o fallacie logiche. Sviluppare la capacità di analizzare argomenti, riconoscere incongruenze e valutare fonti e fatti con un occhio critico è essenziale per navigare conversazioni e relazioni complesse.

Costruire una Comunità di Supporto

Avere una rete di supporto affidabile, composta da amici, familiari o professionisti, fornisce una base solida su cui fare affidamento in momenti di dubbio o confusione. Questa comunità può offrire prospettive esterne obiettive, consigli fondati e sostegno emotivo, cruciali per contrastare le influenze manipolative.

Pratica dell'Assertività

L'assertività, la capacità di esprimere le proprie opinioni e bisogni in modo chiaro e rispettoso, senza essere aggressivi o passivi, è una skill chiave per resistere alla manipolazione. L'assertività incoraggia la comunicazione aperta e onesta, permettendo di stabilire confini sani e di respingere tentativi manipolativi senza compromettere le proprie convinzioni o il proprio benessere.

L'approfondimento di queste strategie evidenzia che la difesa dalla manipolazione richiede un approccio multifaccettato, che include lo sviluppo personale, l'educazione emotiva e sociale, e il sostegno comunitario. Affrontare la manipolazione con consapevolezza, educazione e resilienza permette non solo di proteggere se stessi ma anche di contribuire a un ambiente interpersonale più sano e rispettoso.

Proseguendo nell'esame delle strategie per riconoscere e difendersi dalla manipolazione, ci addentriamo in tecniche più sofisticate che sfruttano una profonda comprensione psicologica e un impegno attivo nella propria crescita personale e nella costruzione di relazioni autentiche.

Valorizzazione dell'Intuizione Personale

Affinare e fidarsi della propria intuizione può essere un potente strumento contro la manipolazione. L'intuizione, o il "sesto senso", spesso segnala quando qualcosa non va prima che lo si possa riconoscere consciamente. Ascoltare attentamente questi segnali interni e valutarli criticamente può aiutare a identificare situazioni manipolative prima che esse si radichino.

Tecniche di Grounding Emozionale

Imparare e praticare tecniche di grounding emozionale può offrire stabilità nei momenti di turbamento causati da tentativi manipolativi. Queste pratiche aiutano a mantenere o recuperare il proprio centro emotivo attraverso esercizi di respirazione, mindfulness o connessione fisica con l'ambiente circostante, riducendo l'effetto di strategie manipolative volte a disorientare o sopraffare emotivamente.

Analisi Comportamentale

Sviluppare una comprensione di base dell'analisi comportamentale può migliorare la capacità di identificare modelli di comportamento manipolativo. Riconoscere segnali non verbali incongruenti con il messaggio verbale, variazioni nel tono della voce o nell'espressione facciale, e altri indizi comportamentali può fornire indizi preziosi sulle vere intenzioni di un individuo.

Implementazione di Una Comunicazione Empatica

Praticare una comunicazione empatica non solo rafforza le relazioni autentiche ma può anche servire come meccanismo di difesa contro la manipolazione. Mostrare genuina cura e comprensione per le prospettive altrui può disinnescare tattiche manipolative basate sul conflitto o sull'exploit di vulnerabilità emotive, promuovendo invece un dialogo basato sulla fiducia reciproca e sul rispetto.

Conoscenza delle Proprie Trigger Emotivi

Avere chiarezza sui propri trigger emotivi — situazioni o comportamenti che evocano una forte reazione emotiva — permette di prepararsi e proteggersi dalle tattiche manipolative che possono sfruttarli. Comprendere e lavorare sui propri trigger attraverso l'autoanalisi o con il supporto di un professionista può ridurre significativamente la suscettibilità alla manipolazione emotiva.

Creazione di Un Ambiente di Feedback Positivo

Incoraggiare un ambiente in cui il feedback positivo e costruttivo sia la norma può rafforzare la resistenza alla manipolazione all'interno di gruppi o comunità. Quando le persone si sentono valorizzate e supportate, sono meno propense a cadere vittime di manipolazioni che sfruttano l'insicurezza o il bisogno di approvazione.

Pratica Della Detach

Imparare a "staccarsi" emotivamente in situazioni potenzialmente manipolative può essere un efficace meccanismo di difesa. Ciò non significa diventare insensibili o indifferenti ma piuttosto mantenere una distanza emotiva che permetta di valutare la situazione con maggiore obiettività, senza essere sopraffatti da emozioni che potrebbero offuscare il giudizio.

Sviluppo di Un Pensiero Flessibile

Cultivare un pensiero flessibile e aperto può migliorare la capacità di adattarsi e rispondere a situazioni manipolative. Essere aperti a diverse prospettive e soluzioni, anziché rimanere ancorati a convinzioni rigide, permette di navigare dinamiche complesse con maggiore agilità e resilienza, riducendo l'efficacia di tattiche manipolative che mirano a sfruttare la rigidità di pensiero.

Ogni una di queste strategie avanzate fornisce ulteriori strumenti per individuare e contrastare la manipolazione, rafforzando l'autonomia personale e promuovendo interazioni più sane e rispettose. Il cammino verso la resistenza alla manipolazione è un percorso continuo di crescita personale, consapevolezza e impegno verso la costruzione di relazioni fondate sulla verità, sul rispetto e sull'integrità.

Approfondendo ancora di più le strategie per identificare e proteggersi dalla manipolazione, ci avventuriamo in territori che combinano avanzamenti nella comprensione psicologica con prassi innovative per la salvaguardia del benessere individuale e collettivo nelle dinamiche sociali e relazionali.

Riconoscimento dei Cicli di Manipolazione

Comprendere che la manipolazione può verificarsi in cicli o fasi — da una fase iniziale di idealizzazione a una di svalutazione, seguita da una possibile riconciliazione per rinforzare il legame manipolativo — può aiutare a identificare e interrompere questi cicli prima che si approfondiscano. Riconoscere questi pattern può essere il primo passo per distaccarsi da dinamiche tossiche.

Valorizzazione dell'Autoefficacia

Rafforzare la convinzione nelle proprie capacità di gestire efficacemente diverse situazioni e raggiungere obiettivi (autoefficacia) è fondamentale per resistere alle influenze manipolative. L'autoefficacia può essere incrementata attraverso il superamento di piccole sfide, il continuo apprendimento e la ricerca di feedback costruttivo, contribuendo a costruire una resilienza interiore contro le tattiche manipolative.

Implementazione di Strategie di Autoconservazione

Adottare strategie di autoconservazione significa prendere misure attive per proteggere il proprio benessere psicologico e fisico. Ciò può includere la pratica della cura di sé, l'imposizione di limiti chiari nelle relazioni e la scelta di ritirarsi da interazioni dannose o ambienti tossici quando necessario.

Sviluppo di Competenze di Negoziato

Migliorare le proprie abilità di negoziato può essere utile per navigare situazioni manipolative, permettendo di perseguire risultati equi senza essere sopraffatti o trascinati in dinamiche unilaterali. Le competenze di negoziato includono l'ascolto attivo, l'espressione chiara delle proprie esigenze e desideri, e la ricerca di compromessi reciprocamente vantaggiosi.

Tecniche di Distrazione Strategica

Quando si affrontano tentativi di manipolazione, l'uso consapevole di tecniche di distrazione può aiutare a deviare l'attenzione da argomenti emotivamente carichi o situazioni di stress, concedendo il tempo e lo spazio necessari per valutare la situazione con calma e prendere decisioni ponderate.

Promozione dell'Assertività Non Violenta

Praticare un'assertività non violenta, che enfatizza l'espressione delle proprie esigenze e confini in modo diretto ma rispettoso, può creare un ambiente comunicativo in cui la manipolazione trova meno spazio per attecchire. Questo approccio incoraggia una comunicazione aperta e onesta, riducendo al contempo le probabilità di escalation del conflitto.

Integrazione della Riflessione Etica

Incorporare una riflessione etica costante nelle proprie decisioni e interazioni può servire come bussola interna contro la manipolazione, aiutando a distinguere tra influenze costruttive e quelle potenzialmente dannose. Riflettere sulle proprie azioni e sulle loro implicazioni etiche favorisce la coerenza con i propri valori fondamentali.

Consapevolezza e Prevenzione della Fatica Decisionale

Essere consapevoli della fatica decisionale — la diminuzione della capacità di prendere decisioni ponderate dopo un lungo periodo di scelte consecutive — può aiutare a identificare momenti in cui si è più vulnerabili alla manipolazione. Prendere pause, praticare la delega di decisioni non critiche e mantenere un equilibrio tra lavoro e riposo possono ridurre l'effetto della fatica decisionale.

Esplorando queste strategie avanzate, diventa evidente che proteggersi dalla manipolazione richiede una combinazione di autoconsapevolezza, crescita personale, e la capacità di impegnarsi in relazioni basate sulla chiarezza, il rispetto reciproco e l'integrità. L'educazione continua e il sostegno della comunità sono essenziali per navigare con successo le sfide interpersonali, mantenendo al contempo il proprio benessere e la propria autonomia.

Mentre proseguiamo nel delineare strategie avanzate per combattere la manipolazione, ci imbattiamo in concetti che sottolineano l'importanza di una profonda comprensione interiore, tecniche innovative di autodifesa psicologica e l'adozione di un approccio proattivo alla costruzione di comunità resilienti e supporto reciproco.

Pratica della Connettività Interiore

Cultivare una connessione profonda con se stessi attraverso la meditazione, la riflessione giornaliera e altre pratiche di consapevolezza aiuta a rafforzare la propria identità e valori. Questa solidità interiore rende meno suscettibili alle tecniche manipolative che mirano a sfruttare incertezze o conflitti interni. Imparare a sintonizzarsi con il proprio nucleo interiore può offrire una chiara guida nelle decisioni e nelle relazioni.

Incremento della Letteratura Emozionale

Espandere la propria capacità di leggere e interpretare accuratamente le emozioni, sia proprie che altrui, migliora la capacità di navigare e rispondere a tentativi di manipolazione emotiva. Sviluppare una maggiore letteratura emozionale attraverso l'educazione, l'esperienza e la pratica può aiutare a discernere le motivazioni nascoste dietro le parole e i comportamenti, permettendo di agire o rispondere in modi più informati e strategici.

Ampliamento delle Strategie di De-escalation

Migliorare le abilità di de-escalation può essere cruciale quando si affrontano situazioni di manipolazione che rischiano di sfociare in conflitti. Tecniche di comunicazione calma, ascolto

attivo e riconoscimento delle emozioni altrui senza alimentare
ulteriormente il disaccordo possono contribuire a ridurre la
tensione e a trovare vie costruttive di dialogo o di ritiro dalla
situazione.

Costruzione di Reti di Supporto Proattive

Investire tempo ed energia nella costruzione di reti di supporto
proattive, sia online che offline, crea una fondazione di sicurezza
emotiva. Queste reti possono offrire consigli, conferme e
assistenza nei momenti in cui si sospetta o si affronta la
manipolazione, permettendo un confronto con diverse
prospettive e riducendo la sensazione di isolamento che spesso
accompagna le esperienze di manipolazione.

Adozione di Tecniche di Negoziazione Basate su Principi

Approfondire la comprensione delle tecniche di negoziazione
basate su principi, piuttosto che su posizioni rigide, può fornire
un terreno più solido per difendersi dalla manipolazione nelle
situazioni di conflitto o negoziazione. Concentrandosi sugli
interessi sottostanti piuttosto che sulle richieste superficiali, si
può cercare di scoprire soluzioni creative che soddisfino le
esigenze di tutte le parti senza cadere in compromessi
manipolativi.

Valorizzazione della Diversità di Esperienze

Riconoscere e valorizzare la diversità di esperienze e prospettive
all'interno delle proprie comunità e reti può offrire un'ampia
gamma di strumenti e approcci per combattere la
manipolazione. Questa apertura può portare alla scoperta di
metodi e soluzioni inaspettati, arricchendo la comprensione
collettiva e individuale di come affrontare efficacemente le
dinamiche manipolative.

Rafforzamento delle Capacità di Recupero Comunitario

Lavorare verso il rafforzamento delle capacità di recupero a livello comunitario, promuovendo la conoscenza condivisa, il supporto reciproco e le risorse per la salute mentale, può creare ambienti meno suscettibili alla manipolazione. Le comunità resilienti sono meglio attrezzate per riconoscere, resistere e reagire alle tattiche manipolative, proteggendo i membri più vulnerabili e promuovendo un senso collettivo di sicurezza e benessere.

Impegno nell'Autoesplorazione Continua

Infine, l'impegno in un percorso di autoesplorazione e crescita personale continua è fondamentale per mantenere l'allineamento con i propri valori e per rafforzare la propria autostima e sicurezza. Questa dedizione all'auto-miglioramento può migliorare la resilienza personale alla manipolazione, poiché una comprensione più profonda di se stessi offre una base solida su cui fare affidamento di fronte alle sfide interpersonali.

Attraverso l'integrazione di queste strategie avanzate, si possono sviluppare difese più robuste contro la manipolazione, promuovendo al contempo la crescita personale e il benessere collettivo. La chiave per una difesa efficace risiede nella combinazione di autoconsapevolezza, educazione continua, supporto comunitario e l'impegno attivo nella costruzione di relazioni basate sulla fiducia, sul rispetto e sull'integrità reciproca.

Nel proseguire l'esplorazione di strategie avanzate per identificare e proteggersi dalla manipolazione, ci addentriamo in nuovi ambiti che integrano l'analisi comportamentale, la comunicazione consapevole e il rafforzamento delle dinamiche sociali positive.

Analisi e Riflessione sui Pattern Comportamentali

Approfondire la propria comprensione dei pattern comportamentali — sia personali che altrui — può offrire una visione preziosa su come la manipolazione si manifesta nelle relazioni. Identificare tendenze ricorrenti nelle proprie reazioni o nelle azioni degli altri può aiutare a prevedere e prevenire situazioni potenzialmente manipolative prima che escano di mano.

Pratiche di Comunicazione Consapevole

Cultivare pratiche di comunicazione consapevole, che implicano una piena presenza e attenzione durante gli scambi interpersonali, può migliorare la capacità di rilevare sottili segnali di manipolazione. L'ascolto attivo, l'osservazione non giudicante e la risposta piuttosto che la reazione possono facilitare una maggiore chiarezza nelle interazioni e rafforzare le relazioni autentiche.

Sviluppo di Competenze Sociali Positive

Rafforzare le competenze sociali, come l'empatia, la cooperazione e l'assertività, può servire come un potente antidoto contro la manipolazione. Le abilità sociali positive non solo aiutano a costruire relazioni basate sulla fiducia reciproca ma anche a creare una rete di supporto solida capace di offrire protezione e guida in situazioni difficili.

Approfondimento della Conoscenza del Sé

Impegnarsi in un costante approfondimento della conoscenza di sé attraverso l'autoanalisi, la riflessione e possibilmente la terapia, può aumentare la consapevolezza delle proprie vulnerabilità e punti di forza. Questo processo di auto-scoperta aiuta a stabilire un senso di identità più saldo e a ridurre la suscettibilità alle influenze esterne manipolative.

Promozione della Salute Mentale e del Benessere

Mantenere un impegno attivo nella cura della propria salute mentale e del benessere generale è fondamentale per difendersi dalla manipolazione. Questo può includere pratiche di cura di sé, l'esercizio fisico, una dieta equilibrata, tempo dedicato a hobby e interessi, e il mantenimento di un equilibrio tra vita lavorativa e personale.

Esplorazione di Nuovi Ambienti e Comunità

Espandere i propri orizzonti sociali esplorando nuovi ambienti e partecipando a diverse comunità può offrire prospettive fresche e ridurre l'isolamento che potrebbe essere sfruttato dai manipolatori. Questa apertura al nuovo contribuisce a un senso di crescita e apprendimento continuo, che sono antidoti alla stagnazione e alla vulnerabilità.

Implementazione di Routine di Verifica della Realtà

Praticare regolarmente esercizi di verifica della realtà, specialmente in situazioni cariche di emozioni o stress, può aiutare a mantenere una visione oggettiva degli eventi. Ciò può includere il confronto con fonti esterne di fiducia, la registrazione e revisione delle proprie esperienze e sentimenti, e la consultazione con individui fidati per ottenere feedback e prospettive diverse.

Cultivazione di Un Senso di Comunità Basato sul Supporto

Lavorare attivamente alla costruzione e al mantenimento di una comunità basata sul supporto reciproco, sulla condivisione aperta e sul rispetto può offrire un ambiente resiliente contro la manipolazione. Le comunità dove la sincerità, l'assistenza reciproca e l'accettazione sono valori condivisi tendono a fornire un terreno meno fertile per la manipolazione, promuovendo invece la crescita personale e collettiva.

Attraverso l'adozione e l'integrazione di queste strategie avanzate, è possibile non solo fortificarsi contro la manipolazione ma anche contribuire attivamente alla creazione di un tessuto sociale più sano, empatico e resiliente. Questo percorso richiede dedizione, consapevolezza e l'impegno continuo verso l'apprendimento e l'adattamento, elementi chiave per navigare con successo le complessità delle relazioni umane mantenendo integrità e benessere.

Concludendo l'approfondimento sulle strategie per riconoscere, resistere e proteggersi dalla manipolazione, è chiaro che la difesa contro tali tattiche richiede un approccio multidimensionale, centrato sull'autoconsapevolezza, l'educazione continua e il sostegno attivo delle relazioni basate sulla fiducia e sul rispetto reciproco. La manipolazione, in tutte le sue forme, sfrutta vulnerabilità, incertezze e desideri inespressi per influenzare comportamenti e decisioni, compromettendo l'autonomia individuale e la salute delle relazioni.

Per fortificare la propria resilienza alla manipolazione, è essenziale sviluppare una profonda comprensione di sé, inclusa la consapevolezza delle proprie vulnerabilità emotive, trigger e desideri. Questo percorso di auto-scoperta non solo rafforza il senso di identità e i confini personali ma fornisce anche una base solida da cui navigare interazioni complesse e talvolta sfidanti.

L'educazione e la conoscenza giocano un ruolo cruciale nel riconoscere le tattiche manipolative. Essere informati sui vari metodi di manipolazione — dall'adulazione insincera al gaslighting, dalla pressione dei coetanei all'uso strategico della colpa e della vergogna — permette di identificarli e neutralizzarli efficacemente. La capacità di analizzare criticamente le situazioni, valutare le informazioni in modo obiettivo e applicare il pensiero critico aiuta a filtrare tentativi manipolativi, promuovendo decisioni più consapevoli e autonome.

La comunicazione aperta, l'assertività e la capacità di stabilire e mantenere confini chiari sono abilità indispensabili nella prevenzione e gestione della manipolazione. L'assertività permette di esprimere le proprie esigenze e opinioni in modo rispettoso ma fermo, proteggendo i propri diritti senza sopraffare quelli altrui. La stabilizzazione di confini saldi comunica agli altri le proprie aspettative e limiti, riducendo così la suscettibilità a invasioni o pressioni non desiderate.

Il supporto sociale è fondamentale per contrastare gli effetti della manipolazione. Costruire e mantenere una rete di relazioni basate su fiducia, rispetto e comprensione mutua offre un sistema di supporto vitale, capace di fornire prospettive esterne, conforto e validazione. Le comunità di supporto agiscono come baluardi contro l'isolamento e la confusione che spesso accompagnano la manipolazione, promuovendo la resilienza collettiva e il benessere emotivo.

Infine, l'impegno in pratiche di cura di sé e di crescita personale continua contribuisce a costruire una fondamentale resilienza interna. Dedicare tempo alla propria salute fisica, mentale ed emotiva, perseguire interessi e passioni e dedicarsi all'apprendimento continuo arricchiscono la propria vita e rafforzano le difese contro le influenze esterne negative.

In sintesi, la difesa contro la manipolazione è un processo complesso e sfaccettato che richiede consapevolezza, educazione, abilità comunicative, supporto sociale e impegno personale. Attraverso la combinazione di queste strategie, è possibile non solo proteggersi dalla manipolazione ma anche contribuire alla creazione di ambienti più sani e relazioni più autentiche e rispettose, rafforzando la tessitura sociale basata su integrità, rispetto e dignità reciproca.

5. Leadership e autorità: Esamina cosa rende un leader efficace e come l'autorità può essere costruita e mantenuta.

La leadership efficace e il mantenimento dell'autorità sono concetti fondamentali nella gestione di team, organizzazioni e persino nella conduzione della vita personale. Questi principi si basano su una combinazione di caratteristiche personali, competenze comunicative, strategie di gestione e, soprattutto, sulla capacità di ispirare e motivare gli altri. Di seguito, esaminiamo cosa rende un leader efficace e come l'autorità può essere costruita e mantenuta.

Caratteristiche di un Leader Efficace

1. **Integrità e Affidabilità**: Un leader efficace agisce con integrità e mantiene le proprie promesse, guadagnando così la fiducia del suo team. L'affidabilità è fondamentale per costruire rapporti basati sulla fiducia.

2. **Visione**: La capacità di vedere il quadro generale e di avere una chiara visione del futuro è cruciale. Un leader efficace comunica questa visione in modo chiaro, motivando e ispirando gli altri a lavorare verso un obiettivo comune.

3. **Capacità di Comunicazione**: La comunicazione efficace è vitale. Ciò include ascoltare attivamente, esprimere idee chiaramente e motivare con il discorso. La capacità di adattare lo stile comunicativo alle diverse situazioni e ai diversi ascoltatori è altrettanto importante.

4. **Empatia e Competenza Sociale**: Comprendere e rispettare i sentimenti e le prospettive altrui migliora le relazioni interpersonali e facilita la gestione dei conflitti. Un leader empatico può costruire squadre più coese e risolvere disaccordi in modo costruttivo.

5. **Adattabilità e Flessibilità**: Il mondo cambia rapidamente, e i leader devono essere in grado di adattarsi a nuove situazioni, modificare piani e strategie, e accogliere l'innovazione.

6. **Decisionalità e Risolutezza**: Prendere decisioni informate, talvolta sotto pressione, e agire con determinazione, stabilisce l'autorità e guida il team attraverso incertezze e sfide.

Costruzione e Mantenimento dell'Autorità

1. **Esempio Personale**: L'autorità si costruisce dall'alto. Dimostrare personalmente gli standard di lavoro, etica e comportamento che si aspettano dagli altri stabilisce un modello per il team.

2. **Riconoscimento e Valorizzazione**: Riconoscere i contributi individuali e valorizzare le competenze e le capacità di ciascun membro del team rafforza il rispetto e l'impegno nei confronti della leadership.

3. **Consistenza**: Essere coerenti nelle decisioni, nelle politiche e nel trattamento delle persone rafforza l'autorità. La consistenza riduce la confusione e crea un ambiente di lavoro prevedibile.

4. **Delega Efficace**: Delegare responsabilità dimostra fiducia nelle capacità del team, incoraggiando l'autonomia e il senso di appartenenza. La delega efficace comporta anche il monitoraggio e il supporto, senza microgestione.

5. **Sviluppo e Mentoring**: Investire nello sviluppo professionale e personale dei membri del team non solo migliora le competenze complessive ma rafforza anche l'investimento emotivo nel leader e negli obiettivi comuni.

6. **Comunicazione Aperta**: Mantenere canali di comunicazione aperti, incoraggiando il feedback e la discussione aperta, contribuisce a un ambiente di lavoro inclusivo e trasparente, dove l'autorità è rispettata ma non temuta.

7. **Gestione Equa dei Conflitti**: Affrontare i conflitti in modo equo e costruttivo, cercando soluzioni che tengano conto delle esigenze di tutte le parti, stabilisce l'autorità come mediatore competente e imparziale.

In conclusione, un leader efficace è colui che combina l'integrità personale, una comunicazione eccellente, l'empatia e l'adattabilità per ispirare e guidare gli altri verso il raggiungimento di obiettivi condivisi. La costruzione e il mantenimento dell'autorità richiedono un impegno costante nel dimostrare queste qualità, nel valorizzare e sviluppare i membri del proprio team, e nel gestire le sfide con equità e decisione. Attraverso queste pratiche, un leader può ottenere il rispetto duraturo e la fedeltà del suo team, promuovendo al contempo un ambiente di lavoro positivo e produttivo.

Proseguendo nell'analisi di cosa rende un leader efficace e come può essere costruita e mantenuta l'autorità, esploriamo ulteriori dimensioni che integrano l'intelligenza emotiva avanzata, l'innovazione continua e la capacità di influenzare positivamente le dinamiche organizzative.

Innovazione e Creatività

Un leader efficace promuove un ambiente in cui l'innovazione e la creatività non solo sono accettate ma attivamente incoraggiate. Creare una cultura che premia il pensiero originale e la risoluzione creativa dei problemi incoraggia i membri del team a esplorare nuove idee senza paura del fallimento. Questo non solo mantiene l'organizzazione all'avanguardia nel suo campo ma rafforza anche l'autorità del leader come un visionario e un facilitatore del progresso.

Intelligenza Culturale

In un mondo globalizzato, l'intelligenza culturale — la capacità di attraversare confini e barriere culturali con sensibilità e comprensione — diventa sempre più importante per i leader. Un leader che dimostra apertura, rispetto e curiosità verso diverse culture può costruire ponti significativi all'interno di team diversificati, migliorando la collaborazione e la performance complessiva. Questo approccio allargato contribuisce a creare e mantenere un'autorità rispettata in contesti multiculturali.

Resilienza Organizzativa

La capacità di un leader di guidare attraverso il cambiamento e la crisi rafforza enormemente la sua autorità. Sviluppare e promuovere la resilienza organizzativa — la capacità di una squadra o organizzazione di adattarsi, recuperare e crescere di fronte alle avversità — è fondamentale. Ciò implica non solo guidare con l'esempio durante i periodi di incertezza ma anche preparare il team ad affrontare le sfide future attraverso la formazione, il supporto e la creazione di sistemi robusti.

Collaborazione Strategica

La capacità di forgiare e mantenere collaborazioni strategiche all'interno e all'esterno dell'organizzazione evidenzia una forma di leadership dinamica e aperta. Queste partnership possono portare a nuove opportunità, risorse condivise e una maggiore innovazione. Un leader che è capace di navigare e negoziare queste collaborazioni con successo non solo amplia l'impatto e la portata della sua autorità ma dimostra anche una visione olistica e a lungo termine del successo.

Leadership Serva

Adottare un approccio di leadership serva, che enfatizza il mettere le esigenze del team e dell'organizzazione prima delle proprie, può essere incredibilmente efficace nel costruire e mantenere l'autorità. Questo stile di leadership si concentra sul potenziamento e sull'elevazione degli altri, sostenendo il loro sviluppo e benessere. Tale approccio non solo ispira lealtà e rispetto ma anche promuove una cultura di supporto reciproco e crescita condivisa.

Gestione Proattiva del Cambiamento

Essere proattivi nella gestione del cambiamento, anticipando le tendenze del settore e adattando le strategie di conseguenza, stabilisce un leader come figura autorevole e preparata. Ciò richiede una continua educazione e un impegno verso l'innovazione, oltre alla capacità di comunicare chiaramente la visione e guidare il team attraverso la transizione con fiducia e supporto.

Autenticità e Vulnerabilità

Mostrare autenticità o vulnerabilità appropriata può rafforzare inaspettatamente l'autorità di un leader. Condividere le proprie incertezze o fallimenti in modo riflessivo può umanizzare il leader agli occhi del suo team, promuovendo un ambiente di lavoro in cui l'onestà e l'apprendimento dai fallimenti sono valorizzati. Questo incoraggia una maggiore apertura e fiducia all'interno del team, elementi essenziali per una leadership efficace.

Attraverso l'integrazione di queste strategie avanzate, un leader può non solo ispirare e motivare efficacemente ma anche costruire un'autorità duratura basata sulla fiducia, sul rispetto e sul supporto reciproco. La leadership, in questo senso, diventa meno un esercizio di potere e più una pratica di empowerment, guida e servizio verso gli altri, creando così un impatto positivo e trasformativo sia all'interno che all'esterno dell'organizzazione.

Mentre continuiamo a esplorare le qualità e le strategie che definiscono una leadership efficace e la costruzione dell'autorità, emergono ulteriori concetti che sottolineano l'importanza dell'innovazione continua, della sensibilità emotiva e della capacità di ispirare e unire le persone attorno a un obiettivo comune.

Cultura dell'Apprendimento Continuo

Un leader efficace promuove una cultura dell'apprendimento continuo all'interno della propria organizzazione. Questo non solo riguarda lo sviluppo di competenze tecniche, ma anche l'ampliamento delle prospettive, l'approfondimento della comprensione interculturale e l'adattamento alle nuove realtà del mercato. Fomentare un ambiente in cui la curiosità è incentivata e l'errore è visto come un'opportunità di crescita rafforza l'autorità del leader come un promotore di sviluppo personale e professionale.

Leadership Basata sui Dati

L'adozione di un approccio basato sui dati alla leadership e alla decisione implica utilizzare analisi e insight oggettivi per guidare le strategie organizzative. Questo tipo di leadership mostra un impegno per l'obiettività e la responsabilità, elementi che possono aumentare la fiducia e il rispetto nei confronti del leader. Essere capaci di interpretare i dati, prevedere le tendenze e agire di conseguenza stabilisce l'autorità del leader come informato e proattivo.

Sostenibilità e Responsabilità Sociale

Un leader che integra principi di sostenibilità e responsabilità sociale nella visione e nella missione dell'organizzazione dimostra un impegno non solo verso il successo a lungo termine dell'azienda ma anche verso il benessere della comunità e dell'ambiente. Questo approccio olistico alla leadership può ispirare fiducia e ammirazione da parte del team e degli stakeholder, rafforzando l'autorità del leader come eticamente guidato e lungimirante.

Ascolto Attivo e Feedback Costruttivo

Mettere in pratica l'ascolto attivo e incoraggiare il feedback costruttivo sono elementi chiave per una leadership efficace. Questo comporta non solo prestare attenzione a ciò che viene detto ma anche agire in base al feedback ricevuto. Un leader che ascolta e risponde attivamente alle preoccupazioni e alle idee del suo team può costruire un senso di comunità e fiducia, essenziale per il mantenimento dell'autorità e dell'influenza.

Flessibilità e Agilità Mentale

La capacità di adattarsi rapidamente a nuove informazioni, cambiamenti nel settore o sfide impreviste è una qualità fondamentale per i leader di oggi. La flessibilità e l'agilità mentale permettono a un leader di navigare l'incertezza con grazia e di modellare l'organizzazione in modo resiliente, mantenendo la fiducia e l'autorità anche nei periodi di turbolenza.

Promozione della Diversità e dell'Inclusione

Un leader che valorizza attivamente la diversità e promuove un ambiente inclusivo dimostra una comprensione profonda dell'importanza della rappresentanza e dell'equità nel luogo di lavoro. Attraverso la creazione di spazi in cui tutte le voci possono essere ascoltate e valorizzate, un leader non solo arricchisce il processo decisionale con una varietà di prospettive ma rafforza anche la propria autorità come campione dell'uguaglianza e dell'inclusione.

Visione Condivisa e Coinvolgimento

Infine, costruire e mantenere l'autorità richiede la capacità di sviluppare una visione condivisa che allinei l'organizzazione verso obiettivi comuni. Un leader efficace è capace di coinvolgere emotivamente il suo team, legando gli obiettivi personali e professionali degli individui alla missione più ampia dell'organizzazione. Questo senso di scopo condiviso non solo motiva e ispira ma rafforza anche l'autorità del leader come guida capace di unire le persone verso un futuro comune.

Attraverso l'integrazione di queste strategie avanzate, un leader può non solo esercitare un'autorità efficace ma anche ispirare un cambiamento positivo, promuovere l'innovazione e guidare il suo team o organizzazione verso il successo sostenibile. La leadership, in questo contesto, si evolve in una pratica di empowerment, visione e responsabilità condivisa, fondamentale per affrontare le complessità del mondo moderno.

Mentre approfondiamo ulteriormente le qualità e le pratiche che distinguono i leader efficaci e come possono costruire e mantenere l'autorità, ci focalizziamo su aspetti innovativi e su approcci emergenti nel campo della leadership e della gestione organizzativa.

Integrazione dell'Intelligenza Artificiale nella Presa di Decisioni

L'adozione e l'integrazione dell'intelligenza artificiale (IA) nei processi decisionali rappresentano un'evoluzione significativa nella leadership moderna. Un leader capace di sfruttare l'IA per analizzare dati complessi, prevedere tendenze e personalizzare le esperienze dei dipendenti e dei clienti dimostra non solo un impegno verso l'innovazione ma anche una capacità di guidare l'organizzazione in un futuro tecnologico. L'uso etico e strategico dell'IA può rafforzare l'autorità del leader mostrando una visione proattiva e una leadership orientata al futuro.

Promozione di una Cultura di Benessere

Un leader efficace riconosce l'importanza del benessere fisico, mentale ed emotivo dei suoi team. Promuovendo attivamente una cultura che valorizza il benessere, attraverso politiche di lavoro flessibili, programmi di supporto alla salute mentale e iniziative di fitness aziendale, un leader può aumentare il morale, la produttività e la lealtà all'interno dell'organizzazione. Questo approccio olistico alla gestione delle persone non solo migliora la qualità della vita lavorativa ma anche rafforza l'autorità del leader come individuo profondamente attento al benessere del suo team.

Leadership Distribuita

Abbracciare un modello di leadership distribuita, in cui il potere decisionale e le responsabilità di leadership sono condivise tra i membri del team, può rivelarsi un efficace metodo di costruzione dell'autorità. Questo stile enfatizza l'empowerment del team, la collaborazione e l'innovazione condivisa, riducendo la dipendenza da un singolo leader e promuovendo una cultura organizzativa più resiliente e adattabile. Un leader che facilita e sostiene la leadership distribuita dimostra fiducia nelle capacità del suo team e rafforza la propria autorità promuovendo l'autonomia e la responsabilità collettiva.

Focus sull'Impatto Sociale

I leader che orientano le loro organizzazioni verso la generazione di un impatto sociale positivo guadagnano autorità e rispetto non solo all'interno della propria azienda ma anche nell'ambito più ampio della comunità e della società. Dimostrare un impegno verso cause sociali, sostenibilità ambientale e responsabilità etica nei business modelli può ispirare i team e attrarre clienti e partner che condividono valori simili, amplificando l'impatto e l'influenza del leader.

Sviluppo di Ecosistemi Innovativi

I leader efficaci sono coloro che riescono a sviluppare e mantenere ecosistemi innovativi all'interno delle loro organizzazioni, creando ambienti in cui sperimentazione, apprendimento e collaborazione trasversale sono incoraggiati. Questo non solo accelera l'innovazione ma crea anche opportunità per il riconoscimento e lo sviluppo di nuovi talenti. Un leader che promuove attivamente un ecosistema innovativo guida con l'esempio, mostrando come l'autorità possa derivare dall'abilità di coltivare terreno fertile per idee e soluzioni rivoluzionarie.

Mantenimento dell'Umanità nella Leadership

Nonostante l'importanza crescente della tecnologia e dell'innovazione, mantenere un approccio umano alla leadership rimane fondamentale. Ciò significa valorizzare le relazioni interpersonali, mostrare comprensione e compassione, e riconoscere l'unicità di ogni individuo all'interno dell'organizzazione. Un leader che esercita l'autorità con umanità e integrità guadagna il rispetto profondo e la lealtà dei suoi collaboratori, stabilendo una base solida per una leadership duratura e influente.

Attraverso l'esplorazione e l'implementazione di queste strategie avanzate, i leader possono non solo esercitare un'autorità efficace ma anche ispirare un cambiamento positivo, guidare l'innovazione e promuovere un ambiente in cui le persone si sentono valorizzate, motivate e impegnate verso obiettivi comuni. In definitiva, una leadership efficace e un'autorità duratura sono costruite su una fondazione di rispetto reciproco, visione condivisa e un impegno costante verso il miglioramento e l'innovazione.

Proseguendo nell'approfondimento delle dinamiche di leadership efficace e del mantenimento dell'autorità, esploriamo concetti che sottolineano l'importanza della crescita personale, della responsabilità sociale e della capacità di adattarsi e navigare nell'incertezza.

Promozione della Crescita Personale all'Interno del Team

Un leader efficace si impegna attivamente a promuovere la crescita personale e professionale dei membri del suo team. Questo può essere realizzato attraverso programmi di mentorship, opportunità di formazione continua e sfide lavorative che spingono i limiti delle competenze esistenti. Creare un ambiente in cui la crescita personale è valorizzata non solo aiuta i membri del team a sentirsi più soddisfatti e impegnati nel loro lavoro, ma rafforza anche l'autorità del leader come guida e sostenitore del loro sviluppo.

Leadership Orientata al Futuro

L'abilità di anticipare e pianificare per il futuro è una qualità chiave di un leader efficace. Ciò richiede una comprensione profonda delle tendenze del settore, delle innovazioni tecnologiche e dei cambiamenti socio-economici. Un leader che può navigare con successo questa complessità e guidare la sua organizzazione attraverso potenziali scenari futuri dimostra un'autorità che deriva da una visione lungimirante e da un'attenta pianificazione.

Responsabilità Sociale e Etica

Un approccio alla leadership che enfatizza la responsabilità sociale e l'etica commerciale rafforza l'autorità morale del leader. Questo include la presa di decisioni che riflettono valori etici, la promozione di pratiche sostenibili e il contributo al benessere della comunità più ampia. Un leader che agisce con integrità e considerazione per l'impatto sociale delle sue decisioni guadagna rispetto e fiducia, non solo all'interno della sua organizzazione ma anche nell'ambito più ampio della società.

Capacità di Gestire l'Incertezza

La capacità di rimanere calmo e deciso di fronte all'incertezza è una qualità preziosa in un leader. Questo include la capacità di prendere decisioni difficili senza una chiara indicazione della direzione "corretta" e la capacità di mantenere la fiducia del team anche quando il percorso a seguire non è chiaro. Un leader che può navigare l'incertezza con grazia e fiducia non solo mantiene l'autorità ma ispira anche sicurezza nel suo team.

Costruzione di Relazioni Basate sulla Fiducia

La capacità di costruire e mantenere relazioni basate sulla fiducia è fondamentale per una leadership efficace. Ciò richiede una comunicazione onesta e trasparente, la coerenza tra le parole e le azioni e un impegno a trattare gli altri con rispetto e giustizia. Un leader che stabilisce relazioni di fiducia rafforza la propria autorità e promuove un ambiente di lavoro collaborativo e supportivo.

Adattabilità e Innovazione

Un leader efficace dimostra adattabilità e apertura all'innovazione. Questo non solo riguarda la capacità di cambiare direzione in risposta a nuove informazioni o circostanze ma anche l'apertura a sperimentare nuovi approcci, processi e tecnologie. L'adattabilità e l'innovazione non solo mantengono l'organizzazione competitiva ma rafforzano anche l'autorità del leader come una figura capace di guidare il cambiamento.

Impegno nella Comunicazione Efficace

Una comunicazione efficace è alla base della leadership e dell'autorità. Questo include non solo trasmettere chiaramente visioni e aspettative ma anche ascoltare attivamente il feedback e le preoccupazioni del team. Un leader che comunica in modo efficace può allineare il suo team attorno a obiettivi comuni, risolvere conflitti in modo costruttivo e mantenere un senso di comunità e scopo condivisi.

Attraverso l'esplorazione e l'applicazione di queste strategie avanzate, i leader possono rafforzare la propria efficacia e mantenere l'autorità in modi che promuovono il benessere organizzativo, il successo a lungo termine e un impatto positivo sulla società più ampia. La leadership, pertanto, diventa un equilibrio tra guidare con visione e ispirazione, sostenere la crescita e il benessere del team e navigare le sfide con integrità e innovazione.

Proseguendo nell'esplorazione delle dinamiche di leadership e autorità, ci immergiamo in ulteriori aspetti che riguardano la resilienza, la capacità di influenzare in modo etico e la costruzione di un legame di fiducia profondo con i membri del team, elementi cruciali per una leadership duratura e rispettata.

Coltivazione della Resilienza Emotiva

Un leader efficace possiede una forte resilienza emotiva, la capacità di affrontare e superare le sfide, le critiche e i fallimenti senza perdere la propria forza interiore o visione. La resilienza emotiva si traduce nella capacità di rimanere focalizzati sugli obiettivi a lungo termine e di mantenere un atteggiamento positivo, anche di fronte alle avversità. Questo non solo rafforza l'autorità del leader ma serve anche da modello ispiratore per i membri del team, incentivandoli a sviluppare la propria resilienza.

Leadership Etica e Influenza Positiva

L'etica nella leadership e la capacità di esercitare un'influenza positiva sono fondamentali per costruire e mantenere l'autorità. Un leader che agisce con integrità, trasparenza e giustizia guadagna il rispetto e la fiducia dei suoi collaboratori e stakeholder. L'impegno a prendere decisioni etiche, anche quando sono difficili o impopolari, stabilisce una base solida di fiducia e ammirazione che supera le convenzionali dinamiche di potere.

Fostering Trust through Authentic Engagement

La fiducia, un pilastro della leadership efficace, si costruisce attraverso un coinvolgimento autentico con i membri del team. Ciò implica non solo condividere visioni e obiettivi ma anche dimostrare un genuino interesse per le aspirazioni, le sfide e il benessere dei collaboratori. Un leader che investe tempo nell'ascolto e nel supporto attivo del suo team crea un ambiente in cui la fiducia reciproca prospera, rafforzando ulteriormente la propria autorità e influenza.

Promuovere l'Inclusività e Valorizzare la Diversità

Riconoscere e valorizzare la diversità all'interno del team non solo è una pratica etica ma rafforza anche la capacità di leadership. Promuovere un ambiente inclusivo dove ogni membro si sente valorizzato e capace di contribuire pienamente porta a soluzioni più creative, a una maggiore innovazione e a una squadra più coesa. Un leader che abbraccia attivamente l'inclusività dimostra una comprensione profonda dell'importanza della diversità di pensiero e esperienza, consolidando la propria autorità come visionario e unificatore.

Sviluppare e Comunicare una Filosofia di Leadership Chiara

Avere e comunicare una filosofia di leadership chiara aiuta i membri del team a comprendere non solo gli obiettivi organizzativi ma anche i valori e i principi che guidano le decisioni e le azioni del leader. Questa trasparenza nell'approccio alla leadership non solo facilita l'allineamento e l'impegno del team ma rafforza anche l'autorità del leader come persona di principio e di visione.

Gestione Proattiva del Cambiamento e dell'Adattamento

In un contesto globale in rapida evoluzione, la capacità di gestire proattivamente il cambiamento e promuovere l'adattamento è essenziale. Un leader efficace anticipa le tendenze e prepara il proprio team ad adattarsi attraverso la formazione continua, lo sviluppo delle competenze e la promozione di una mentalità aperta al cambiamento. Dimostrare agilità nel pensiero e nell'azione non solo assicura che l'organizzazione rimanga rilevante e competitiva ma rafforza anche l'immagine del leader come innovatore e pioniere.

Incoraggiare la Condivisione delle Conoscenze e il Mentoring

Creare un ambiente in cui la condivisione delle conoscenze è incoraggiata e il mentoring è visto come un valore aggiunto contribuisce significativamente alla crescita collettiva e individuale. Un leader che facilita queste opportunità dimostra un impegno verso lo sviluppo del team e il successo a lungo termine dell'organizzazione. Questo approccio non solo migliora le competenze e le capacità all'interno del team ma rafforza anche il legame tra il leader e i membri del team, consolidando ulteriormente l'autorità attraverso il rispetto reciproco e l'apprezzamento.

Attraverso l'integrazione e l'applicazione di queste strategie avanzate, un leader può navigare efficacemente nel complesso panorama organizzativo di oggi, costruendo e mantenendo un'autorità che si basa su rispetto, fiducia e ispirazione. Questi principi non solo garantiscono il successo e la resilienza organizzativa ma promuovono anche un ambiente lavorativo in cui innovazione, crescita personale e benessere collettivo sono prioritari.

Nell'ulteriore esplorazione delle qualità che contraddistinguono una leadership efficace e come l'autorità può essere sostenuta nel tempo, ci addentriamo in aspetti che toccano la sfera dell'intelligenza situazionale, la gestione dell'energia e l'importanza del feedback continuo.

Intelligenza Situazionale e Decisionale

L'intelligenza situazionale, la capacità di comprendere profondamente il contesto in cui si opera e adattare le proprie strategie di conseguenza, è cruciale per un leader efficace. Essa implica la valutazione delle dinamiche interne ed esterne, il riconoscimento delle opportunità e delle minacce e la presa di decisioni tempestive che rispecchiano le migliori probabilità di successo. Un leader dotato di intelligenza situazionale sa quando spingere per il cambiamento e quando è strategico rallentare, mantenendo l'autorità attraverso la dimostrazione di giudizio acuto e capacità decisionale.

Gestione Efficace dell'Energia

La gestione dell'energia, personale e del team, è fondamentale per mantenere l'autorità e promuovere un ambiente produttivo. Ciò include riconoscere e bilanciare i periodi di intenso lavoro con momenti di riposo e recupero, incoraggiando pratiche di benessere e assicurando che il team abbia risorse sufficienti per sostenere la motivazione e l'engagement. Un leader che gestisce efficacemente l'energia può prevenire il burnout, sia personale che del team, preservando l'efficacia e l'autorità nel lungo termine.

Feedback Continuo e Iterativo

Incorporare un processo di feedback continuo e iterativo all'interno dell'organizzazione consente non solo l'aggiustamento e l'adattamento delle strategie ma rafforza anche la comunicazione e il senso di fiducia tra il leader e il team. Attraverso la richiesta attiva di feedback, un leader dimostra apertura e vulnerabilità, attributi che possono aumentare l'autorità percepita attraverso l'autenticità e la disponibilità a crescere e migliorare in base al contributo del team.

Leadership Consapevole e Riflessiva

Una leadership che incorpora consapevolezza e riflessione permette ai leader di riconoscere i propri pregiudizi, limiti e aree di crescita. Dedicare tempo alla riflessione personale e alla consapevolezza di sé può aiutare i leader a evitare errori ripetuti, a sviluppare empatia e a costruire relazioni più profonde con i membri del team. Questa pratica rafforza l'autorità mostrando che il leader è impegnato in un percorso di miglioramento continuo e valuta la propria evoluzione tanto quanto quella dell'organizzazione.

Sviluppo di Una Visione Condivisa

Un leader efficace lavora con il suo team per sviluppare e mantenere una visione condivisa che allinea gli obiettivi individuali con quelli organizzativi. Questo processo di co-creazione non solo aumenta l'engagement e il senso di appartenenza ma stabilisce anche l'autorità del leader come un catalizzatore di unità e direzione collettiva. Attraverso la comunicazione regolare della visione e la celebrazione dei progressi verso gli obiettivi condivisi, il leader mantiene un senso di scopo e motivazione all'interno del team.

Valorizzazione della Trasparenza Organizzativa

Mantenere un alto livello di trasparenza nelle decisioni, nelle politiche e nelle comunicazioni rafforza l'autorità del leader e costruisce fiducia all'interno dell'organizzazione. Essere aperti riguardo le sfide, le incertezze e persino i fallimenti dimostra integrità e autenticità, incoraggiando una cultura di apertura e responsabilità reciproca. La trasparenza facilita anche l'adattamento e l'innovazione, poiché i membri del team si sentono abilitati a contribuire con idee e soluzioni.

Attraverso la continua esplorazione e l'implementazione di queste pratiche avanzate, i leader possono non solo affermare e mantenere la propria autorità ma anche ispirare e guidare i loro team verso il successo sostenibile e il benessere collettivo. La leadership diventa così un esercizio di equilibrio tra la guida strategica, l'empowerment del team, la crescita personale e l'adattabilità, creando un ambiente in cui innovazione, fiducia e collaborazione fioriscono.

Continuando ad approfondire le caratteristiche di una leadership efficace e i metodi per costruire e sostenere l'autorità, ci si concentra su concetti aggiuntivi che enfatizzano la comprensione delle dinamiche interpersonali, l'importanza della salute organizzativa e la capacità di mantenere l'equilibrio tra innovazione e tradizione.

Comprensione Profonda delle Dinamiche Interpersonali

Un leader efficace possiede una comprensione intuitiva delle dinamiche interpersonali all'interno del suo team e dell'organizzazione più ampia. Questa comprensione permette al leader di navigare efficacemente le relazioni, di mitigare i conflitti prima che si escalino e di promuovere un ambiente di lavoro collaborativo. Avere la capacità di leggere le situazioni sottostanti, riconoscere le tensioni non espresse e facilitare la comunicazione aperta contribuisce significativamente alla coesione del team e al successo collettivo, rafforzando l'autorità del leader come mediatore competente e guida compassionevole.

Focalizzazione sulla Salute Organizzativa

La salute organizzativa, che comprende il benessere dei dipendenti, la cultura aziendale e l'efficacia operativa, è un aspetto fondamentale della leadership efficace. Un leader che pone un'enfasi attiva sulla salute organizzativa, attraverso iniziative di benessere dei dipendenti, valutazioni regolari della cultura aziendale e ottimizzazione dei processi, dimostra un impegno verso un ambiente di lavoro positivo e produttivo. Questa attenzione non solo migliora la soddisfazione e la motivazione dei dipendenti ma stabilisce anche l'autorità del leader come individuo profondamente impegnato nel successo a lungo termine dell'organizzazione e nel benessere dei suoi membri.

Mantenimento dell'Equilibrio tra Innovazione e Tradizione

Mentre l'innovazione è cruciale per il progresso e la competitività, il rispetto per le tradizioni consolidate e le pratiche collaudate può fornire una base solida da cui esplorare nuove idee. Un leader efficace sa quando adottare nuove tecnologie o approcci e quando valorizzare le metodologie esistenti. Questo equilibrio tra l'adozione di nuove strategie e il mantenimento di quelle che hanno dimostrato di essere efficaci nel tempo rafforza l'autorità del leader come qualcuno che valuta sia il progresso che la stabilità, assicurando che l'innovazione sia sostenibile e radicata in principi solidi.

Promozione dell'Auto-organizzazione e dell'Empowerment

Incoraggiare l'auto-organizzazione all'interno dei team e promuovere l'empowerment dei dipendenti sono strategie chiave per una leadership dinamica. Facilitando un ambiente in cui i membri del team hanno la libertà e la responsabilità di prendere iniziative, il leader non solo stimola l'innovazione e la creatività ma rafforza anche la fiducia e l'autonomia all'interno dell'organizzazione. Questo approccio decentralizzato alla leadership dimostra la fiducia del leader nelle capacità del suo team e consolida la sua autorità come un facilitatore di successo e crescita personale.

Ascolto Generativo e Co-creazione di Soluzioni

Praticare l'ascolto generativo, un approccio che valorizza profondamente le idee e i contributi di tutti i membri del team, apre la porta alla co-creazione di soluzioni e innovazioni. Questo tipo di ascolto va oltre l'elaborazione passiva delle informazioni per coinvolgere attivamente nel dialogo, nella riflessione e nella generazione di nuove idee. Un leader che incorpora l'ascolto generativo nelle sue pratiche quotidiane non solo arricchisce la strategia organizzativa con una diversità di prospettive ma rafforza anche l'autorità attraverso l'inclusività e il rispetto reciproco.

Attraverso l'adozione di queste strategie aggiuntive, i leader possono approfondire ulteriormente la loro efficacia e autorità, promuovendo un ambiente in cui la fiducia, l'innovazione e la collaborazione fioriscono. Il ruolo del leader si evolve costantemente, richiedendo un impegno continuo all'apprendimento, all'adattamento e alla crescita condivisa, fondamenti che sostengono una leadership trasformativa e un impatto duraturo all'interno e all'esterno dell'organizzazione.

Proseguendo nell'esplorazione delle sfaccettature che contribuiscono a una leadership efficace e al mantenimento dell'autorità, ci concentriamo su ulteriori strategie che enfatizzano l'importanza di una visione olistica, la capacità di influenzare attraverso l'esempio, e l'impegno per un miglioramento continuo che rispetti i principi di equità e giustizia.

Sviluppo di una Visione Olistica

Un leader efficace sviluppa una visione olistica che considera non solo gli obiettivi a breve termine ma anche l'impatto a lungo termine delle decisioni sull'organizzazione, sui suoi membri e sulla comunità più ampia. Questa prospettiva consente di prendere decisioni che sono sostenibili e benefiche su più fronti, rafforzando l'autorità del leader come individuo che guarda oltre il successo immediato per garantire il benessere futuro dell'organizzazione e del suo ambiente.

Leadership per l'Esempio

L'influenza attraverso l'esempio è uno dei metodi più potenti per stabilire e mantenere l'autorità. Dimostrando personalmente i valori, gli standard etici e il livello di impegno che si aspetta dagli altri, un leader stabilisce un modello comportamentale chiaro per il suo team. Questo non solo promuove un'alta morale e coerenza all'interno dell'organizzazione ma rafforza anche la fiducia e il rispetto per il leader come figura autentica e impegnata.

Impegno per il Miglioramento Continuo

Un leader che si impegna in un processo di miglioramento
continuo, sia personalmente che a livello organizzativo,
dimostra un desiderio autentico di eccellenza e innovazione.
Questo impegno può manifestarsi attraverso la formazione
continua, l'apertura al feedback e alla critica costruttiva, e la
volontà di esplorare nuove strategie e tecnologie. Promuovendo
una cultura del miglioramento continuo, il leader non solo
mantiene l'organizzazione al passo con i tempi ma rafforza
anche la propria autorità come figura proattiva e lungimirante.

Promozione di Equità e Giustizia

Un leader efficace si impegna attivamente a promuovere l'equità
e la giustizia all'interno dell'organizzazione, assicurando che
tutti i membri del team siano trattati con rispetto e che abbiano
pari opportunità di successo e riconoscimento. Questo impegno
include la lotta contro le discriminazioni, la valorizzazione della
diversità e l'inclusione attiva. Agendo come campione di equità e
giustizia, il leader non solo crea un ambiente di lavoro più
positivo e produttivo ma rafforza anche l'autorità morale e il
rispetto tra i collaboratori.

Adattabilità Culturale in Contesti Globalizzati

Nel contesto di un'economia globalizzata, la capacità di adattarsi
a diverse culture e pratiche lavorative è essenziale per la
leadership efficace. Ciò richiede sensibilità culturale, la capacità
di comunicare efficacemente attraverso le barriere linguistiche e
culturali, e la flessibilità nel gestire team diversificati. Un leader
che dimostra adattabilità culturale non solo è in grado di
guidare con successo in un contesto internazionale ma rafforza
anche l'autorità all'interno di una forza lavoro sempre più
diversificata.

Utilizzo Strategico della Tecnologia

L'utilizzo strategico della tecnologia può migliorare
significativamente l'efficacia della leadership e l'autorità. Ciò

include l'adozione di strumenti che facilitano la comunicazione e la collaborazione, l'uso di piattaforme di gestione del progetto per migliorare l'efficienza operativa e l'esplorazione di soluzioni tecnologiche innovative per affrontare le sfide organizzative. Un leader che abbraccia la tecnologia come leva strategica non solo ottimizza le operazioni ma dimostra anche una visione progressista, mantenendo l'autorità in un mondo in rapida evoluzione.

Attraverso queste pratiche avanzate e strategie olistiche, i leader possono non solo cementare e espandere la propria autorità ma anche guidare le loro organizzazioni verso un futuro sostenibile, etico e inclusivo. L'impegno per una leadership che equilibra saggiamente innovazione, responsabilità sociale, e crescita personale e collettiva, rispecchia un approccio maturo e consapevole, fondamentale per affrontare le sfide del ventunesimo secolo.

Nel proseguire l'approfondimento sulle caratteristiche fondamentali di una leadership efficace e le strategie per costruire e sostenere l'autorità, ci focalizziamo su ulteriori concetti che esaltano l'importanza della consapevolezza ecologica, della sostenibilità a lungo termine e dell'integrazione di pratiche di leadership consapevoli.

Consapevolezza Ecologica e Sostenibilità

Un leader efficace oggi deve possedere una profonda consapevolezza ecologica e un impegno verso la sostenibilità. Questo significa prendere decisioni che non solo considerano il successo economico dell'organizzazione ma anche l'impatto ambientale e la responsabilità sociale. Promuovere iniziative sostenibili, dal ridurre l'impronta di carbonio dell'azienda a supportare progetti che beneficiano la comunità e l'ambiente, dimostra una visione di leadership che riconosce l'importanza della responsabilità ecologica. Questo approccio non solo migliora l'immagine dell'organizzazione ma rafforza anche l'autorità del leader come innovatore consapevole e responsabile.

Leadership Consapevole

La leadership consapevole si basa sull'idea di essere pienamente presenti e consapevoli delle proprie azioni, delle proprie emozioni e dell'impatto che queste hanno sugli altri. Un leader che pratica la consapevolezza è più incline a gestire efficacemente lo stress, a comunicare con empatia e a prendere decisioni ponderate. Questo tipo di approccio alla leadership non solo favorisce un ambiente di lavoro più sereno e produttivo ma rafforza anche l'autorità del leader come persona equilibrata, riflessiva e genuinamente impegnata nel benessere del suo team.

Promuovere l'Equilibrio Vita-Lavoro

Nell'era della connettività permanente, promuovere attivamente un sano equilibrio vita-lavoro è diventato un elemento cruciale della leadership efficace. Un leader che riconosce l'importanza del tempo per il riposo, per le relazioni personali e per le passioni al di fuori del lavoro, e che incoraggia il suo team a fare altrettanto, contribuisce a prevenire il burnout e a mantenere alti livelli di motivazione e soddisfazione lavorativa. Questa pratica non solo migliora la qualità della vita dei dipendenti ma rafforza anche l'autorità del leader come individuo che valorizza e rispetta i bisogni umani fondamentali.

Integrazione di Principi di Leadership Agile

L'adozione di principi di leadership agile, che enfatizzano l'adattabilità, la collaborazione trasversale e la risposta rapida ai cambiamenti, può significativamente migliorare l'efficacia della gestione e dell'autorità. Questo stile di leadership favorisce un ambiente in cui il feedback è una componente costante del processo, le decisioni possono essere riviste in base alle nuove informazioni, e ogni membro del team si sente abilitato a contribuire con idee innovative. Un leader agile dimostra una capacità di guidare con flessibilità e apertura, rafforzando l'autorità attraverso la co-creazione di valore e il coinvolgimento attivo del team.

Costruzione di Partneriati Strategici

Nel contesto globale attuale, la capacità di un leader di costruire e mantenere partnership strategiche con altre organizzazioni, settori e persino concorrenti può essere un potente strumento per ampliare l'influenza e rafforzare l'autorità. Questi partenariati possono aprire nuove opportunità di mercato, condividere risorse e conoscenze e affrontare insieme sfide complesse. Un leader che sa navigare e coltivare queste relazioni dimostra una comprensione sofisticata della rete interconnessa di interessi che definisce il mondo degli affari moderno, rafforzando la sua autorità come stratega e innovatore.

Attraverso l'approfondimento e l'applicazione di queste strategie avanzate, i leader possono non solo consolidare la propria autorità ma anche guidare le loro organizzazioni verso un futuro caratterizzato da resilienza, innovazione responsabile e impegno sociale e ambientale. La leadership efficace, quindi, si evolve costantemente, richiedendo un impegno ininterrotto all'apprendimento, all'adattamento e alla crescita personale e collettiva, fondamentale per affrontare con successo le sfide del nostro tempo.

Concludendo l'approfondimento sulle qualità di una leadership efficace e sulle strategie per costruire e mantenere l'autorità, emerge chiaramente che la leadership va ben oltre la semplice gestione di compiti e obiettivi. Richiede un impegno profondo alla crescita personale, alla responsabilità sociale, e alla capacità di ispirare e guidare gli altri verso un futuro condiviso e sostenibile. Una leadership veramente efficace è radicata in una serie di principi e pratiche che, quando abilmente integrati,

possono trasformare individui, organizzazioni e comunità
intere.

Principi Fondamentali della Leadership Efficace

1. **Integrità e Affidabilità**: Un leader deve agire con
   onestà e coerenza, guadagnando la fiducia e il rispetto del
   suo team attraverso azioni che riflettono valori e principi
   etici solidi.

2. **Visione Strategica e Lungimiranza**: La capacità di
   vedere oltre l'orizzonte immediato, anticipando sfide
   future e preparando l'organizzazione ad affrontarle, è
   cruciale. Una visione chiara e motivante aiuta a guidare lo
   sforzo collettivo verso obiettivi significativi.

3. **Comunicazione Efficace**: Una comunicazione aperta,
   onesta e bidirezionale stabilisce le basi per relazioni
   solide, consentendo il feedback, l'innovazione e la
   risoluzione costruttiva dei conflitti.

4. **Empatia e Sensibilità Culturale**: Comprendere e
   apprezzare le diverse prospettive e background dei
   membri del team rafforza le relazioni interpersonali e
   promuove un ambiente di lavoro inclusivo e
   collaborativo.

5. **Adattabilità e Flessibilità**: In un mondo in rapida
   evoluzione, la capacità di adattarsi e rimanere agili di
   fronte ai cambiamenti è fondamentale per navigare con
   successo le incertezze e sfruttare nuove opportunità.

6. **Empowerment e Sviluppo del Team**: Investire nel
   potenziamento e nello sviluppo del proprio team non solo
   migliora le competenze complessive ma anche rafforza
   l'engagement e la lealtà.

7. **Leadership Etica e Responsabile**: Agire con
   responsabilità sociale ed ecologica, dimostrando un

impegno verso pratiche sostenibili e giuste, consolida l'autorità morale e il rispetto nei confronti del leader.

8. **Innovazione e Apertura al Cambiamento**: Promuovere una cultura dell'innovazione e dell'apprendimento continuo mantiene l'organizzazione all'avanguardia e pronta a cogliere le opportunità emergenti.

Conclusione Dettagliata

In sintesi, una leadership efficace trascende la mera esecuzione di compiti per abbracciare una visione più ampia che integra valori etici, responsabilità sociale e uno sguardo attento al futuro. Costruire e mantenere l'autorità in questo contesto richiede un impegno costante alla propria crescita personale, al benessere del team e all'impatto più ampio delle proprie azioni. I leader che riescono a navigare con successo queste complesse dinamiche sono quelli che non solo raggiungono risultati eccezionali ma lasciano anche un'eredità duratura di miglioramento e ispirazione.

Un approccio alla leadership che equilibra saggiamente l'ambizione con l'empatia, la determinazione con la flessibilità, e l'innovazione con la sostenibilità, è quello che definisce veramente un leader efficace. Questi leader sono capaci di ispirare fiducia, di guidare il cambiamento positivo e di promuovere un ambiente in cui tutti sono abilitati a contribuire al loro massimo potenziale, portando le loro organizzazioni verso il successo sostenibile e responsabile in un mondo in continua evoluzione.

6. La dinamica del potere nelle relazioni: Come il potere si manifesta e cambia nelle relazioni personali e professionali.

La dinamica del potere nelle relazioni, sia nel contesto personale che professionale, è un aspetto fondamentale che influenza le interazioni, le decisioni e gli esiti all'interno di ogni tipo di relazione. Il potere può manifestarsi in molteplici forme e la sua distribuzione può variare notevolmente a seconda delle circostanze, dei valori culturali, delle strutture organizzative e delle personalità coinvolte. Comprendere come il potere si manifesta e cambia richiede un'esplorazione delle sue diverse fonti, degli effetti sulle relazioni e delle strategie per gestire equilibri di potere in modo sano ed equo.

Fonti di Potere

1. **Potere Formale**: Deriva dalla posizione o dal ruolo ufficiale in un'organizzazione o in una struttura sociale. Include il potere di prendere decisioni, allocare risorse e influenzare o dirigere il comportamento degli altri.

2. **Potere Informale**: Nasce dalla capacità di influenzare altri attraverso mezzi non ufficiali, come la personalità, le competenze, le relazioni o il carisma. Questo tipo di potere può essere altrettanto potente, se non di più, del potere formale.

3. **Potere di Esperti**: Si basa sulla conoscenza, sull'abilità o sull'esperienza che una persona possiede e che è valutata dagli altri. Coloro che hanno competenze uniche o avanzate possono esercitare una notevole influenza nelle decisioni e nelle azioni.

4. **Potere di Riferimento**: Deriva dall'ammirazione, dal rispetto o dall'identificazione personale che gli altri hanno verso una persona. Questo può influenzare fortemente le dinamiche sociali e professionali.

Effetti sulle Relazioni

La dinamica del potere può avere effetti profondi sulle relazioni, influenzando la comunicazione, la collaborazione e il benessere emotivo dei partecipanti.

- **Equilibrio vs. Squilibrio**: Un equilibrio di potere sano supporta relazioni reciprocamente soddisfacenti e produttive, mentre uno squilibrio può portare a conflitti, malcontento e manipolazione.

- **Autostima e Rispetto**: La percezione e l'esercizio del potere influenzano l'autostima e il rispetto all'interno delle relazioni. La distribuzione equa del potere tende a favorire il rispetto reciproco, mentre gli squilibri possono erodere la fiducia e l'autostima.

- **Innovazione e Creatività**: Nei contesti professionali, la distribuzione del potere può influenzare direttamente l'innovazione e la creatività. Un ambiente in cui il potere è condiviso e le idee sono valorizzate da tutti i livelli tende a promuovere maggiormente l'innovazione.

Gestione degli Equilibri di Potere

1. **Comunicazione Aperta e Onesta**: Favorire un dialogo aperto sulle aspettative, i bisogni e le percezioni del potere all'interno delle relazioni aiuta a identificare e affrontare potenziali squilibri.

2. **Condivisione del Potere**: Nelle relazioni professionali, delegare responsabilità e autorità può aiutare a creare un ambiente più equilibrato e inclusivo. Nelle relazioni personali, la condivisione delle decisioni rafforza il senso di partnership.

3. **Sviluppo dell'Autoconsapevolezza**: Comprendere le proprie tendenze nel cercare, esercitare o rinunciare al potere è cruciale per gestire dinamiche di potere sane. L'autoconsapevolezza consente di modulare il proprio comportamento per promuovere equità e rispetto.

4. **Riconoscimento e Valorizzazione delle Differenze**: Accettare e valorizzare le diverse fonti di potere all'interno di una relazione o un team, come le competenze uniche o le prospettive diverse, può aiutare a bilanciare le dinamiche di potere.

In sintesi, la dinamica del potere nelle relazioni è un fenomeno complesso che richiede una gestione attenta per promuovere l'equità, il rispetto e il benessere all'interno delle interazioni umane. La chiave per una dinamica di potere sana risiede nella capacità di riconoscere e valorizzare la diversità di potere, nella comunicazione aperta e nel reciproco rispetto, sia nelle relazioni personali che professionali. Questi principi non solo aiutano a navigare le sfide inerenti alle dinamiche di potere ma possono anche arricchire e approfondire le relazioni, promuovendo ambienti in cui tutti i partecipanti si sentono valorizzati e abilitati a contribuire pienamente.

Approfondendo ulteriormente la dinamica del potere nelle relazioni, sia personali che professionali, ci addentriamo in concetti che svelano l'importanza dell'equità, dell'inclusione e della capacità di influenzare positivamente il clima relazionale.

Costruzione di Equità e Giustizia Organizzativa

All'interno delle organizzazioni, promuovere principi di equità e giustizia è fondamentale per bilanciare le dinamiche di potere. Questo implica creare sistemi e politiche che assicurino pari opportunità a tutti i membri, indipendentemente dal loro ruolo o posizione. Un leader che si impegna attivamente nella costruzione di un ambiente di lavoro equo e giusto non solo stabilizza le dinamiche di potere ma rafforza anche la propria autorità come custode dei valori organizzativi.

Facilitazione dell'Inclusione Attiva

L'inclusione va oltre la semplice tolleranza delle differenze, richiedendo un impegno attivo per assicurare che tutti i membri di un gruppo o organizzazione si sentano valorizzati e in grado di contribuire. Nei contesti professionali, ciò può significare fornire piattaforme per la condivisione di idee da parte di tutti i livelli organizzativi, promuovendo una cultura dove la diversità di pensiero è vista come una risorsa. Nelle relazioni personali, promuovere l'inclusione significa riconoscere e valorizzare le differenze individuali, creando uno spazio sicuro per l'espressione e l'appartenenza.

Pratiche di Ascolto Attivo e Empatico

L'ascolto attivo e empatico è un potente strumento per comprendere e navigare le dinamiche di potere. Prestare attenzione non solo a ciò che viene detto, ma anche al come e al perché, permette di percepire le sottigliezze nelle relazioni di potere. Attraverso l'ascolto, un leader o un partner può costruire ponti di comprensione, riducendo gli squilibri di potere e promuovendo un ambiente di rispetto reciproco.

Promozione della Responsabilità e dell'Autoregolamentazione

In tutte le relazioni, la capacità di assumersi la responsabilità delle proprie azioni e di regolare il proprio comportamento in base agli impatti su altri è cruciale per mantenere dinamiche di potere sane. Questo significa riconoscere quando il proprio comportamento potrebbe aver influenzato negativamente la relazione e prendere misure correttive. La responsabilità e l'autoregolamentazione rafforzano l'integrità personale e professionale, contribuendo a stabilizzare le dinamiche di potere.

Sviluppo della Leadership Condivisa

La leadership condivisa, un modello in cui le responsabilità di guida sono distribuite all'interno di un team o una relazione, può effettivamente equilibrare le dinamiche di potere. Questo approccio promuove la partecipazione e l'empowerment, riducendo la dipendenza da una singola fonte di autorità e incoraggiando una maggiore collaborazione e innovazione. La leadership condivisa dimostra che il potere può essere un veicolo per il raggiungimento collettivo piuttosto che un mezzo per l'esercizio del controllo.

Riconoscimento e Valorizzazione dei Contributi Individuali

Riconoscere e valorizzare i contributi di ogni individuo all'interno di una relazione o un'organizzazione è fondamentale per gestire equamente le dinamiche di potere. Questo non solo incentiva l'engagement e la motivazione ma assicura anche che tutti i membri si sentano visti e apprezzati. In un ambiente dove il riconoscimento è diffuso, il potere diventa meno concentrato e più distribuito, favorendo un clima di uguaglianza e rispetto.

Attraverso l'esplorazione e l'implementazione di queste strategie, è possibile navigare e influenzare le dinamiche di potere in modo che promuovano equità, inclusione e reciprocità. Questo approccio non solo arricchisce le relazioni interpersonali e professionali ma contribuisce anche a costruire organizzazioni più resilienti, innovative e socialmente responsabili, dove il potere è esercitato per il bene comune e il progresso collettivo.

Approfondendo ulteriormente le dinamiche del potere nelle relazioni, sia personali che professionali, si svela l'importanza di una comunicazione interculturale efficace, della trasparenza nelle decisioni e delle pratiche di feedback costruttivo, tutte essenziali per navigare e bilanciare il potere in modo equo e produttivo.

Comunicazione Interculturale Efficace

In un mondo sempre più globalizzato, la capacità di comunicare efficacemente attraverso varie culture è vitale per la gestione delle dinamiche di potere. Le differenze culturali possono influenzare notevolmente la percezione del potere e dell'autorità. Una comunicazione interculturale efficace richiede sensibilità, consapevolezza e l'abilità di adattare il proprio stile comunicativo per onorare le norme e i valori culturali degli altri. Questo non solo migliora le relazioni ma promuove anche un ambiente in cui il potere è esercitato con rispetto e considerazione per la diversità.

Trasparenza nelle Decisioni

La trasparenza nel processo decisionale può significativamente influenzare le dinamiche di potere, specialmente in contesti organizzativi. Quando i leader condividono apertamente il ragionamento dietro le loro decisioni, inclusi i successi, le sfide e i fallimenti, si crea un clima di fiducia e apertura. Questa trasparenza demistifica l'esercizio del potere e incoraggia un dialogo aperto, riducendo potenziali tensioni e conflitti legati a percezioni di ingiustizia o favoritismi.

Pratiche di Feedback Costruttivo

Incorporare regolarmente pratiche di feedback costruttivo nelle relazioni aiuta a mantenere un equilibrio di potere sano e produttivo. Il feedback, quando offerto in modo rispettoso e orientato alla crescita, può facilitare la comprensione reciproca e l'adattamento comportamentale. Nei contesti professionali, una cultura del feedback costruttivo permette di identificare e affrontare squilibri di potere, promuovendo l'equità e il miglioramento continuo.

Gestione dei Conflitti basata sul Rispetto

La capacità di gestire i conflitti in modo rispettoso ed efficace è cruciale nelle dinamiche di potere. I conflitti, quando non gestiti correttamente, possono esacerbare gli squilibri di potere e danneggiare le relazioni. Approcci basati sul rispetto, che cercano di comprendere le prospettive altrui e di trovare soluzioni condivise, possono trasformare i conflitti in opportunità per rafforzare le relazioni e bilanciare il potere.

Empowerment e Autonomia

Promuovere l'empowerment e l'autonomia dei membri del team o del partner in una relazione è una strategia efficace per bilanciare le dinamiche di potere. Consentire agli altri di prendere decisioni, di esplorare le proprie idee e di assumersi responsabilità rinforza il senso di agenzia e riduce la dipendenza da una singola fonte di autorità. Questo approccio non solo migliora l'impegno e la soddisfazione ma rafforza anche le relazioni basate sulla fiducia reciproca e sul rispetto.

Sviluppo di una Cultura di Apprendimento Collettivo

Creare un ambiente in cui l'apprendimento collettivo è valorizzato contribuisce a democratizzare le dinamiche di potere. Quando l'apprendimento e la crescita sono incoraggiati a tutti i livelli, il potere deriva meno dalla posizione formale e più dalla condivisione delle conoscenze e dall'innovazione collaborativa. Questo promuove una cultura organizzativa in cui tutti i membri si sentono abilitati a contribuire e dove il potere è esercitato in modo più equo e inclusivo.

Attraverso queste ulteriori strategie, diventa possibile affrontare e gestire le dinamiche di potere nelle relazioni in modo che favorisca la cooperazione, il rispetto reciproco e la crescita condivisa. La chiave sta nel riconoscere e valorizzare la diversità di prospettive, promuovere l'equità e l'inclusione, e impegnarsi in pratiche comunicative e decisionali che riflettano apertura e integrità. In questo modo, le dinamiche di potere possono essere navigate con successo, contribuendo a costruire relazioni più forti, più resilienti e più soddisfacenti.

Nel continuare a esplorare le dinamiche del potere nelle relazioni, sia a livello personale che professionale, emergono concetti avanzati che includono la resilienza relazionale, la negoziazione del potere basata sul consenso e l'importanza del riconoscimento reciproco.

Resilienza Relazionale

La resilienza relazionale si riferisce alla capacità di una relazione di resistere e riprendersi dalle avversità. Questo concetto si estende alle dinamiche di potere, suggerendo che relazioni resilienti possono meglio navigare e adattarsi agli squilibri di potere. Promuovere la resilienza implica coltivare la comunicazione, la fiducia, l'empatia e il supporto reciproco, permettendo così alle relazioni di affrontare sfide senza compromettere l'equilibrio di potere. Un leader o un partner che incentiva la resilienza contribuisce a creare un legame più forte, capace di affrontare cambiamenti e tensioni senza disgregarsi.

Negoziazione del Potere Basata sul Consenso

In ogni relazione, le dinamiche di potere possono essere negoziate in modo che entrambe le parti si sentano ascoltate, valorizzate e rispettate. La negoziazione basata sul consenso richiede apertura, onestà e la volontà di trovare un terreno comune. Attraverso questo processo, le parti coinvolte collaborano per definire come il potere e le responsabilità vengono distribuiti, garantendo che nessuna parte si senta soverchiata o sminuita. Questo approccio facilita relazioni più equilibrate, dove il potere è fluido e modellato dalle esigenze e dalle preferenze condivise.

Riconoscimento Reciproco e Valutazione

Il riconoscimento reciproco delle competenze, dei contributi e delle realizzazioni all'interno di una relazione può influenzare positivamente le dinamiche di potere. Celebrare i successi, riconoscere gli sforzi e valorizzare le unicità di ciascuno promuove un senso di apprezzamento e rispetto mutuo. Questa pratica non solo equilibra il potere ma rafforza anche il legame relazionale, poiché entrambe le parti si sentono viste e apprezzate per il loro vero valore.

Sviluppo della Leadership Ecosistemica

All'interno delle organizzazioni, adottare un approccio di leadership ecosistemica può trasformare le tradizionali dinamiche di potere. Questo modello di leadership riconosce che ogni membro dell'organizzazione è parte di un sistema interconnesso, con un impatto che va oltre i confini formali del ruolo. Incoraggiare la condivisione delle conoscenze, la collaborazione interdipartimentale e l'innovazione aperta aiuta a distribuire il potere in modo più omogeneo, promuovendo un ambiente in cui la leadership è diffusa e ogni voce ha importanza.

Promozione dell'Auto-Efficacia

Incentivare l'auto-efficacia, la fiducia nelle proprie capacità di raggiungere obiettivi e superare ostacoli, è fondamentale per bilanciare le dinamiche di potere. Sia nelle relazioni personali che professionali, rafforzare l'auto-efficacia degli individui li rende meno dipendenti da figure di autorità e più propensi a prendere iniziative e a contribuire attivamente. Un ambiente che sostiene l'auto-efficacia favorisce l'empowerment individuale e collettivo, riducendo le disparità di potere e promuovendo la collaborazione.

Creazione di Spazi Sicuri per la Vulnerabilità

Consentire la vulnerabilità nelle relazioni è un potente mezzo per riequilibrare il potere. Creare spazi sicuri dove le persone possono esprimere dubbi, paure e insicurezze senza giudizio rafforza la fiducia e la connessione emotiva. Quando leader e partner si mostrano vulnerabili, dimostrano che il potere non deriva dall'essere infallibili, ma dalla capacità di essere autentici e umani.

Attraverso l'esplorazione e l'adozione di queste pratiche avanzate, è possibile costruire e mantenere dinamiche di potere nelle relazioni che siano sia equilibrate che produttive. Questi approcci promuovono un ambiente in cui il potere è fluido, basato sul consenso e orientato verso il sostegno reciproco, la crescita condivisa e il rispetto. In definitiva, navigare le dinamiche di potere con consapevolezza e intenzionalità può arricchire e rafforzare le relazioni a tutti i livelli.

Nel continuare a esplorare le dinamiche del potere nelle relazioni, ci imbattiamo in concetti che sottolineano l'importanza dell'equilibrio emotivo, della leadership inclusiva, della negoziazione etica e dell'importanza di coltivare ambienti di supporto reciproco.

Equilibrio Emotivo e Intelligenza Emotiva

L'equilibrio emotivo e l'intelligenza emotiva giocano ruoli critici nel modulare le dinamiche di potere all'interno delle relazioni. La capacità di gestire le proprie emozioni e comprendere quelle altrui permette una navigazione più consapevole e sensibile delle tensioni di potere. Questo non solo aiuta a prevenire conflitti non necessari ma promuove anche approcci più compassionevoli e comprensivi nella risoluzione delle dispute. Un leader o un partner che dimostra elevata intelligenza emotiva tende a costruire relazioni più forti e bilanciate, dove il potere non è abusato ma utilizzato per il bene comune.

Leadership Inclusiva e Condivisa

Adottare un modello di leadership inclusiva e condivisa contribuisce significativamente a bilanciare le dinamiche di potere in ambienti professionali e personali. Questo approccio enfatizza la valorizzazione di ogni voce all'interno di un gruppo o di una relazione, assicurando che tutti i membri si sentano partecipi e valorizzati. La leadership inclusiva abbassa le barriere gerarchiche tradizionali e promuove un senso di appartenenza e contributo equo, rendendo il potere più un elemento di collaborazione che di controllo.

Negoziazione Etica

La capacità di negoziare in modo etico è fondamentale nelle dinamiche di potere, specialmente quando emergono disaccordi o conflitti. Approcci che valorizzano la trasparenza, l'equità e il rispetto reciproco tendono a produrre risultati più sostenibili e accettati da tutte le parti. La negoziazione etica richiede una comprensione profonda delle esigenze e dei desideri degli altri, nonché la volontà di trovare soluzioni che massimizzino il beneficio reciproco piuttosto che perseguire il proprio interesse a discapito degli altri.

Ambienti di Supporto Reciproco

Creare e mantenere ambienti di supporto reciproco, sia nelle relazioni personali che professionali, può mitigare gli effetti negativi delle dinamiche di potere squilibrate. Quando le persone si sentono supportate, apprezzate e libere di esprimere le proprie opinioni e preoccupazioni senza paura di ritorsioni, la distribuzione del potere tende a diventare più equa. Questi ambienti promuovono l'empowerment individuale e collettivo, incoraggiando la condivisione delle responsabilità e la collaborazione piuttosto che la competizione o il dominio.

Cultivare la Crescita e l'Apprendimento

Un focus sulla crescita personale e professionale, sia per sé stessi che per gli altri, può trasformare positivamente le dinamiche di potere. Quando l'obiettivo diventa il miglioramento collettivo e l'apprendimento piuttosto che il mantenimento di status o posizioni di potere, le relazioni si arricchiscono di nuove prospettive e opportunità. La promozione di un ambiente in cui l'apprendimento è continuo e gli errori sono visti come opportunità di crescita riduce le tensioni legate al potere e incoraggia un approccio più collaborativo e innovativo.

Promuovere la Diversità e l'Equità

Infine, riconoscere attivamente e promuovere la diversità e l'equità all'interno delle relazioni e delle organizzazioni è essenziale per gestire le dinamiche di potere. Questo implica non solo la valorizzazione delle differenze ma anche l'attiva rimozione delle barriere che impediscono la piena partecipazione e contribuzione di tutti i membri. Lavorare verso ambienti più diversi ed equi contribuisce a decentralizzare il potere, distribuendolo in modo più uniforme e giusto, e a costruire comunità più forti e resilienti.

Attraverso l'approfondimento di queste strategie e principi, è possibile affrontare le dinamiche di potere in modo che favoriscano relazioni più sane, equilibrate e reciprocamente soddisfacenti. La chiave sta nell'adozione di un approccio riflessivo e intenzionale, che valorizzi il rispetto reciproco, l'empatia e la collaborazione, creando così fondamenta solide per relazioni personali e professionali arricchite e rafforzate da un uso equo e consapevole del potere.

Proseguendo nell'analisi delle dinamiche di potere nelle relazioni, esploriamo ulteriori aspetti che enfatizzano la costruzione di fiducia attraverso l'azione, l'importanza della vulnerabilità consapevole e il ruolo cruciale della gratitudine e del riconoscimento nel modellare relazioni equilibrate e potenziate.

Costruzione di Fiducia Attraverso Azioni Consistenti

La fiducia, elemento fondamentale in ogni relazione, si costruisce e si mantiene attraverso azioni consistenti che dimostrano affidabilità e integrità. Nelle dinamiche di potere, dimostrare con azioni concrete che si è degni di fiducia può attenuare percezioni di minaccia o dominio e promuovere un ambiente collaborativo. I leader e i partner che agiscono in modo coerente con i propri valori e promesse stabiliscono solidi fondamenti di fiducia che consentono una distribuzione del potere più equa e reciprocamente rispettosa.

Vulnerabilità Consapevole Come Forza

Mostrarsi vulnerabili in modo consapevole e intenzionale può essere una potente strategia per equilibrare le dinamiche di potere. La vulnerabilità, quando condivisa in contesti appropriati e con discernimento, può favorire la connessione umana e abbattere barriere di potere percepite. Leader e individui che si aprono su sfide, dubbi o fallimenti non solo umanizzano se stessi ma incoraggiano anche altri a condividere, creando spazi sicuri per l'espressione autentica e il supporto reciproco.

Gratitudine e Riconoscimento Come Strumenti di Equilibrio

Esprimere gratitudine e riconoscimento può avere effetti profondi sulle dinamiche di potere, promuovendo sentimenti di valore e appartenenza. Nei contesti professionali, riconoscere i contributi di ciascuno e mostrare apprezzamento per il lavoro svolto rafforza il morale e l'impegno. Nelle relazioni personali, la gratitudine rafforza i legami e promuove un senso di uguaglianza. Questi gesti contribuiscono a creare un ambiente in cui il potere è condiviso e celebrato piuttosto che conteso.

Ascolto Attivo per Comprendere le Perspettive Altrui

L'ascolto attivo è cruciale per navigare e gestire le dinamiche di potere. Dedicare tempo e attenzione per comprendere veramente le prospettive, i bisogni e le preoccupazioni degli altri può rivelare intuizioni preziose sulle dinamiche di potere in gioco. Attraverso l'ascolto, si possono identificare e affrontare squilibri, incoraggiando un dialogo aperto e la ricerca di soluzioni condivise che rispettino le esigenze di tutte le parti coinvolte.

Promozione dell'Auto-Determinazione e dell'Empowerment

Incoraggiare l'auto-determinazione e l'empowerment nelle relazioni aiuta a redistribuire il potere in modo più equo. Quando le persone si sentono abilitate a prendere decisioni, a influenzare i risultati e a perseguire i propri obiettivi, le dinamiche di potere diventano meno unilaterali e più collaborative. Sia che si tratti di promuovere l'autonomia dei membri del team nell'ambiente di lavoro, sia di sostenere i partner nelle relazioni personali per raggiungere i loro obiettivi, l'empowerment arricchisce le dinamiche di potere con rispetto e agenzia reciproca.

Facilitazione del Cambiamento Attraverso il Leadership Coaching

Il coaching di leadership può essere un metodo efficace per affrontare e modificare le dinamiche di potere disfunzionali all'interno delle organizzazioni. Attraverso il coaching, i leader possono acquisire una maggiore consapevolezza delle proprie pratiche di potere e apprendere strategie per gestire il potere in modo più inclusivo ed equo. Il processo di coaching supporta la riflessione personale, l'acquisizione di competenze comunicative e di leadership, e promuove l'adozione di un approccio alla leadership che valorizza la collaborazione, l'inclusione e la crescita condivisa.

Attraverso l'implementazione di queste strategie, è possibile forgiare relazioni in cui il potere è inteso non come mezzo per dominare o controllare, ma come risorsa condivisa per il raggiungimento di obiettivi comuni, il sostegno reciproco e la realizzazione personale e professionale. Le dinamiche di potere equilibrate e consapevoli sono fondamentali per costruire comunità resilienti, inclusive e progressiste, dove ogni individuo è valorizzato e abilitato a contribuire pienamente.

Concludendo la nostra esplorazione approfondita delle dinamiche del potere nelle relazioni, sia personali che professionali, diventa evidente che il potere, nella sua essenza, permea tutti gli aspetti dell'interazione umana. La sua presenza, tuttavia, non implica necessariamente una dinamica negativa o coercitiva. Piuttosto, attraverso una gestione consapevole e riflessiva, il potere può essere trasformato in uno strumento per il raggiungimento di armonia, crescita e successo reciproco.

Le dinamiche di potere equilibrate si basano sulla fondamentale comprensione che tutte le relazioni richiedono rispetto, comunicazione e un impegno condiviso verso obiettivi comuni. Questi principi, quando incarnati da individui e leader, contribuiscono a creare ambienti in cui il potere non è concentrato o abusato, ma distribuito e utilizzato per elevare e sostenere tutti i membri coinvolti.

Elementi Chiave per la Gestione Equa del Potere:

- **Comunicazione Aperta e Empatica**: La capacità di ascoltare attivamente e di esprimere pensieri e sentimenti in modo chiaro è fondamentale. Questo incoraggia la comprensione reciproca e facilita la negoziazione di dinamiche di potere più equilibrate.

- **Riconoscimento e Valutazione di Tutti i Contributi**: Celebrare le realizzazioni e riconoscere l'impegno di ogni persona aiuta a costruire un senso di apprezzamento e valore, mitigando la percezione di squilibri di potere.

- **Promozione dell'Empowerment e dell'Auto-Determinazione**: Sostenere l'empowerment individuale e collettivo rafforza l'autonomia e la fiducia, elementi essenziali per un equilibrio di potere sano.

- **Leadership Inclusiva e Condivisa**: Adottare un modello di leadership che valorizzi la collaborazione e la condivisione del potere dimostra un impegno verso relazioni più democratiche e partecipative.

- **Sviluppo della Resilienza Relazionale**: Coltivare la capacità di affrontare e superare insieme le sfide rafforza le dinamiche di potere positive e costruisce relazioni durature.

- **Negoziazione Etica e Trasparenza nelle Decisioni**: Operare con integrità, onestà e trasparenza nelle decisioni e nella negoziazione delle dinamiche di potere stabilisce una base di fiducia e rispetto.

In sintesi, le dinamiche del potere nelle relazioni si manifestano in un continuum che va dalla coercizione alla collaborazione. La chiave per navigare questo spettro in modo efficace risiede nella consapevolezza di come il potere viene esercitato e percepito all'interno delle relazioni. Attraverso pratiche di comunicazione empatica, riconoscimento reciproco, empowerment, e leadership inclusiva, è possibile costruire e sostenere dinamiche di potere che non solo rispettano la dignità e il valore di ogni individuo ma promuovono anche un senso collettivo di scopo e realizzazione.

Le relazioni, sia personali che professionali, fioriscono in contesti in cui il potere è inteso come una risorsa condivisa per il miglioramento e il benessere comuni. Affrontare le sfide legate alle dinamiche di potere richiede impegno, riflessione e la volontà di perseguire pratiche eque e inclusive. Facendo ciò, individui e comunità possono trarre forza dalle loro diversità, lavorare insieme verso obiettivi condivisi e costruire un futuro in cui il potere serve come pilastro per l'armonia, l'equità e il successo collettivo.

7. Il ruolo della segretezza e della discrezione: L'importanza della riservatezza nella strategia del potere.

La segretezza e la discrezione giocano ruoli cruciali nelle dinamiche del potere, influenzando la strategia, la fiducia e le relazioni all'interno di vari contesti, dalle relazioni interpersonali alle complesse strutture organizzative. La gestione accurata delle informazioni, scegliendo cosa condividere, con chi e quando, può essere un potente strumento strategico che impatta l'autorità, la percezione e l'influenza di un individuo o di un'entità.

Il Potere della Segretezza

La segretezza può essere vista come una leva strategica che, se usata saggiamente, può aumentare il potere e l'influenza di un individuo o di un'organizzazione. Avere accesso a informazioni che altri non possiedono può creare un vantaggio competitivo, sia nel contesto delle relazioni personali che in quello degli affari o della politica. Tuttavia, l'uso della segretezza richiede un equilibrio delicato: mentre può generare un senso di mistero o esclusività che rafforza l'autorità, può anche suscitare sospetto e diffidenza se percepito come manipolativo o ingannevole.

Discrezione come Manifestazione di Fiducia

La discrezione, ovvero la capacità di gestire le informazioni sensibili con giudizio e cautela, è fondamentale per costruire e mantenere la fiducia nelle relazioni. La scelta di mantenere certe informazioni riservate, specialmente quando sono state condivise in confidenza, dimostra rispetto per la privacy e l'integrità degli altri. Nelle relazioni professionali, la discrezione può rafforzare legami di fiducia con colleghi, partner e clienti, posizionando l'individuo come affidabile e rispettabile.

Riservatezza nella Strategia del Potere

Nel contesto della strategia del potere, la riservatezza può essere utilizzata per proteggere piani, idee o informazioni critiche dalla concorrenza o dall'opposizione. La capacità di controllare il flusso di informazioni può essere cruciale per il timing e l'efficacia di iniziative strategiche, lanci di prodotto o negoziazioni. La gestione strategica della riservatezza può influenzare direttamente il successo di un'operazione o il raggiungimento di un obiettivo.

Etica della Segretezza e Discrezione

Mentre la segretezza e la discrezione sono strumenti potenti nelle dinamiche di potere, la loro applicazione solleva questioni etiche significative. L'uso responsabile di tali tattiche richiede un'attenta valutazione dell'impatto che possono avere sulla fiducia, sulle relazioni e sulla reputazione. L'etica nella gestione delle informazioni sensibili richiede trasparenza nei casi in cui è dovuta, protezione della privacy e integrità nelle decisioni su cosa, quando e come le informazioni vengono condivise o trattenute.

Sfide e Opportunità

La gestione della segretezza e della discrezione presenta sia sfide che opportunità. Le sfide includono la potenziale erosione della fiducia se la segretezza è percepita come eccessiva o non giustificata, e il rischio di isolamento o di creazione di barriere comunicative. Tuttavia, quando utilizzata con giudizio, la discrezione può rafforzare le relazioni strategiche, proteggere asset vitali e guidare il successo attraverso la gestione oculata delle informazioni.

In conclusione, la segretezza e la discrezione sono componenti chiave nella strategia del potere, offrendo sia vantaggi che rischi. La loro efficacia dipende dalla capacità di navigare le complesse dinamiche etiche e relazionali che accompagnano la gestione delle informazioni. Un approccio equilibrato e responsabile alla segretezza e alla discrezione può rafforzare la fiducia, l'autorità e l'influenza, mentre un uso scorretto può minare la fiducia e compromettere relazioni e reputazioni.

Approfondendo ulteriormente il ruolo della segretezza e della discrezione nella strategia del potere, ci si imbatte in ulteriori dimensioni che toccano la gestione del rischio, l'importanza della tempistica nella rivelazione delle informazioni e il ruolo cruciale della percezione nella manipolazione delle dinamiche di potere.

Gestione del Rischio attraverso la Riservatezza

Una componente critica dell'uso strategico della segretezza e della discrezione è la gestione del rischio. Nelle relazioni professionali e personali, valutare attentamente quali informazioni condividere, con chi e in quale momento, può mitigare il rischio di esposizione a danni potenziali. Ad esempio, in un contesto aziendale, la protezione delle informazioni proprietarie o sensibili attraverso pratiche di discrezione può prevenire la fuga di segreti commerciali o di strategie concorrenziali vitali. La capacità di gestire il rischio attraverso la riservatezza richiede una comprensione profonda del valore delle informazioni detenute e delle potenziali conseguenze della loro divulgazione.

Tempistica nella Divulgazione delle Informazioni

La tempistica nella rivelazione di informazioni gioca un ruolo fondamentale nelle strategie di potere. Rivelare informazioni in un momento strategicamente vantaggioso può massimizzare l'impatto positivo o minimizzare le conseguenze negative di tale divulgazione. La capacità di attendere il momento giusto per condividere informazioni cruciali richiede pazienza, discernimento e una comprensione acuta del contesto e delle dinamiche in gioco. Questo aspetto della discrezione può influenzare negoziazioni, decisioni di leadership e perfino il mantenimento o il cambiamento delle percezioni pubbliche.

Percezione e Manipolazione delle Dinamiche di Potere

La segretezza e la discrezione influenzano la percezione del potere tanto quanto la realtà effettiva del potere stesso. La percezione che gli altri hanno della nostra capacità di controllare e gestire le informazioni può rafforzare la nostra posizione di potere nei loro occhi. La manipolazione consapevole della percezione attraverso l'uso selettivo della segretezza e della discrezione può quindi diventare uno strumento di potere. Tuttavia, questo approccio comporta un equilibrio delicato: se scoperti, i tentativi di manipolare le percezioni attraverso la segretezza possono danneggiare irreparabilmente la fiducia e l'autorità.

Costruzione e Mantenimento della Credibilità

Mentre la segretezza e la discrezione sono strumenti potenti, è fondamentale che il loro uso non comprometta la credibilità personale o organizzativa. La coerenza tra ciò che si dichiara pubblicamente e le azioni svolte in privato rafforza la credibilità; discrepanze tra questi due aspetti possono invece eroderla. La gestione etica della segretezza e della discrezione, che rispetta la fiducia altrui e mantiene un'integrità incondizionata, contribuisce a consolidare una reputazione di affidabilità e onestà.

Sviluppo di Politiche di Privacy e Sicurezza

Nell'era digitale, lo sviluppo di politiche di privacy e sicurezza diventa essenziale per proteggere le informazioni sensibili dalla divulgazione non autorizzata. Questo è particolarmente rilevante per le organizzazioni che gestiscono grandi volumi di dati. La creazione di sistemi robusti per salvaguardare le informazioni, insieme a una cultura della discrezione e della responsabilità, dimostra un impegno serio nella gestione della segretezza come strategia di potere. Tali politiche non solo proteggono gli asset, ma rafforzano anche la fiducia tra i dipendenti, i clienti e i partner.

Attraverso un'esplorazione ancora più profonda di queste aree, diventa evidente che la segretezza e la discrezione, quando gestite con saggezza e responsabilità, possono servire come levi strategiche complesse e sfaccettate all'interno delle dinamiche di potere. La chiave per il loro utilizzo efficace risiede nella comprensione che, mentre possono offrire vantaggi significativi in termini di protezione e vantaggio strategico, richiedono anche una considerazione etica rigorosa e un impegno costante alla costruzione e al mantenimento della fiducia e della credibilità all'interno di ogni tipo di relazione.

Continuando a esplorare il ruolo complesso della segretezza e della discrezione nella strategia del potere, ci avventuriamo in ulteriori riflessioni che sottolineano l'importanza del contesto culturale, la responsabilità etica nell'uso delle informazioni riservate e il delicato bilanciamento tra trasparenza e riservatezza.

Contesto Culturale e Segretezza

Il contesto culturale influisce profondamente su come la segretezza e la discrezione vengono percepite e gestite. In alcune culture, la condivisione aperta e la trasparenza sono valori fondamentali, mentre in altre, la riservatezza e la cautela nell'esposizione delle informazioni sono considerate virtù. La capacità di navigare queste differenze culturali, adattando le pratiche di segretezza e discrezione in modo appropriato, è essenziale per mantenere relazioni armoniose e per esercitare il potere in modo efficace e rispettoso. La comprensione e il rispetto del contesto culturale possono migliorare la comunicazione interculturale e la collaborazione, oltre a rafforzare legami di fiducia e rispetto reciproco.

Responsabilità Etica nell'Uso delle Informazioni

La gestione etica delle informazioni riservate sottolinea la responsabilità di coloro che detengono potere di esercitarlo con integrità. Questo implica non solo la protezione delle informazioni dallo sfruttamento o dalla divulgazione non autorizzata ma anche la valutazione dell'impatto che tale segretezza può avere sugli altri. La riflessione etica richiede un equilibrio tra gli interessi personali o organizzativi e il benessere generale, assicurando che le decisioni relative alla segretezza e alla discrezione non danneggino involontariamente individui o gruppi. Questo approccio responsabile alla gestione delle informazioni rafforza la fiducia e sottolinea l'impegno per pratiche giuste e trasparenti.

Bilanciamento tra Trasparenza e Riservatezza

Trovare il giusto equilibrio tra la necessità di trasparenza e il bisogno di riservatezza è uno dei compiti più sfidanti nella gestione delle dinamiche di potere. La trasparenza promuove la fiducia e l'inclusione, consentendo a tutti i membri di un gruppo o di un'organizzazione di sentirsi informati e coinvolti. Tuttavia, certe situazioni richiedono discrezione per proteggere la privacy, la sicurezza o per strategie competitive. La capacità di bilanciare questi bisogni, comunicando chiaramente la logica dietro le decisioni relative alla segretezza e alla divulgazione, può rafforzare la legittimità e l'autorità, oltre a mantenere un ambiente sano e produttivo.

Creazione di Politiche di Riservatezza Adattive

Lo sviluppo di politiche di riservatezza che siano flessibili e adattive aiuta a navigare il complesso panorama della gestione delle informazioni. Queste politiche devono tenere conto della variabilità delle situazioni, delle esigenze di sicurezza e della fluidità dei contesti sociali e tecnologici. Un approccio adattivo permette alle organizzazioni di rispondere in modo agile ai cambiamenti, proteggendo le informazioni critiche pur promuovendo un clima di apertura e fiducia quando possibile. La partecipazione dei membri dell'organizzazione nella creazione e revisione di tali politiche può inoltre aumentare il loro senso di appartenenza e la loro fiducia nelle decisioni di gestione della segretezza.

Educazione alla Gestione delle Informazioni

Infine, educare le persone sulla gestione responsabile delle informazioni riservate è fondamentale in un'epoca di accessibilità digitale quasi illimitata. Programmi di formazione che enfatizzano l'importanza della discrezione, le competenze di comunicazione sicura e le responsabilità etiche possono equipaggiare individui e team con le conoscenze necessarie per navigare le sfide della segretezza in modo efficace. Un impegno per l'educazione continua e lo sviluppo delle competenze in questo campo non solo minimizza i rischi associati alla gestione delle informazioni ma promuove anche una cultura di responsabilità e rispetto all'interno delle organizzazioni e delle comunità.

Attraverso l'esame dettagliato di questi ulteriori aspetti, diventa chiaro che la segretezza e la discrezione, all'interno della strategia del potere, richiedono un'attenzione scrupolosa alla responsabilità etica, al contesto culturale, e al bilanciamento tra la necessità di proteggere le informazioni e il valore della trasparenza. Questa navigazione consapevole e riflessiva non solo salvaguarda le informazioni sensibili ma contribuisce anche a costruire una base di fiducia, rispetto e autorità durature nelle relazioni interpersonali e professionali.

Proseguendo nell'approfondimento del ruolo della segretezza e della discrezione nella strategia del potere, ci imbattiamo in considerazioni sul ruolo della tecnologia nella gestione delle informazioni, l'importanza del consenso informato e la necessità di strategie proattive per prevenire la perdita di informazioni sensibili.

Impatto della Tecnologia sulla Segretezza e Discrezione

L'avvento delle tecnologie digitali e dei social media ha trasformato radicalmente il paesaggio della segretezza e della discrezione. La facilità con cui le informazioni possono essere condivise o divulgate accidentalmente richiede un livello di vigilanza e di competenza tecnologica senza precedenti. L'uso responsabile delle piattaforme digitali, la crittografia delle comunicazioni e la formazione sulla sicurezza informatica diventano elementi fondamentali per proteggere le informazioni sensibili in questo nuovo contesto. La comprensione delle minacce digitali e l'adozione di pratiche di sicurezza robuste sono essenziali per mantenere l'integrità della segretezza e della discrezione nell'era digitale.

Consenso Informato nelle Pratiche di Condivisione delle Informazioni

Il consenso informato gioca un ruolo critico nella gestione etica delle informazioni. Prima di condividere informazioni riservate che riguardano individui o gruppi, è vitale ottenere il loro consenso esplicito, fornendo una chiara spiegazione delle ragioni della condivisione e delle potenziali conseguenze. Questo processo non solo rispetta l'autonomia e la dignità degli individui ma rafforza anche la fiducia reciproca, elementi chiave per relazioni equilibrate e per una gestione del potere responsabile.

Strategie Proattive per la Prevenzione delle Perdite di Informazioni

Nell'ambito della segretezza e della discrezione, prevenire la perdita o la divulgazione non autorizzata di informazioni è tanto importante quanto gestire strategicamente la condivisione delle informazioni. Ciò include l'implementazione di politiche di sicurezza dati, la formazione regolare dei dipendenti sulle migliori pratiche di gestione delle informazioni e la realizzazione di audit di sicurezza per identificare e mitigare potenziali vulnerabilità. Adottare un approccio proattivo non solo protegge le informazioni sensibili ma dimostra anche un impegno nei confronti della responsabilità e dell'integrità organizzativa.

Ruolo della Cultura Organizzativa nella Gestione delle Informazioni

La cultura organizzativa ha un impatto significativo sulla percezione e sulla pratica della segretezza e della discrezione. Un ambiente che promuove l'onestà, la trasparenza e il rispetto reciproco tende a facilitare una gestione delle informazioni più etica e responsabile. Allo stesso tempo, è fondamentale riconoscere il valore della riservatezza in determinate circostanze. Coltivare una cultura che bilancia sapientemente questi elementi può migliorare non solo la sicurezza delle informazioni ma anche il benessere e la fiducia all'interno dell'organizzazione.

Importanza dell'Aggiornamento Continuo delle Politiche di Privacy

Con il continuo evolversi delle tecnologie e delle normative sulla privacy, è cruciale che le politiche di privacy e di gestione delle informazioni siano regolarmente riviste e aggiornate. Ciò assicura che le pratiche rimangano in linea con gli standard legali e etici correnti e che rispondano efficacemente alle nuove sfide nella protezione delle informazioni. L'impegno per l'aggiornamento continuo delle politiche riflette una dedizione alla sicurezza delle informazioni, alla privacy e al rispetto dei diritti degli individui e dei gruppi coinvolti.

Attraverso l'esame di questi ulteriori aspetti, diventa chiaro che la segretezza e la discrezione richiedono una gestione sofisticata e olistica che consideri l'etica, la tecnologia, il consenso e la cultura organizzativa. Questi fattori, combinati in un approccio riflessivo e proattivo alla gestione delle informazioni, possono garantire che la segretezza e la discrezione siano utilizzate in modo responsabile come strumenti strategici nelle dinamiche di potere, rafforzando al contempo le relazioni basate sulla fiducia, sul rispetto e sull'integrità.

Proseguendo nell'esplorazione del ruolo della segretezza e della discrezione all'interno della strategia di potere, approfondiamo l'importanza di una comunicazione mirata, la gestione delle percezioni, l'impiego di tecniche di negoziazione riservate e il ruolo del mentoring nella trasmissione di conoscenze sensibili.

Comunicazione Mirata come Strumento di Potere

La capacità di comunicare in modo mirato, scegliendo accuratamente quali informazioni condividere e con chi, è una componente chiave della strategia di potere. Questa forma di comunicazione consente di mantenere un controllo sul flusso di informazioni, massimizzando l'efficacia del messaggio e minimizzando il rischio di esposizione di dati sensibili. La comunicazione mirata richiede una comprensione approfondita del contesto e del pubblico, nonché la capacità di prevedere le reazioni e adattare il messaggio per ottenere l'esito desiderato.

Gestione delle Percezioni attraverso la Discrezione

La gestione delle percezioni gioca un ruolo cruciale nelle dinamiche di potere, specialmente in relazione alla segretezza e alla discrezione. La maniera in cui le informazioni vengono gestite e presentate può influenzare significativamente come un individuo o un'organizzazione viene percepita da altri. Utilizzare la discrezione per proteggere la reputazione o per costruire un'immagine di affidabilità e competenza può rafforzare la posizione di potere. Tuttavia, è essenziale bilanciare questo approccio con la necessità di trasparenza e onestà per mantenere la fiducia a lungo termine.

Tecniche di Negoziazione Riservate

Nelle negoziazioni, l'uso strategico della segretezza e della discrezione può offrire vantaggi significativi. Essere in grado di controllare quali informazioni vengono rivelate e quali tenute riservate può influenzare l'esito delle trattative. Tecniche di negoziazione riservate richiedono un'abilità nel valutare le intenzioni e le aspettative dell'altra parte, nonché nella protezione di informazioni chiave che potrebbero alterare il potere negoziale. Questo approccio, tuttavia, deve essere gestito con etica e integrità per evitare il deterioramento delle relazioni a seguito di tattiche percepite come ingannevoli.

Mentoring e Trasmissione di Conoscenze Sensibili

Il mentoring svolge un ruolo fondamentale nella trasmissione di conoscenze e competenze, specialmente quelle sensibili o riservate. Un mentore può usare la discrezione per determinare quale conoscenza è appropriata da condividere, tenendo conto della maturità, dell'esperienza e della posizione del mentee. Questo processo consente una trasmissione mirata di informazioni che prepara il mentee a gestire compiti o ruoli che richiedono un elevato livello di fiducia e responsabilità. La relazione di mentoring, basata sulla fiducia reciproca e sul rispetto, diventa così un canale per la gestione prudente e etica delle informazioni sensibili.

Responsabilità nella Protezione delle Informazioni

In un mondo sempre più connesso e trasparente, la responsabilità di proteggere le informazioni sensibili diventa più critica che mai. Questo include non solo la salvaguardia dei dati da accessi non autorizzati o esposizioni accidentali ma anche la considerazione dell'impatto che la divulgazione di tali informazioni potrebbe avere sugli individui coinvolti e sulla società nel suo complesso. Adottare un approccio responsabile alla gestione delle informazioni, che valuti attentamente i benefici della segretezza rispetto al potenziale danno della rivelazione, è fondamentale per mantenere la fiducia e l'integrità nelle relazioni di potere.

Attraverso l'esame di queste ulteriori dimensioni, emerge un quadro complesso in cui la segretezza e la discrezione, sebbene siano strumenti potenti nella strategia di potere, richiedono una gestione attenta, responsabile ed etica. La chiave per navigare

con successo queste acque complesse risiede nella capacità di
bilanciare l'esigenza di proteggere le informazioni con
l'imperativo di costruire e mantenere relazioni basate sulla
fiducia, sull'integrità e sul rispetto reciproco.

Concludendo l'analisi approfondita sul ruolo della segretezza e
della discrezione nella strategia del potere, diventa chiaro che
questi concetti occupano una posizione critica nel tessuto delle
relazioni umane e organizzative. La gestione delle informazioni,
attraverso l'uso ponderato della segretezza e della discrezione,
può influenzare significativamente la dinamica del potere, la
fiducia interpersonale e l'efficacia della leadership. Tuttavia,
l'implementazione di tali strategie richiede una navigazione
attenta tra le esigenze di protezione delle informazioni e i valori
di trasparenza, etica e responsabilità.

Bilanciamento Strategico tra Riservatezza e Apertura

Un bilanciamento strategico tra la necessità di mantenere certe
informazioni riservate e l'imperativo di operare con un grado di
apertura e trasparenza è fondamentale per il successo a lungo
termine di qualsiasi entità o relazione. La capacità di discernere
quando la segretezza è necessaria per la protezione o il vantaggio
strategico e quando, invece, la trasparenza può rafforzare la
fiducia e il sostegno reciproco, è una competenza cruciale nelle
moderne dinamiche di potere.

Importanza della Fiducia e dell'Etica

La fiducia, costruita sulla base di comunicazioni autentiche e
comportamenti etici, è la pietra angolare di relazioni personali e
professionali solide. La gestione etica della segretezza e della
discrezione non solo preserva la fiducia esistente ma può anche
rafforzarla, dimostrando un impegno verso l'integrità e il
rispetto degli altri. L'abuso di segretezza, al contrario, può
erodere rapidamente la fiducia e compromettere relazioni e
reputazioni.

Responsabilità nella Protezione e nella Divulgazione delle Informazioni

Coloro che detengono potere e autorità hanno la responsabilità di proteggere le informazioni sensibili e di valutare attentamente le conseguenze della loro divulgazione. Questo include la responsabilità di prevenire danni non solo agli individui direttamente coinvolti ma anche alla comunità più ampia. La responsabilità etica nella gestione delle informazioni richiede trasparenza laddove necessario e discrezione quando appropriato, bilanciando gli interessi personali, organizzativi e sociali.

Sfide e Opportunità nell'Era Digitale

L'era digitale presenta sfide uniche e complesse nella gestione della segretezza e della discrezione, con la proliferazione di dati e la facilità di accesso e divulgazione delle informazioni. Le organizzazioni e gli individui devono essere proattivi nell'adottare misure di sicurezza informatica, politiche di privacy e pratiche di gestione delle informazioni che riflettano i cambiamenti tecnologici e normativi. Allo stesso tempo, la tecnologia offre nuove opportunità per migliorare la trasparenza, la comunicazione e la collaborazione, trasformando le sfide in vantaggi strategici.

Conclusione Dettagliata

In sintesi, la segretezza e la discrezione, sebbene siano strumenti potenti nelle mani di chi esercita il potere, devono essere gestite con un profondo senso di responsabilità etica e con un occhio attento alle implicazioni a lungo termine per le relazioni e la fiducia. La vera maestria nella strategia del potere risiede non solo nel sapere quando e come utilizzare la segretezza per proteggere e avanzare obiettivi, ma anche nel riconoscere l'importanza della trasparenza, del dialogo aperto e del rispetto reciproco. Questo equilibrio delicato tra riservatezza e apertura è ciò che in ultima analisi definisce e sostiene il successo, la reputazione e l'integrità di leader, organizzazioni e relazioni personali nel contesto complesso e in rapida evoluzione del mondo moderno.

8. Costruire e mantenere l'immagine pubblica: Tecniche per creare e gestire la propria immagine pubblica e reputazione.

Costruire e mantenere un'immagine pubblica positiva è cruciale per individui e organizzazioni in un'era dominata dai media e dalla comunicazione digitale. La gestione della reputazione comporta strategie mirate per presentare se stessi o la propria organizzazione in modo favorevole al pubblico, influenzando percezioni e opinioni. Questo processo include la comunicazione efficace dei valori, delle competenze e dei successi, nonché la gestione proattiva delle crisi e la risposta alle critiche. Di seguito, vengono esplorate tecniche e considerazioni chiave per la creazione e la gestione dell'immagine pubblica.

Definizione Chiara dell'Identità e dei Valori

- **Articolare chiaramente l'identità e i valori fondamentali.** Che si tratti di un individuo o di un'organizzazione, è essenziale definire chiaramente cosa rappresenti e quali valori guidino le tue azioni. Questa chiarezza consente di comunicare in modo coerente e autentico con il pubblico, stabilendo una base solida per l'immagine pubblica.

Comunicazione Strategica e Storytelling

- **Utilizzare la comunicazione strategica e lo storytelling.** Raccontare la propria storia in modo convincente può creare una connessione emotiva con il pubblico. L'uso strategico dei media, sia tradizionali che digitali, per condividere successi, iniziative e storie di impatto rafforza l'immagine pubblica e promuove l'engagement.

Presenza Online Ottimizzata e Gestione dei Social Media

- **Mantenere una presenza online ottimizzata e attiva.** Nel mondo digitale odierno, una presenza online forte e positiva è fondamentale. Ciò include un sito web professionale, profili sui social media aggiornati regolarmente e contenuti di alta qualità che riflettano i valori e l'identità desiderati. La gestione attiva dei social media permette di guidare la narrazione e di interagire con il pubblico in modo significativo.

Gestione Proattiva delle Crisi

- **Adottare un approccio proattivo alla gestione delle crisi.** Le crisi, se mal gestite, possono danneggiare gravemente l'immagine pubblica. Preparare piani di gestione delle crisi in anticipo, rispondere rapidamente e trasparentemente a qualsiasi problema e comunicare chiaramente le azioni intraprese per risolvere la situazione possono limitare i danni alla reputazione.

Monitoraggio e Analisi della Reputazione

- **Implementare il monitoraggio costante e l'analisi della reputazione.** Utilizzare strumenti di monitoraggio dei media e dei social media per tenere traccia di come si viene percepiti online. L'analisi delle conversazioni e delle tendenze può fornire intuizioni preziose per affinare le strategie di comunicazione e affrontare proattivamente eventuali questioni negative.

Costruzione di Relazioni con i Media

- **Sviluppare relazioni positive con i media.** I media svolgono un ruolo cruciale nella formazione dell'immagine pubblica. Costruire relazioni positive con i giornalisti e i media influenti può aiutare a garantire una copertura mediatica favorevole e a diffondere messaggi chiave a un pubblico più ampio.

Responsabilità e Trasparenza

- **Agire con responsabilità e trasparenza.** Le azioni parlano più forte delle parole. Dimostrare attraverso azioni concrete l'impegno verso i valori dichiarati e essere trasparenti riguardo alle decisioni e alle politiche rafforzano la fiducia e la credibilità presso il pubblico.

Feedback e Adattamento Continui

- **Ascoltare il feedback e adattarsi di conseguenza.** Il feedback del pubblico è un prezioso strumento di apprendimento. Essere aperti al feedback, sia positivo che negativo, e disposti ad adattare le pratiche in risposta può migliorare l'immagine pubblica e mostrare un impegno verso il miglioramento continuo.

Costruire e mantenere un'immagine pubblica positiva richiede un impegno costante, strategie ben ponderate e una comunicazione autentica. Attraverso la gestione attenta della propria narrazione, la risposta efficace alle crisi e il mantenimento di una presenza digitale ottimizzata, individui e organizzazioni possono rafforzare la loro reputazione e costruire relazioni di lunga durata con il loro pubblico.

Proseguendo nell'approfondimento delle strategie per costruire e mantenere un'immagine pubblica e una reputazione solide, esaminiamo ulteriori tattiche che comprendono l'importanza della coerenza nel messaggio, l'investimento nella responsabilità sociale, l'adozione di una mentalità globale e l'impegno per l'eccellenza nel servizio o nel prodotto offerto.

Coerenza nel Messaggio e nell'Identità

- **Mantenere coerenza tra messaggio e identità.**
  Assicurarsi che tutti i messaggi e le comunicazioni siano
  allineati con l'identità e i valori fondamentali. La
  coerenza nel tempo rafforza il riconoscimento del
  marchio e costruisce fiducia con il pubblico, poiché le
  persone sanno cosa aspettarsi e possono contare sulla
  veridicità dei messaggi veicolati.

Investimento nella Responsabilità Sociale

- **Enfatizzare l'impegno nella responsabilità sociale
  d'impresa (CSR).** Mostrare un genuino impegno verso
  cause sociali, ambientali ed economiche può migliorare
  significativamente l'immagine pubblica. I consumatori e
  il pubblico tendono a sostenere organizzazioni che
  percepiscono come etiche e che contribuiscono
  positivamente alla società. La trasparenza negli sforzi di
  CSR e la condivisione di storie di successo possono
  amplificare questo effetto.

Adozione di una Mentalità Globale

- **Adottare e comunicare una mentalità globale.** In
  un'economia e una società sempre più globalizzate,
  dimostrare consapevolezza e sensibilità verso questioni e
  culture internazionali può attrarre un pubblico più ampio
  e diversificato. Essere visti come un marchio o un
  individuo che apprezza e rispetta la diversità globale
  migliora l'immagine pubblica e apre nuove opportunità di
  engagement.

Impegno per l'Eccellenza

- **Eccellere in ciò che si offre.** Sia che si tratti di un
  prodotto, un servizio o un contributo personale,
  l'impegno per l'eccellenza è fondamentale. La qualità
  superiore, l'innovazione e la capacità di soddisfare o

superare le aspettative stabiliscono una reputazione solida e attraggono sia la lealtà che l'ammirazione del pubblico.

Gestione Attiva del Feedback Online

- **Monitorare e gestire attivamente il feedback online.** Nel mondo digitale, le recensioni e i commenti online possono avere un impatto significativo sull'immagine pubblica. Rispondere in modo professionale e costruttivo al feedback, sia positivo che negativo, dimostra impegno verso il servizio clienti e apertura al miglioramento. La gestione attiva di questa area può prevenire o mitigare eventuali danni alla reputazione.

Sviluppo di Partnership Strategiche

- **Forjare partnership e collaborazioni strategiche.** Allinearsi con altre organizzazioni o individui che condividono valori simili e che godono di una buona reputazione può elevare la propria immagine pubblica. Queste collaborazioni possono ampliare la portata dei messaggi, accedere a nuovi pubblici e contribuire a costruire un'identità più forte e positiva.

Formazione e Sviluppo Continui

- **Investire nella formazione e nello sviluppo continui.** L'apprendimento continuo e l'adattamento alle nuove tendenze, tecnologie e best practice non solo mantengono l'offerta rilevante e di alta qualità ma dimostrano anche al pubblico un impegno verso l'eccellenza e l'innovazione. Questa apertura al cambiamento e al miglioramento può essere un fattore chiave nel mantenere una reputazione positiva e nell'attrarre un seguito fedele.

Attraverso l'adozione di queste strategie avanzate, individui e organizzazioni possono non solo costruire ma anche mantenere un'immagine pubblica forte e una reputazione rispettata. Questi sforzi richiedono coerenza, trasparenza e un impegno costante verso l'autenticità e l'integrità. Alla base di un'immagine pubblica positiva vi è la realizzazione che la reputazione si costruisce nel tempo con azioni coerenti e comunicazioni rispettose, che insieme formano la percezione pubblica e influenzano il successo a lungo termine.

Proseguendo nell'esplorazione delle strategie per costruire e mantenere un'immagine pubblica positiva, emergono ulteriori considerazioni sulla personalizzazione dell'interazione con il pubblico, sull'importanza dell'autenticità nella narrazione personale e sulla necessità di un impegno costante nella responsabilità sociale.

Personalizzazione dell'Interazione con il Pubblico

- **Adattare la comunicazione alle esigenze e preferenze del pubblico.** L'era digitale offre strumenti avanzati per analizzare e comprendere il pubblico, permettendo una personalizzazione senza precedenti delle interazioni. Utilizzare queste informazioni per adattare messaggi e campagne ai diversi segmenti del pubblico può migliorare significativamente l'engagement e la percezione della marca o dell'individuo, rendendo la comunicazione più rilevante e impattante.

Autenticità nella Narrazione Personale

- **Mantenere l'autenticità in tutte le comunicazioni.** In un mondo in cui i consumatori e il pubblico in generale sono sempre più alla ricerca di trasparenza, l'autenticità diventa un asset prezioso. Essere sinceri nelle proprie narrazioni, riconoscendo sia i successi che i fallimenti, contribuisce a costruire una connessione più profonda con il pubblico. L'autenticità rafforza la fiducia e sostiene l'immagine pubblica a lungo termine, differenziando positivamente l'individuo o l'organizzazione in un mercato affollato.

Impegno Costante nella Responsabilità Sociale

- **Dimostrare un impegno continuo nei confronti della responsabilità sociale.** L'adozione di pratiche sostenibili, il supporto a cause benefiche e l'impegno attivo nei confronti delle questioni sociali non solo migliorano l'immagine pubblica ma riflettono anche valori autentici che risuonano con il pubblico. La responsabilità sociale d'impresa dovrebbe essere integrata nelle strategie aziendali come elemento fondamentale della cultura organizzativa, comunicando un messaggio chiaro di cura e impegno verso il benessere della comunità e dell'ambiente.

Strategie Dinamiche per la Gestione della Reputazione Online

- **Sviluppare strategie dinamiche per la gestione della reputazione online.** Nel contesto digitale odierno, dove le opinioni e le recensioni possono diffondersi rapidamente, è vitale monitorare e gestire proattivamente la reputazione online. Questo include rispondere tempestivamente alle recensioni, sia positive che negative, partecipare a conversazioni pertinenti e gestire eventuali crisi in modo aperto e trasparente. La gestione attiva della reputazione online può prevenire danni duraturi all'immagine pubblica e contribuire a costruire una relazione di fiducia con il pubblico.

Utilizzo Strategico dei Feedback per il Miglioramento Continuo

- **Valutare e utilizzare i feedback per il miglioramento continuo.** Il feedback del pubblico è una risorsa preziosa che può fornire insight critici per l'ottimizzazione delle strategie di comunicazione e l'offerta di prodotti o servizi. Adottare un approccio aperto al feedback, valutandolo come un'opportunità di crescita, dimostra un impegno verso l'eccellenza e il miglioramento costante, fattori che contribuiscono positivamente all'immagine pubblica.

Costruzione di una Community Engaged

- **Cultivare una community online e offline.** Costruire e mantenere una community di sostenitori leali può amplificare positivamente l'immagine pubblica. Attraverso eventi, iniziative congiunte e piattaforme di dialogo, è possibile creare un senso di appartenenza che va oltre il semplice consumo di prodotti o servizi, legando il pubblico al marchio o all'individuo attraverso valori e interessi condivisi.

Attraverso queste strategie aggiuntive, diventa evidente che la costruzione e il mantenimento di un'immagine pubblica positiva richiedono un approccio olistico e multifaceted, che tenga conto dell'evoluzione del panorama digitale, dell'importanza dell'autenticità e dell'impegno costante in pratiche socialmente responsabili. Un ulteriore esame rivela l'importanza della resilienza personale e organizzativa, l'efficacia della comunicazione visiva, e l'impiego di analisi dati avanzate per una gestione della reputazione più informata.

Resilienza nelle Strategie di Immagine Pubblica

- **Cultivare la resilienza di fronte alle sfide e alle crisi.** La capacità di rimanere stabili o recuperare rapidamente da situazioni difficili è cruciale per mantenere un'immagine pubblica positiva. La resilienza, sia a livello perzonale che organizzativo, permette di navigare efficacemente le crisi, trasformando potenziali minacce in opportunità di dimostrare forza, flessibilità e

impegno verso i propri valori. La comunicazione
strategica durante i periodi di crisi, che rifletta
trasparenza, responsabilità e un chiaro percorso di
azione, può rafforzare ulteriormente la fiducia e la stima
del pubblico.

Comunicazione Visiva per l'Engagement

- **Sfruttare il potere della comunicazione visiva.** In
  un'era dominata da piattaforme digitali, l'uso strategico
  di elementi visivi — come immagini, video e grafici — può
  catturare l'attenzione, trasmettere messaggi complessi in
  modo semplice e rafforzare l'identità di marca. Le
  campagne di comunicazione che incorporano elementi
  visivi coinvolgenti non solo aumentano la visibilità ma
  possono anche evocare emozioni positive e connessioni
  più profonde con il pubblico, arricchendo l'immagine
  pubblica e la reputazione.

Analisi Dati per Decisioni Informate

- **Applicare analisi dati avanzate per informare le
  strategie di reputazione.** Utilizzare dati e analytics
  per monitorare le percezioni del pubblico, identificare
  tendenze emergenti e valutare l'efficacia delle campagne
  di comunicazione permette di prendere decisioni basate
  su informazioni concrete. L'analisi delle metriche di
  engagement, delle reazioni del pubblico e delle
  performance dei contenuti può fornire insight preziosi
  per affinare le strategie di gestione dell'immagine
  pubblica, garantendo che i messaggi siano pertinenti,
  tempestivi e risuonanti con il pubblico target.

Personalizzazione dell'Esperienza Utente

- **Personalizzare l'esperienza utente per un
  maggiore engagement.** Offrire esperienze
  personalizzate, basate sulle preferenze e sul

comportamento del pubblico, può rafforzare la lealtà e migliorare la percezione della marca o dell'individuo. Che si tratti di personalizzare la comunicazione via email, di adattare i contenuti sui social media o di offrire prodotti e servizi su misura, la personalizzazione dimostra attenzione e cura verso le esigenze e i desideri del pubblico, contribuendo positivamente all'immagine pubblica.

Costruzione di un Ecosistema di Marca Coerente

- **Sviluppare un ecosistema di marca coeso.** Assicurarsi che tutti gli aspetti della presenza online e offline — dal sito web ai profili sui social media, dalla pubblicità alle interazioni dirette con i clienti — siano coerenti e riflettano l'identità di marca. Un ecosistema di marca coeso comunica affidabilità e professionalità, rafforzando l'immagine pubblica e facilitando la costruzione di relazioni solide con il pubblico.

Attraverso l'integrazione di queste strategie aggiuntive, diventa chiaro che mantenere un'immagine pubblica positiva richiede un impegno costante alla coerenza, all'autenticità e all'innovazione, unitamente a una solida comprensione delle aspettative e delle esigenze del pubblico. La gestione della reputazione in un mondo in rapido cambiamento richiede flessibilità, resilienza e una comunicazione mirata e impattante, elementi chiave per navigare con successo le sfide e cogliere le opportunità nel panorama della comunicazione moderna.

Proseguendo nell'approfondimento delle strategie per costruire e mantenere un'immagine pubblica positiva, ci focalizziamo su ulteriori tattiche che includono l'importanza dell'ascolto attivo del pubblico, la valorizzazione dell'innovazione come elemento distintivo dell'immagine pubblica, e l'adozione di pratiche sostenibili come pilastro della reputazione.

Ascolto Attivo del Pubblico

- **Implementare sistemi di ascolto attivo per comprendere meglio il pubblico.** L'ascolto attivo attraverso piattaforme di social listening, sondaggi e feedback diretto permette di acquisire una comprensione più profonda delle percezioni, aspettative e preoccupazioni del pubblico. Questa pratica non solo fornisce dati preziosi per affinare la comunicazione e le offerte, ma dimostra anche al pubblico che la loro voce viene ascoltata e valorizzata, rafforzando positivamente l'immagine pubblica.

Innovazione come Differenziatore

- **Posizionare l'innovazione al centro dell'immagine pubblica.** Comunicare costantemente gli sforzi di innovazione e come questi apportino valore ai clienti e alla società può distinguere un'organizzazione o un individuo nel mercato. L'innovazione non si limita ai prodotti o ai servizi, ma include anche nuovi modi di lavorare, sostenibilità, e impegno sociale. L'immagine di un innovatore può attrarre talenti, partner e consumatori, contribuendo significativamente alla reputazione positiva.

Sostenibilità e Responsabilità Ambientale

- **Adottare e comunicare pratiche sostenibili.** L'interesse e la domanda per pratiche sostenibili e responsabilità ambientale sono in crescita. Aziende e professionisti che adottano politiche ecocompatibili non solo migliorano il loro impatto sul pianeta ma rafforzano anche la loro immagine pubblica presso un pubblico sempre più consapevole dell'ambiente. La trasparenza sugli sforzi di sostenibilità e la comunicazione sui progressi e sugli obiettivi futuri possono consolidare la reputazione come leader responsabile e attento.

Feedback e Miglioramento Continuo

- **Utilizzare il feedback per il miglioramento continuo.** Ogni interazione con il pubblico offre l'opportunità di apprendere e migliorare. Trattare il feedback non solo come valutazione, ma come una risorsa per l'evoluzione continua delle strategie di comunicazione e dell'offerta stessa, testimonia un impegno verso l'eccellenza e la soddisfazione del cliente. Questo approccio al miglioramento continuo, guidato dal feedback del pubblico, può potenziare l'immagine pubblica mostrando una reale dedizione al servizio e all'innovazione.

Creazione di Contenuto Valore-Aggiunto

- **Fornire contenuti di valore-aggiunto.** Oltre alla promozione di prodotti o servizi, offrire contenuti che educano, intrattengono o arricchiscono il pubblico può elevare significativamente l'immagine pubblica. Blog, white paper, webinar e video che affrontano temi rilevanti per il target di riferimento, fornendo insight, consigli o intrattenimento, possono creare una connessione più profonda con il pubblico e stabilire un'organizzazione o un individuo come autorità nel loro campo.

Attraverso la continua integrazione e l'applicazione di queste strategie avanzate, si evidenzia un approccio complesso alla gestione dell'immagine pubblica che va oltre la semplice autopromozione. Incorporando l'ascolto attivo, l'innovazione, la sostenibilità, il feedback per il miglioramento continuo, e la creazione di contenuti di valore, individui e organizzazioni possono non solo costruire una reputazione positiva ma anche instaurare relazioni autentiche e durature con il loro pubblico. Questi sforzi combinati rafforzano l'immagine pubblica come un entità dinamica e impegnata, capace di adattarsi e prosperare in un ambiente in continua evoluzione.

Proseguendo nell'approfondimento delle strategie per una gestione efficace dell'immagine pubblica e della reputazione, ci focalizziamo sull'importanza della coerenza nel messaggio attraverso diversi canali, l'essere precursori nel settore per distinguersi, il valore del networking per espandere la propria influenza e la necessità di adattarsi alle mutevoli aspettative del pubblico.

Coerenza del Messaggio attraverso Diversi Canali

- **Garantire coerenza nei messaggi trasmessi attraverso tutti i canali di comunicazione.** La coerenza nel tono, nello stile e nei valori comunicati attraverso diversi canali, sia essi digitali, stampa o eventi dal vivo, rafforza il riconoscimento del marchio e consolida la fiducia con il pubblico. Questa coerenza aiuta a costruire un'immagine pubblica solida e riconoscibile, fondamentale in un ambiente mediatico frammentato e competitivo.

Essere Precursori nel Settore

- **Posizionarsi come pionieri o leader di pensiero nel proprio settore.** Contribuire con idee innovative, ricerche originali o soluzioni creative ai problemi comuni può posizionare un individuo o un'organizzazione come riferimento nel proprio campo. Questo non solo migliora l'immagine pubblica ma attira anche maggiore attenzione mediatica, partenariati strategici e nuove opportunità di business.

Valore del Networking e delle Collaborazioni

- **Espandere la propria rete attraverso networking strategico e collaborazioni.** Partecipare attivamente a eventi del settore, conferenze, e piattaforme professionali online può ampliare la rete di contatti e aumentare la visibilità. Stabilire collaborazioni con altri professionisti o organizzazioni che condividono valori simili può anche migliorare l'immagine pubblica, aprendo la strada a progetti congiunti che evidenziano l'impegno verso obiettivi comuni.

Adattabilità alle Mutevoli Aspettative del Pubblico

- **Essere flessibili e pronti ad adattarsi alle aspettative in evoluzione del pubblico.** La società e i mercati sono in continua evoluzione, e così sono le aspettative del pubblico. Mantenere un dialogo aperto con il pubblico e dimostrare la volontà di adattarsi e evolvere in base ai feedback e alle tendenze emergenti può migliorare notevolmente l'immagine pubblica. L'adattabilità mostra che un'organizzazione o un individuo è attento e reattivo alle esigenze del suo pubblico.

Trasparenza nelle Pratiche Aziendali

- **Promuovere la trasparenza nelle operazioni e nelle decisioni aziendali.** Un elevato grado di trasparenza nelle pratiche aziendali comunica integrità e apertura, elementi sempre più apprezzati dal pubblico contemporaneo. Essere trasparenti riguardo le sfide, le decisioni difficili e i processi decisionali non solo rafforza la fiducia ma può anche prevenire o mitigare potenziali crisi di reputazione.

Responsabilità Personale e Aziendale

- **Assumersi la responsabilità delle azioni e delle loro conseguenze.** Quando si verificano errori o problemi, assumersi la responsabilità e agire rapidamente per correggere la situazione dimostra maturità e affidabilità. Questo approccio proattivo alla risoluzione dei problemi può trasformare potenziali punti deboli in dimostrazioni di forza e dedizione al miglioramento, elementi che contribuiscono positivamente all'immagine pubblica.

Attraverso l'esplorazione di queste ulteriori tattiche, emerge un quadro complesso in cui la gestione dell'immagine pubblica e della reputazione richiede una strategia olistica e multifaceted. La coerenza nel messaggio, l'innovazione, il networking efficace, la trasparenza, e l'adattabilità alle mutevoli esigenze del pubblico sono tutti elementi chiave per forgiare e mantenere una reputazione solida e rispettata. In questo contesto, l'immagine pubblica si evolve come un patrimonio dinamico e prezioso, costruito su una base di autenticità, integrità e impegno continuo verso l'eccellenza e la responsabilità sociale.

Approfondendo ulteriormente le strategie per gestire efficacemente l'immagine pubblica e la reputazione, ci concentriamo sull'importanza dell'engagement comunitario, sull'utilizzo strategico della narrazione digitale, sull'impiego di tecniche di gestione della percezione e sulla necessità di un continuo monitoraggio e adattamento alle tendenze dei media.

Engagement Comunitario Come Pilastro della Reputazione

- **Promuovere un forte impegno nella comunità locale e online.** Essere attivamente coinvolti in iniziative comunitarie o cause sociali dimostra un autentico interesse per il benessere sociale e può migliorare significativamente l'immagine pubblica. Questo tipo di engagement offre l'opportunità di mostrare i valori aziendali o personali in azione, creando legami più forti con il pubblico e migliorando la percezione del marchio o della persona come entità impegnata e responsabile.

Narrazione Digitale per Coinvolgere il Pubblico

- **Utilizzare la narrazione digitale per raccontare la propria storia.** La narrazione digitale attraverso blog, video, podcast e altri contenuti multimediali fornisce una piattaforma potente per condividere la propria storia, i valori e le realizzazioni in modo coinvolgente e accessibile. Creare narrazioni che risuonino con le esperienze e i desideri del pubblico può rafforzare la connessione emotiva e l'identificazione con il marchio o l'individuo, migliorando così l'immagine pubblica.

Tecniche di Gestione della Percezione

- **Adottare tecniche sofisticate di gestione della percezione.** Comprendere come il pubblico percepisce un marchio o una persona e utilizzare strategie comunicative per influenzare positivamente questa percezione è fondamentale. Questo può includere la gestione attiva delle prime impressioni, l'uso di testimonial o influencer per accrescere la credibilità, e la comunicazione mirata per rafforzare i punti di forza e mitigare le debolezze percepite.

Monitoraggio Continuo e Adattamento alle Tendenze dei Media

- **Implementare un sistema di monitoraggio continuo delle tendenze dei media.** Mantenere un'occhiata attenta sulle tendenze dei media e sulle conversazioni online permette di identificare le opportunità di coinvolgimento e di prevenire potenziali crisi di reputazione. Utilizzare strumenti di social listening e analisi dei dati per comprendere i sentimenti del pubblico e adattare rapidamente le strategie di comunicazione in base al contesto mediatico in evoluzione.

Feedback Loop per l'Innovazione

- **Creare un feedback loop per guidare l'innovazione e il miglioramento.** Incoraggiare il feedback del pubblico su prodotti, servizi e iniziative, e utilizzare queste informazioni per guidare l'innovazione continua e il miglioramento delle offerte. Questo approccio non solo dimostra al pubblico che la loro opinione è valorizzata, ma contribuisce anche a mantenere l'offerta rilevante e in linea con le aspettative dei consumatori.

Autenticità nella Comunicazione di Crisi

- **Gestire le crisi con autenticità e responsabilità.** Quando si verificano crisi o controversie, affrontarle con trasparenza, autenticità e un piano d'azione chiaro è essenziale per mantenere o recuperare la fiducia del pubblico. La gestione efficace delle crisi, che dimostri un impegno verso la risoluzione e l'apprendimento dall'esperienza, può trasformare una sfida potenzialmente dannosa in un'opportunità per rafforzare l'immagine pubblica.

Attraverso queste ulteriori strategie, emerge un quadro completo di come un'efficace gestione dell'immagine pubblica richieda un approccio multifaceted che valorizzi l'autenticità, l'engagement, la responsabilità e l'innovazione. Mantenere una reputazione positiva in un mondo rapidamente mutevole richiede non solo la capacità di comunicare efficacemente e di adattarsi alle nuove tendenze, ma anche un impegno profondo verso valori autentici e pratiche etiche, elementi fondamentali per costruire relazioni durature e significative con il pubblico.

Nell'ulteriore esplorazione delle tecniche per creare e mantenere un'immagine pubblica e una reputazione robuste, ci immergiamo nell'importanza dell'agilità comunicativa, del coinvolgimento attivo nel dialogo sociale, dell'adeguamento alla privacy e sicurezza digitale, e della valorizzazione della trasparenza come pilastro della fiducia pubblica.

Agilità Comunicativa in un Ambiente in Evoluzione

- **Sviluppare agilità comunicativa per navigare l'ambiente mediatico in costante evoluzione.** La capacità di adattare rapidamente le strategie di comunicazione alle mutevoli condizioni del mercato, alle crisi emergenti e alle opportunità di engagement è fondamentale. Questo richiede un team di comunicazione versatile e reattivo, in grado di interpretare i cambiamenti del panorama mediatico e di rispondere con messaggi tempestivi e pertinenti che rafforzino l'immagine pubblica desiderata.

Dialogo Attivo nel Contesto Sociale

- **Partecipare attivamente al dialogo sociale su questioni pertinenti.** Un impegno attivo in discussioni su temi sociali, ambientali ed economici rilevanti non solo dimostra consapevolezza sociale e leadership, ma può anche migliorare l'immagine pubblica posizionando l'individuo o l'organizzazione come entità impegnata e responsabile. Questo coinvolgimento deve essere guidato da un autentico interesse e impegno per la causa, evitando opportunismo percepito che potrebbe danneggiare la reputazione.

Adeguamento a Privacy e Sicurezza Digitale

- **Prioritizzare la privacy e la sicurezza delle informazioni.** In un'epoca dove la privacy dei dati è di crescente preoccupazione, dimostrare un impegno serio verso la protezione delle informazioni personali e aziendali può rafforzare la fiducia del pubblico. L'adozione di politiche di privacy trasparenti e la comunicazione sulle misure di sicurezza adottate rafforzano l'immagine di un marchio responsabile e affidabile.

Valorizzazione della Trasparenza

- **Promuovere la trasparenza come valore fondamentale.** La trasparenza nelle operazioni aziendali, nelle decisioni politiche e nelle comunicazioni esterne è sempre più valutata da consumatori e cittadini. Fornire insight sul processo decisionale, sulle motivazioni dietro le iniziative e sulle risposte a eventuali problemi può costruire una reputazione di apertura e integrità, elementi chiave per una solida immagine pubblica.

Continuo Monitoraggio e Risposta alle Tendenze

- **Implementare un monitoraggio continuo delle tendenze e delle conversazioni.** Utilizzare strumenti avanzati di analisi e social listening per tenere traccia delle conversazioni relative al marchio, ai temi di interesse e alle tendenze del settore. Questo monitoraggio consente non solo di identificare opportunità di engagement e potenziali minacce alla reputazione ma anche di adattare in modo proattivo le strategie di comunicazione per rimanere rilevanti e positivamente percepiti dal pubblico.

Strategie Personalizzate per Segmenti di Pubblico

- **Adottare strategie di comunicazione personalizzate per diversi segmenti di pubblico.** Riconoscere che il pubblico non è monolitico ma composto da diversi segmenti con interessi, bisogni e preferenze uniche può migliorare significativamente l'efficacia della comunicazione. Sviluppare messaggi e campagne su misura per questi diversi gruppi rafforza la risonanza e l'engagement, contribuendo positivamente all'immagine pubblica.

Feedback e Dialogo Aperto con il Pubblico

- **Valorizzare il feedback e mantenere un dialogo aperto con il pubblico.** Incoraggiare attivamente il feedback attraverso vari canali e rispondere in modo costruttivo evidenzia un approccio aperto e partecipativo alla gestione dell'immagine pubblica. Questa trasparenza nel ricevere e agire in base al feedback non solo migliora la reputazione ma facilita anche un miglioramento continuo basato sulle esigenze e percezioni del pubblico.

Attraverso l'integrazione di queste ulteriori strategie, diventa evidente che una gestione dell'immagine pubblica e della reputazione efficace richiede un approccio dinamico, responsabile e profondamente impegnato. La capacità di comunicare con agilità, partecipare al dialogo sociale, garantire privacy e sicurezza, promuovere la trasparenza e adattarsi continuamente alle mutevoli aspettative e tendenze consolida una reputazione di affidabilità, integrità e leadership nel proprio campo, creando una base solida per relazioni durature e positive con il pubblico.

Nel proseguire l'esame delle strategie per una gestione efficace dell'immagine pubblica e della reputazione, esploriamo ulteriormente l'importanza di una presenza mediatica ben gestita, il potere dell'empowerment del pubblico, la necessità di una formazione continua sui media e le migliori pratiche di comunicazione, nonché il ruolo dell'innovazione continua come elemento chiave per mantenere una reputazione positiva e dinamica.

Gestione Attenta della Presenza Mediatica

- **Curare attentamente la propria presenza mediatica.** La presenza nei media tradizionali e digitali richiede una gestione attenta e strategica. Partecipare a interviste, scrivere articoli d'opinione, o apparire in podcast e webinar sono opportunità per rafforzare l'immagine pubblica e comunicare direttamente con il pubblico. Tuttavia, ogni interazione mediatica dovrebbe essere ben considerata, con messaggi chiave ben definiti, per assicurare che la narrazione contribuisca positivamente alla reputazione complessiva.

Empowerment del Pubblico per Creare Ambasciatori del Brand

- **Empowerment del pubblico per trasformarlo in ambasciatori del brand.** Fornire al pubblico gli strumenti e le informazioni per condividere positivamente il messaggio di un marchio o di un individuo può amplificare la portata e l'efficacia della comunicazione. Creare contenuti facilmente condivisibili, incentivare il passaparola positivo attraverso ricompense o riconoscimenti e costruire una community di supporto possono trasformare i sostenitori in veri e propri ambasciatori del brand, estendendo l'influenza e migliorando l'immagine pubblica.

Formazione Continua su Media e Comunicazione

- **Impegnarsi nella formazione continua sui media e le tecniche di comunicazione.** Il panorama mediatico e le tecniche di comunicazione evolvono rapidamente. Rimane quindi essenziale per chiunque gestisca un'immagine pubblica impegnarsi in un apprendimento continuo, partecipando a workshop, corsi e seminari sulle ultime tendenze nei media e sulle strategie comunicative avanzate. Questo non solo migliora le capacità di gestione dell'immagine pubblica ma assicura anche che le tecniche utilizzate siano le più efficaci e attuali.

Innovazione Continua per Mantenere la Relevanza

- **Prioritizzare l'innovazione per mantenere la reputazione e l'immagine pubblica fresche e

rilevanti. L'innovazione non è solo una questione di prodotto o servizio; riguarda anche come un'organizzazione o un individuo comunica e interagisce con il pubblico. Esplorare nuovi canali di comunicazione, sperimentare formati di contenuto diversi e adottare le ultime tecnologie digitali possono tenere l'immagine pubblica all'avanguardia, dimostrando un impegno verso la modernità e l'innovazione.

Responsabilità Sociale e Impegno Civico

- **Dimostrare responsabilità sociale e impegno civico.** Oltre alle pratiche aziendali interne e alle strategie di comunicazione, l'immagine pubblica beneficia significativamente quando un'organizzazione o un individuo dimostra un autentico impegno verso il miglioramento della società. Partecipare a iniziative di volontariato, sostenere cause sociali e promuovere la sostenibilità ambientale sono azioni che risonano profondamente con il pubblico contemporaneo, rafforzando positivamente la reputazione.

Attraverso l'integrazione di queste strategie avanzate, è evidente che la costruzione e il mantenimento di un'immagine pubblica efficace richiedono un impegno costante verso la comunicazione strategica, l'innovazione, l'empowerment del pubblico e un autentico impegno sociale. Questi elementi, combinati con un approccio etico e responsabile alla gestione dell'immagine pubblica, possono garantire che la reputazione sia non solo positiva ma anche resiliente e adattabile di fronte alle sfide del mutevole paesaggio mediatico e sociale.

Concludendo la nostra discussione approfondita sulle strategie per costruire e mantenere un'immagine pubblica efficace e una reputazione solida, emerge chiaramente che questi obiettivi richiedono un impegno multidimensionale, attenzione costante e un approccio olistico. La gestione dell'immagine pubblica va ben oltre la semplice autopromozione, abbracciando un'ampia gamma di pratiche che riflettono autenticità, responsabilità, e un'attenzione genuina verso il pubblico e la comunità più ampia.

Coerenza e Autenticità

La coerenza e l'autenticità sono fondamentali. La chiarezza nella comunicazione dei valori fondamentali, unita a un comportamento che riflette tali valori in tutte le azioni, stabilisce una base di fiducia e credibilità con il pubblico. Questo legame di fiducia è cruciale per qualsiasi relazione duratura e positiva con il pubblico e i clienti.

Comunicazione Strategica e Dialogo Aperto

Una comunicazione strategica, che sfrutti efficacemente sia i canali tradizionali che quelli digitali, è essenziale per raggiungere e coinvolgere il pubblico. Tuttavia, più importante è mantenere un dialogo aperto, ascoltando attivamente e rispondendo in modo costruttivo al feedback. Questo non solo migliora la reputazione ma incoraggia anche un miglioramento continuo e adattamento alle esigenze del pubblico.

Innovazione e Adattabilità

L'innovazione e l'adattabilità mostrano al pubblico che l'individuo o l'organizzazione è dinamico e rilevante. L'adozione di nuove tecnologie, l'esplorazione di nuovi canali di comunicazione e l'adattamento alle mutevoli aspettative del pubblico dimostrano una volontà di crescere e evolversi, caratteristiche che il pubblico moderno apprezza e sostiene.

Impegno Civico e Responsabilità Sociale

Dimostrare un impegno civico e responsabilità sociale evidenzia un'attenzione che va oltre il profitto o l'immagine personale, posizionando l'individuo o l'organizzazione come un attore positivo all'interno della società. Queste azioni rafforzano l'immagine pubblica mostrando un genuino interesse per il benessere della comunità e dell'ambiente.

Gestione delle Crisi e Trasparenza

La capacità di gestire le crisi con trasparenza e integrità è fondamentale. Affrontare le sfide apertamente, assumersi la responsabilità e comunicare chiaramente i passi intrapresi per risolvere i problemi non solo può limitare i danni alla reputazione ma, in molti casi, può anche migliorarla, dimostrando affidabilità e serietà.

Monitoraggio Continuo e Feedback Loop

Infine, il monitoraggio continuo dell'immagine pubblica e la creazione di un feedback loop permettono di rimanere sintonizzati con la percezione pubblica e di apportare aggiustamenti strategici in tempo reale. Questo processo garantisce che le strategie di gestione dell'immagine pubblica rimangano efficaci e allineate con gli obiettivi a lungo termine.

In sintesi, la costruzione e il mantenimento di un'immagine pubblica e di una reputazione positive richiedono un impegno costante verso la comunicazione autentica, l'innovazione, l'ascolto e il coinvolgimento del pubblico, e un comportamento etico e responsabile. Questi principi, integrati in un approccio strategico e riflessivo alla gestione dell'immagine pubblica, non solo aiutano a navigare le sfide del panorama mediatico contemporaneo ma stabiliscono anche le fondamenta per relazioni durature e significative con il pubblico, rafforzando la reputazione e il successo a lungo termine.

9. La strategia dell'assenza: Imparare quando e come l'assenza può aumentare il potere e l'influenza.

La strategia dell'assenza, un concetto intrigante nel contesto della dinamica del potere e dell'influenza, gioca su un principio psicologico fondamentale: la rarità e la scarsità possono aumentare il valore percepito di un oggetto, un'idea o una persona. Questa tattica, quando utilizzata con saggezza, può servire a rafforzare l'autorità, a mantenere l'interesse e a stimolare il desiderio di maggiore coinvolgimento o accesso. Di seguito, esploreremo come e quando l'assenza può essere strategicamente impiegata per amplificare il potere e l'influenza.

Creazione di Valore Percepito

- **Incrementare il valore percepito attraverso la rarità.** L'assenza può trasformare un'offerta, che si tratti di un prodotto, un'opportunità o l'accesso a una persona, in qualcosa di più desiderabile. La limitazione della disponibilità o l'adozione di una presenza più riservata può stimolare l'interesse e la curiosità, portando il pubblico a valorizzare maggiormente i momenti o gli elementi di accesso.

Stimolazione dell'Interesse e dell'Impegno

- **Usare l'assenza per rinnovare l'interesse.** In un mondo caratterizzato da un flusso costante di informazioni e interazioni, una pausa strategica nella comunicazione o nella visibilità può servire a rinnovare l'interesse verso un individuo, un marchio o un'offerta. L'assenza può creare un senso di attesa che, al ritorno, si traduce in un impegno rinnovato e potenziato dal pubblico.

Mantenimento del Mistero e dell'Intrigo

- **Cultivare mistero e intrigo.** L'assenza può contribuire a costruire un'aura di mistero attorno a un individuo o un'offerta, stimolando la speculazione e il dialogo. Questo senso di mistero può rendere l'oggetto dell'assenza più affascinante e discusso, incrementando il potere e l'influenza attraverso l'interesse e il dibattito generati.

Gestione della Sovraesposizione

- **Prevenire la sovraesposizione.** Una presenza costante e onnipresente può portare a saturazione e diminuzione dell'interesse. Utilizzare strategicamente l'assenza può aiutare a evitare questo rischio, garantendo che ogni apparizione o comunicazione sia accolta con interesse e attenzione, piuttosto che indifferenza o stanchezza.

Rafforzamento dell'Autonomia e del Controllo

- **Rafforzare l'autonomia e il senso di controllo.** Decidere quando essere presente e quando ritirarsi offre un controllo strategico su come e quando si viene percepiti. Questa gestione dell'immagine e dell'accesso può rafforzare l'autorità e l'autonomia, ponendo l'individuo o l'entità in una posizione di potere nella regolazione della propria visibilità e nell'influenzare come viene percepita dall'esterno.

Ricarica e Rinnovamento

- **Sfruttare l'assenza per ricarica e rinnovamento.** Oltre agli aspetti strategici, l'assenza può offrire un'opportunità preziosa per il rinnovamento personale o organizzativo. Ritirarsi temporaneamente dalla scena permette di riconsiderare strategie, rinnovare le risorse creative e ritornare con nuove idee e prospettive che possono arricchire l'offerta e l'interazione con il pubblico.

In conclusione, la strategia dell'assenza, impiegata con discernimento e in modo strategico, può essere un potente strumento per aumentare il valore percepito, stimolare l'interesse, mantenere il mistero, gestire la sovraesposizione, rafforzare l'autonomia e favorire il rinnovamento. Tuttavia, è fondamentale bilanciare l'uso dell'assenza con la necessità di mantenere relazioni solide e continue con il pubblico, assicurando che questa tattica non sfoci in una perdita di connessione o rilevanza. La chiave sta nel calibrare con cura i momenti di presenza e assenza, in modo che ciascuno contribuisca strategicamente al potere e all'influenza complessivi.

Proseguendo nell'esplorazione dell'efficacia della strategia dell'assenza, vediamo come l'applicazione mirata di questa tattica possa influenzare positivamente il posizionamento di mercato, la percezione della leadership, l'autenticità della connessione e l'ottimizzazione delle risorse creative.

Posizionamento di Mercato e Scarsità

- **Utilizzare la scarsità per migliorare il posizionamento di mercato.** In ambito commerciale, la creazione di offerte limitate o l'introduzione di prodotti esclusivi possono generare una percezione di valore aggiunto attraverso la scarsità. Questo non solo stimola la domanda ma può anche posizionare un marchio come altamente desiderabile e di prestigio. L'assenza, quindi, diventa un catalizzatore che alimenta il desiderio e l'interesse nei confronti dell'offerta.

Percezione della Leadership

- **Rafforzare la percezione della leadership attraverso l'esclusività dell'accesso.** La limitazione dell'accesso a una personalità, che sia un CEO, un influencer o un esperto di settore, può elevare la percezione della loro autorità e leadership. Offrendo la propria presenza solo in occasioni selezionate o tramite canali esclusivi, si può intensificare l'interesse del pubblico e la valutazione del loro contributo come unico e prezioso.

Autenticità e Connessione

- **Approfondire l'autenticità e la connessione.**
  Paradossalmente, momenti di assenza pianificati possono
  rafforzare la sensazione di autenticità e la profondità
  della connessione quando si è presenti. Questo perché
  l'assenza permette al pubblico di elaborare e riflettere sul
  valore della relazione, aumentando l'apprezzamento per
  le interazioni genuine e significative quando avvengono.

Ottimizzazione delle Risorse Creative

- **Ricaricare e rinvigorire le risorse creative.** Periodi
  di ritiro strategico possono fornire lo spazio necessario
  per la riflessione, l'innovazione e il rinnovamento
  creativo. Questo tempo di assenza dal clamore quotidiano
  può essere impiegato per sviluppare nuove idee, strategie
  e progetti che, una volta rivelati, rinnovano l'interesse e
  l'entusiasmo del pubblico, mantenendo così l'offerta
  fresca e dinamica.

Bilanciamento tra Assenza e Presenza

- **Navigare il delicato equilibrio tra assenza e
  presenza.** La chiave per una strategia dell'assenza di
  successo risiede nel suo uso oculato, assicurandosi che
  ogni fase di ritiro sia bilanciata da un ritorno significativo
  e valoroso. Un'eccessiva assenza può portare a
  disconnessione e perdita di rilevanza, mentre un ritorno
  ben calibrato può rafforzare legami e rinnovare
  l'interesse.

Feedback e Monitoraggio

- **Incorporare feedback e monitoraggio nel
  processo.** È essenziale monitorare attentamente le
  reazioni del pubblico e del mercato alle fasi di assenza,

utilizzando questi insight per affinare la strategia e garantire che l'assenza serva effettivamente a rafforzare il potere e l'influenza. La flessibilità nel rispondere al feedback e l'adattamento della strategia di assenza in base alle dinamiche in evoluzione sono cruciali per il suo successo a lungo termine.

Attraverso l'esame di queste ulteriori considerazioni, diventa evidente che l'efficace applicazione della strategia dell'assenza richiede una comprensione profonda del proprio pubblico, un'attenta pianificazione e un'attenta esecuzione. Utilizzata strategicamente, l'assenza può rivelarsi un potente leva per accrescere il desiderio, valorizzare la percezione di esclusività, stimolare l'innovazione e rafforzare un'autentica connessione con il pubblico. Questo approccio, tuttavia, deve essere sempre bilanciato e integrato con momenti di presenza significativa e di valore aggiunto, assicurando che ogni fase di ritiro contribuisca positivamente alla costruzione di una relazione duratura e influente.

Proseguendo ulteriormente nell'analisi della strategia dell'assenza come mezzo per accrescere il potere e l'influenza, esaminiamo l'importanza della narrazione intorno all'assenza, il rafforzamento dell'identità di marca attraverso pause strategiche, e l'utilizzo dell'assenza per catalizzare la crescita personale e organizzativa.

Narrazione Intorno all'Assenza

- **Costruire una narrazione efficace intorno ai periodi di assenza.** La comunicazione di un motivo significativo o di un obiettivo ben definito dietro un periodo di assenza può mantenere il pubblico impegnato e anticipare positivamente il ritorno. Che si tratti di un periodo di sviluppo creativo, di ricerca o di un viaggio di scoperta personale, condividere la storia dietro l'assenza può trasformare il silenzio in una storia avvincente che il pubblico segue con interesse.

Rafforzamento dell'Identità di Marca

- **Utilizzare l'assenza per consolidare l'identità di marca.** Pause strategicamente pianificate nell'engagement di mercato possono offrire l'opportunità di riflettere su come l'identità di marca sia percepita e su come potrebbe essere rafforzata o rinnovata. Questi momenti di riflessione possono portare a un rilancio o a una reintroduzione della marca con un messaggio rafforzato o aggiornato che risuona più profondamente con il pubblico e il mercato target.

Catalizzatore per la Crescita

- **Sfruttare l'assenza come catalizzatore per la crescita personale e organizzativa.** Lontano dai riflettori o dall'attenzione costante del pubblico, individui e organizzazioni possono sfruttare i periodi di assenza per concentrarsi su apprendimento, sviluppo e crescita interna. Questo investimento in crescita personale o organizzativa può poi essere rivelato e condiviso, rafforzando il rapporto con il pubblico attraverso storie di trasformazione e innovazione.

Equilibrio Dinamico tra Scarsità e Accessibilità

- **Mantenere un equilibrio dinamico tra scarsità e accessibilità.** Trovare il giusto equilibrio tra essere inaccessibili e rimanere accessibili e reattivi alle esigenze e alle aspettative del pubblico è fondamentale. Questo equilibrio dinamico richiede un'attenta considerazione di quando l'assenza può suscitare interesse e desiderio e quando invece potrebbe causare frustrazione o disconnessione.

Misurazione dell'Impatto dell'Assenza

- **Valutare e misurare l'impatto dell'assenza sul coinvolgimento e sulla percezione.** Implementare metodi per valutare l'effetto delle strategie di assenza sull'engagement del pubblico, sulla percezione della marca e sull'influenza complessiva. Analizzare i dati di engagement, le metriche di performance e il sentiment del pubblico può offrire insight preziosi su come l'assenza influenzi la relazione con il pubblico e guidare future decisioni strategiche.

Feedback e Iterazione

- **Raccogliere feedback e iterare la strategia.** L'uso dell'assenza come strumento strategico dovrebbe essere soggetto a revisione e adattamento in base al feedback del pubblico e ai cambiamenti nel contesto di mercato. L'approccio all'assenza può necessitare di aggiustamenti per rimanere efficace e risonante con il pubblico e i suoi valori in evoluzione.

Attraverso queste ulteriori riflessioni, emerge chiaramente che l'efficace applicazione della strategia dell'assenza richiede una comprensione profonda del proprio pubblico, obiettivi chiari, e la capacità di narrare e comunicare efficacemente la storia dietro l'assenza. Un uso strategico e riflessivo dell'assenza, bilanciato con periodi di presenza significativa e coinvolgente, può servire non solo ad aumentare il valore percepito e l'interesse ma anche a stimolare la crescita e il rinnovamento, posizionando l'individuo o l'organizzazione come dinamici, riflessivi e profondamente impegnati nel proprio sviluppo e nel contributo al loro campo o alla comunità.

Proseguendo nell'analisi delle dinamiche dell'assenza come leva per accrescere il potere e l'influenza, si evidenzia l'importanza di sfruttare i periodi di assenza per favorire l'anticipazione, il ruolo cruciale della qualità nell'offerta, l'impiego di feedback per affinare l'approccio strategico e la necessità di un'attenta pianificazione per massimizzare l'impatto dell'assenza.

Creazione di Anticipazione

- **Favorire l'anticipazione attraverso annunci strategici.** Preannunciare periodi di assenza o limitare la disponibilità di un prodotto o servizio può creare un senso di anticipazione e eccitazione. Questo approccio stimola il pubblico a rimanere sintonizzato e a partecipare attivamente al ritorno o al lancio, trasformando l'assenza in un evento atteso che può aumentare l'engagement e il coinvolgimento.

Focalizzazione sulla Qualità

- **Garantire che l'offerta sia di alta qualità.** Affinché la strategia dell'assenza sia efficace, ciò che viene offerto al ritorno deve soddisfare o superare le aspettative. La qualità dell'offerta, sia essa un prodotto, un servizio, o un'esperienza, deve giustificare l'attesa, rafforzando la percezione positiva e il valore associato all'entità o all'individuo.

Impiego del Feedback per Affinare la Strategia

- **Utilizzare il feedback per ottimizzare l'approccio all'assenza.** Il feedback del pubblico rispetto ai periodi di assenza e ai ritorni può offrire intuizioni preziose su come calibrare futuri cicli di assenza e presenza. Capire le reazioni del pubblico aiuta a identificare il timing ottimale, la durata ideale dell'assenza e le migliori modalità di comunicazione per mantenere l'interesse e l'engagement.

Pianificazione Attenta dell'Assenza

- **Pianificare con cura i periodi di assenza.** L'efficacia dell'assenza dipende da una pianificazione strategica che consideri il timing, il contesto di mercato, e le attività di comunicazione durante e dopo l'assenza. Definire obiettivi chiari per ogni fase di assenza, che si tratti di ricarica creativa, di sviluppo di nuove offerte o di creazione di anticipazione, assicura che l'assenza sia proattiva piuttosto che reattiva.

Integrazione dell'Assenza nella Narrazione Complessiva

- **Integrare l'assenza nella narrazione complessiva.** La narrazione costruita attorno all'assenza dovrebbe collegarsi strettamente alla storia più ampia che un'entità o individuo desidera raccontare. Questo collegamento garantisce che l'assenza sia percepita come parte integrante di un percorso evolutivo o di una strategia più ampia, piuttosto che come una discontinuità o un vuoto.

Valutazione Continua dell'Impatto

- **Valutare continuamente l'impatto dell'assenza sulle dinamiche di potere e influenza.** Monitorare come l'assenza influisce sulla percezione, sull'autorità e sull'influenza nel proprio campo è cruciale per misurare l'efficacia della strategia. Questa valutazione consente di fare aggiustamenti necessari e di assicurare che l'assenza contribuisca positivamente agli obiettivi a lungo termine di crescita e sviluppo.

Attraverso l'ulteriore approfondimento di queste strategie, diventa chiaro che l'utilizzo dell'assenza come strumento per accrescere il potere e l'influenza richiede un'attenta considerazione di molteplici fattori. Creare anticipazione, assicurare una qualità eccezionale al ritorno, raccogliere e utilizzare feedback per affinare l'approccio, pianificare strategicamente i periodi di assenza e valutare continuamente l'impatto sono tutti elementi essenziali per un utilizzo efficace dell'assenza. Questa strategia, se ben eseguita, non solo mantiene vivo l'interesse e l'engagement del pubblico ma può anche rafforzare significativamente l'autorità, il valore percepito e l'influenza di un'entità o di un individuo nel loro campo o comunità.

Nell'ulteriore esplorazione della strategia dell'assenza e del suo impatto sul potere e l'influenza, consideriamo l'importanza dell'autenticità nelle fasi di assenza, il potenziale di rigenerazione dell'identità di marca, e il ruolo critico della comunicazione mirata per mantenere la connessione con il pubblico anche durante i periodi di non visibilità.

Autenticità nell'Assenza

- **Mantenere un senso di autenticità anche nell'assenza.** L'assenza deve essere percepita come una scelta genuina e intenzionale, non come una tattica manipolativa. Che si tratti di una pausa per lo sviluppo personale, per la ricerca e l'innovazione, o per creare anticipazione, comunicare in modo trasparente le ragioni dell'assenza aiuta a mantenere una connessione autentica con il pubblico e a rafforzare la fiducia.

Rigenerazione dell'Identità di Marca

- **Utilizzare periodi di assenza per riflettere e potenzialmente rigenerare l'identità di marca.** Questi momenti possono servire come opportunità per valutare l'allineamento dell'immagine pubblica con i valori e gli obiettivi core. L'assenza offre uno spazio per riconsiderare e rinnovare l'approccio comunicativo, l'offerta di prodotti o servizi e la strategia generale, permettendo una reintroduzione o un rilancio rinnovato che può rinvigorire l'interesse e l'engagement del pubblico.

Comunicazione Mirata Durante l'Assenza

- **Implementare una comunicazione mirata per mantenere la connessione durante l'assenza.** Anche in fase di ritiro temporaneo, è possibile mantenere

una certa forma di comunicazione con il pubblico per non
perdere completamente la connessione. Questo può
avvenire attraverso aggiornamenti programmati,
contenuti preregistrati o messaggi automatici che
continuano a fornire valore e a mantenere vivo
l'interesse, assicurando al pubblico che l'assenza è parte
di un processo più ampio e intenzionale.

Valorizzazione del Ritorno

- **Curare con attenzione la strategia di ritorno.** La
  fase di rientro dopo un periodo di assenza è cruciale e
  deve essere gestita con cura per massimizzare l'impatto.
  La presentazione di novità, il lancio di prodotti innovativi
  o la condivisione di esperienze e apprendimenti acquisiti
  durante l'assenza possono creare un momento
  significativo di rinnovato interesse e coinvolgimento,
  valorizzando la strategia dell'assenza.

Ascolto e Adattamento

- **Ascoltare attentamente il feedback del pubblico e
  adattare le future strategie di assenza.** Il feedback e
  le reazioni del pubblico ai periodi di assenza forniscono
  informazioni preziose su come queste vengono percepite
  e quali effetti hanno sul coinvolgimento e sulla percezione
  del valore. Essere disposti ad adattare le strategie future
  sulla base di questo feedback assicura che l'assenza
  rimanga uno strumento efficace all'interno di un
  approccio più ampio alla gestione dell'immagine pubblica
  e dell'influenza.

Attraverso queste considerazioni, diventa chiaro che una
strategia dell'assenza efficace richiede una pianificazione
attenta, comunicazioni autentiche e trasparenti, e un impegno
verso l'innovazione e il rinnovamento. Mantenere l'autenticità,

comunicare intenzionalmente durante l'assenza, curare il ritorno, e rimanere aperti al feedback sono tutti passaggi critici che assicurano l'assenza non solo come una tattica temporanea ma come parte integrante di una strategia di lungo termine per costruire e mantenere il potere, l'influenza e una connessione profonda con il pubblico.

Approfondendo ulteriormente la strategia dell'assenza come leva per accrescere il potere e l'influenza, esploriamo l'importanza di sostenere il valore intrinseco, l'uso di momenti di assenza per incentivare l'auto-esplorazione nel pubblico, la creazione di una narrativa continua che incornicia l'assenza in un contesto più ampio, e l'importanza dell'integrità durante i periodi di ritiro.

Sostenere il Valore Intrinseco

- **Enfatizzare e sostenere il valore intrinseco durante l'assenza.** La rarità o l'esclusività devono essere ancorate a un valore intrinseco reale. Ciò significa che l'assenza non dovrebbe mai dare l'impressione di essere un trucco superficiale per aumentare artificialmente il desiderio, ma piuttosto una pausa riflessiva intesa a migliorare o a rinnovare il valore di ciò che viene offerto. Comunicare chiaramente come l'assenza contribuisca al valore aggiunto può aiutare a mantenere il pubblico interessato e impegnato.

Incentivare l'Auto-esplorazione nel Pubblico

- **Usare l'assenza per stimolare l'auto-esplorazione nel pubblico.** Momenti strategici di assenza possono incoraggiare il pubblico a riflettere sulla loro relazione con il marchio, l'individuo o l'idea, promuovendo una comprensione più profonda o un'apprezzamento rinnovato. Questo processo di auto-esplorazione può rafforzare il legame emotivo e psicologico, rendendo il pubblico più ricettivo e coinvolto al momento del ritorno.

Creazione di una Narrativa Continua

- **Integrare l'assenza in una narrativa continua.** L'assenza dovrebbe essere un capitolo di una storia più grande, non un'interruzione. Narrare l'assenza come parte di un percorso evolutivo o di un progetto in divenire aiuta a mantenere il pubblico coinvolto, anticipando il prossimo capitolo e mantenendo vivo l'interesse. Questo approccio assicura che il pubblico percepisca l'assenza come intenzionale e significativa, piuttosto che come un vuoto o una mancanza.

Integrità e Coerenza

- **Mantenere integrità e coerenza durante i periodi di assenza.** Anche in assenza, è cruciale che ogni azione intrapresa rifletta i valori e l'integrità del marchio o dell'individuo. Questo assicura che, quando si verifica il ritorno, il pubblico ritrovi una continuità e una coerenza che rafforzano la fiducia e la lealtà. La coerenza nei valori e nell'integrità contribuisce a costruire una reputazione solida che può resistere alle sfide e ai cambiamenti nel tempo.

Attraverso questi ulteriori approfondimenti, emerge con chiarezza che l'efficacia dell'assenza come strategia per accrescere il potere e l'influenza si basa su una comprensione profonda del proprio valore, dell'importanza della narrazione e della connessione emotiva con il pubblico, e su un impegno inalterato verso l'integrità. L'assenza, quando utilizzata come parte di un approccio più ampio e riflessivo alla gestione dell'immagine e della presenza, non solo mantiene l'interesse e l'engagement del pubblico ma può anche approfondire il legame e la lealtà a lungo termine, garantendo che ogni ritorno sia accolto con anticipazione ed entusiasmo.

Proseguendo nell'approfondimento della strategia dell'assenza, esploriamo come la cura nell'orchestrazione di momenti di silenzio possa arricchire l'esperienza del pubblico, la valorizzazione delle pause come momenti di crescita per il pubblico stesso, e il ruolo cruciale della tempistica nell'ottimizzare l'efficacia di questa strategia.

Orchestrazione Cauta del Silenzio

- **Orchestrare con cura i momenti di silenzio.** La decisione di quando e come ritirarsi temporaneamente dalla scena pubblica dovrebbe essere attentamente ponderata, con una chiara comprensione degli obiettivi desiderati. Un'orchestrazione accurata di questi momenti di silenzio permette di creare una tensione positiva e una sensazione di attesa che possono amplificare l'impatto del messaggio o dell'offerta al momento del ritorno. È fondamentale, tuttavia, comunicare questi periodi di silenzio in modo che il pubblico sia consapevole della strategia e non percepisca l'assenza come abbandono.

Pause Come Momenti di Crescita per il Pubblico

- **Valorizzare le pause come opportunità di crescita per il pubblico.** Utilizzare l'assenza non solo come uno strumento per aumentare il desiderio, ma anche come un invito al pubblico a riflettere, esplorare o coinvolgersi in maniere nuove. Durante questi periodi, il pubblico può scoprire risorse proprie, approfondire la comprensione dei temi trattati o anche esplorare nuovi interessi. Questo processo di scoperta individuale può rafforzare l'engagement e l'interesse, creando una base più solida per il coinvolgimento futuro.

Tempistica Ottimale dell'Assenza

- **Determinare la tempistica ottimale per l'assenza.** La scelta del momento giusto per una pausa strategica richiede un'attenta considerazione di molti fattori, inclusi il ciclo di vita del prodotto, gli eventi del settore, le festività, e il sentiment generale del pubblico. L'obiettivo è massimizzare l'attenzione e minimizzare i potenziali inconvenienti per il pubblico. Una tempistica ben pianificata assicura che l'assenza non solo aumenti l'interesse e l'anticipazione ma anche allinei i ritorni con momenti in cui possono avere il maggiore impatto.

Flessibilità e Adattabilità

- **Mantenere flessibilità e adattabilità nelle strategie di assenza.** Anche con una pianificazione accurata, rimanere aperti alla possibilità di adattare la strategia di assenza in risposta a cambiamenti imprevisti nel mercato o nelle condizioni esterne è cruciale. Questa flessibilità può aiutare a navigare le sfide e a sfruttare opportunità emergenti, assicurando che l'assenza rimanga un'azione strategica piuttosto che un ostacolo.

Riflessione e Rinnovamento

- **Utilizzare l'assenza per riflessione e rinnovamento interni.** Oltre agli obiettivi esterni, l'assenza può fornire un momento prezioso per la riflessione interna e il rinnovamento. Sia per individui che per organizzazioni, questo tempo può essere utilizzato per valutare progressi, riallineare obiettivi e strategie, e rinnovare l'energia e la creatività. Questi periodi di rinnovamento interno possono contribuire a una presenza più forte e focalizzata al momento del ritorno.

Attraverso questi ulteriori approfondimenti, diventa evidente che l'efficace impiego della strategia dell'assenza richiede un equilibrio delicato tra comunicazione strategica, pianificazione attenta, e una profonda comprensione del proprio pubblico e del contesto in cui si opera. Questi elementi, combinati in maniera oculata, possono trasformare i periodi di assenza in potenti leve per arricchire l'esperienza del pubblico, stimolare l'interesse e il coinvolgimento, e infine rafforzare il potere e l'influenza a lungo termine.

Espandendo ulteriormente la discussione sulla strategia dell'assenza, esploriamo come il mantenimento di un legame emotivo con il pubblico durante i periodi di non visibilità, l'investimento in risorse alternative per mantenere l'engagement, e l'esplorazione di nuovi orizzonti creativi in assenza, possano arricchire e approfondire l'efficacia di questa strategia.

Mantenimento di un Legame Emotivo

- **Sviluppare strategie per mantenere un legame emotivo durante l'assenza.** Anche in assenza fisica o comunicativa, è possibile preservare e persino rafforzare il legame emotivo con il pubblico. Questo può essere realizzato tramite contenuti che evocano ricordi o emozioni legate all'entità assente, come racconti di esperienze passate, highlights o momenti significativi che riaccendono l'affetto e l'apprezzamento del pubblico.

Investimento in Risorse Alternative

- **Utilizzare risorse alternative per mantenere l'engagement.** Durante i periodi di assenza, sfruttare altri mezzi o canali per mantenere l'engagement del pubblico può essere efficace. Questo potrebbe includere la delega a collaboratori fidati per mantenere viva la conversazione, l'uso di contenuti automatizzati o la creazione di esperienze interattive che consentano al pubblico di esplorare il marchio o la personalità in modi nuovi e coinvolgenti.

Esplorazione di Nuovi Orizzonti Creativi

- **Approfittare dell'assenza per esplorare nuovi orizzonti creativi.** L'assenza dal palcoscenico pubblico offre l'opportunità unica di esplorare nuove direzioni creative senza il peso delle aspettative immediate. Questo tempo può essere utilizzato per sperimentare con nuove idee, approcci o progetti che possono poi essere introdotti al pubblico al momento del ritorno, rinfrescando l'offerta con nuove prospettive e arricchendo la narrazione complessiva.

Comunicazione del Valore dell'Assenza

- **Comunicare il valore dell'assenza al pubblico.** È importante che il pubblico comprenda il valore e lo scopo dietro ai periodi di assenza. Che si tratti di crescita personale, di rinnovamento creativo o di preparazione per future iniziative, condividere le ragioni dell'assenza può aiutare a mantenere il pubblico informato e coinvolto, assicurando loro che l'assenza fa parte di un processo più ampio di miglioramento e innovazione.

Riconnessione Strategica

- **Pianificare una riconnessione strategica.** La fase di ritorno dopo un'assenza deve essere attentamente pianificata per ottimizzare l'impatto e rinnovare l'engagement del pubblico. Questo potrebbe includere eventi di rilancio, annunci significativi, o la presentazione di nuovi progetti o prodotti sviluppati durante l'assenza. Una riconnessione strategica sfrutta l'anticipazione accumulata e trasforma l'assenza in un potente preludio a ciò che verrà.

Attraverso l'analisi di queste dimensioni aggiuntive, diventa chiaro che l'assenza, sebbene possa sembrare controintuitiva, offre un'ampia gamma di opportunità per rafforzare il rapporto con il pubblico, stimolare l'innovazione e raffinare l'approccio strategico complessivo. Mantenendo il legame emotivo, investendo in risorse alternative, esplorando nuove direzioni creative, comunicando il valore dell'assenza e pianificando una riconnessione strategica, si può utilizzare il tempo lontano dalla scena per costruire una base ancora più solida per il potere e l'influenza futuri.

Avanzando nella disamina della strategia dell'assenza, si svelano ulteriori strati di complessità e potenziale. L'incorporazione dell'analisi del contesto culturale e sociale, la valorizzazione della narrativa di crescita personale, l'importanza della sincronizzazione con i cicli naturali di attenzione del pubblico e l'utilizzo di questo tempo per rafforzare le collaborazioni esterno, arricchiscono la nostra comprensione di come l'assenza possa essere trasformata in uno strumento di influenza e potere ancora più potente.

Analisi del Contesto Culturale e Sociale

- **Adattare la strategia dell'assenza al contesto culturale e sociale.** Comprendere il contesto culturale e sociale in cui si opera è fondamentale per calibrare l'efficacia dell'assenza. In alcuni contesti, l'assenza può creare un senso di mistero e anticipazione più intensi, mentre in altri potrebbe essere interpretata negativamente. Una profonda comprensione delle dinamiche culturali e sociali consente di modellare l'assenza in modo che risuoni positivamente con il pubblico target.

Valorizzazione della Narrativa di Crescita Personale

- **Sfruttare l'assenza per evidenziare una narrativa di crescita personale o organizzativa.** L'assenza offre l'opportunità di allontanarsi dalle luci della ribalta per concentrarsi sullo sviluppo personale, professionale o organizzativo. Documentare questo viaggio di crescita e condividerlo al momento del ritorno può fornire al pubblico uno spaccato autentico del valore aggiunto dall'assenza, rafforzando l'apprezzamento e la connessione emotiva.

Sincronizzazione con i Cicli di Attenzione

- **Sincronizzare l'assenza con i cicli naturali di attenzione del pubblico.** Identificare momenti in cui l'attenzione del pubblico potrebbe naturalmente diminuire, come durante periodi festivi o eventi globali significativi, può rendere l'assenza meno percepita e più strategicamente posizionata. Il ritorno può poi essere pianificato per coincidere con un rinnovato interesse e disponibilità di attenzione da parte del pubblico.

Rafforzamento delle Collaborazioni Esterne

- **Utilizzare il periodo di assenza per esplorare e rafforzare collaborazioni esterne.** Lontano dall'essere un periodo di inattività, l'assenza può essere un momento fertile per sviluppare nuove partnership o rafforzare quelle esistenti. Questo tempo può essere impiegato per lavorare su progetti collaborativi che verranno poi presentati al ritorno, offrendo nuove prospettive e valore aggiunto al pubblico.

Costruzione di Anticipazione tramite Segnali Sottili

- **Costruire anticipazione tramite segnali sottili durante l'assenza.** Anche durante un ritiro strategico, è possibile mantenere un filo di connessione con il pubblico tramite segnali sottili o indizi che qualcosa di significativo è in lavorazione. Questo può assumere la forma di brevi aggiornamenti, teaser visivi o enigmi che tengono alta l'attenzione e l'interesse, senza rompere l'intento dell'assenza.

Attraverso l'esplorazione di queste ulteriori dimensioni, emerge che l'efficace impiego della strategia dell'assenza non solo dipende da una pianificazione attenta e da una comprensione del proprio pubblico ma anche dalla capacità di integrare l'assenza in una narrativa più ampia di crescita, sviluppo e innovazione. Adattare l'approccio in base al contesto culturale, sincronizzare i periodi di assenza con i cicli di attenzione naturale, esplorare collaborazioni esterne, e costruire anticipazione in modo sottile, sono tutti elementi che possono significativamente amplificare l'influenza e il potere derivanti dall'uso strategico dell'assenza.

Concludendo la nostra esplorazione approfondita sulla strategia dell'assenza come leva per aumentare il potere e l'influenza, diventa evidente che la gestione consapevole dei periodi di non visibilità può trasformarsi in uno strumento potente per rafforzare l'immagine, l'autorità e la connessione con il pubblico. La strategia dell'assenza, quando impiegata con intelligenza e sensibilità, svela la complessità del valore percepito, l'importanza delle dinamiche emotive e la potenza dell'anticipazione.

Sintesi delle Strategie

La sintesi di questa strategia richiede la comprensione e l'applicazione di diversi principi chiave:

- **Valore della Rarità e Scarsità:** L'assenza crea un senso di rarità e scarsità che può aumentare il valore percepito di un'entità o di un'offerta. Questo approccio sfrutta la psicologia umana per stimolare il desiderio e l'interesse.

- **Creazione di Anticipazione e Mistero:** Momenti calibrati di assenza possono alimentare l'anticipazione e costruire un senso di mistero attorno al ritorno, rendendo il pubblico più ricettivo e entusiasta per le future rivelazioni.

- **Autenticità e Crescita:** L'assenza dovrebbe essere radicata in uno scopo autentico, come la crescita personale, professionale, o la rinnovazione creativa. Comunicare genuinamente le motivazioni dietro l'assenza può rafforzare la connessione emotiva con il pubblico.

- **Sincronizzazione e Pianificazione:** Identificare il timing ottimale per l'assenza, basandosi sui cicli di attenzione del pubblico e sugli eventi esterni, è essenziale per massimizzare l'effetto desiderato senza perdere la connessione con il pubblico.

- **Mantenimento della Connessione:** Anche durante l'assenza, è possibile mantenere una forma di connessione con il pubblico tramite comunicazioni strategiche che alimentano l'interesse senza compromettere l'effetto dell'assenza.

- **Feedback e Adattamento:** L'ascolto attivo del feedback del pubblico e la flessibilità per adattare le strategie di assenza assicurano che l'approccio rimanga rilevante e efficace nel tempo.

Considerazioni Finali

L'implementazione efficace della strategia dell'assenza richiede una profonda comprensione del proprio pubblico, una chiara definizione degli obiettivi di assenza, e una comunicazione strategica che prenda in considerazione il contesto culturale e sociale. Inoltre, l'integrazione dell'assenza in una narrativa più ampia che comunica crescita, sviluppo e rinnovamento può arricchire la percezione del pubblico e rafforzare l'engagement al ritorno.

Questo approccio strategico all'assenza dimostra che non solo la presenza ma anche la non visibilità consapevole possono essere strumentalizzate per costruire un'immagine pubblica più forte, accrescere l'influenza e approfondire le relazioni con il pubblico.

La chiave del successo risiede nel bilanciare sapientemente i momenti di assenza con quelli di presenza significativa, assicurando che ogni fase dell'assenza contribuisca a un obiettivo più grande di crescita, risonanza e connessione.

10. Il potere del linguaggio non verbale: Comprendere come il linguaggio del corpo e altri segnali non verbali influenzino la percezione e il potere.

Il linguaggio non verbale, che comprende il linguaggio del corpo, le espressioni facciali, il contatto visivo, la postura, i gesti e l'uso dello spazio personale, gioca un ruolo cruciale nella comunicazione umana, influenzando in modo significativo la percezione, le relazioni interpersonali e il potere. Anche senza parole, inviamo e riceviamo costantemente messaggi che possono rafforzare o indebolire la nostra presenza e autorità agli occhi degli altri. Esaminiamo come la consapevolezza e il controllo del linguaggio non verbale possano essere sfruttati per migliorare l'influenza e il potere personale.

Espressioni Facciali e Contatto Visivo

- **Espressioni Facciali:** Le espressioni del viso possono comunicare un'ampia gamma di emozioni, da felicità e accettazione a disprezzo e disapprovazione, influenzando profondamente come veniamo percepiti. Una espressione accogliente e aperta può invitare alla collaborazione e alla fiducia, mentre espressioni chiuse o negative possono creare distanza o conflitto.

- **Contatto Visivo:** Mantenere un contatto visivo adeguato è fondamentale per stabilire connessione e credibilità. Un contatto visivo diretto ma non aggressivo può trasmettere sicurezza e sincerità, mentre evitare lo sguardo può essere interpretato come insicurezza o disonestà.

Postura e Gestualità

- **Postura:** Una postura eretta e aperta trasmette fiducia e apertura, favorendo un'aura di autorità e accessibilità. Al contrario, una postura chiusa o incurvata può indicare insicurezza o difensività, minando la percezione di forza e affidabilità.

- **Gesti:** I gesti possono enfatizzare il discorso, esprimere entusiasmo e contribuire a chiarire il messaggio. Tuttavia, gesti eccessivi o inappropriati possono distrarre o trasmettere nervosismo. L'uso controllato e consapevole della gestualità può migliorare la comunicazione e rafforzare l'impatto del messaggio.

Uso dello Spazio Personale

- **Distanza Interpersonale:** La gestione dello spazio personale comunica livelli di intimità, autorità e comfort. Rispettare le norme culturali relative allo spazio personale può favorire relazioni positive, mentre ignorarle può causare disagio o percezioni negative.

Paralinguistica

- **Elementi Paralinguistici:** La voce, il tono, il ritmo e il volume della parlata sono aspetti chiave del linguaggio non verbale che influenzano significativamente come il messaggio viene percepito. Un tono calmo e sicuro può rafforzare l'autorità e la persuasività, mentre un tono incerto o troppo alto può indebolire la presenza e l'efficacia del messaggio.

Coerenza tra Verbale e Non Verbale

- **Allineamento tra Comunicazione Verbale e Non Verbale:** La coerenza tra ciò che diciamo e come lo

diciamo (attraverso il linguaggio non verbale) è
fondamentale per la credibilità e l'autenticità.
Discrepanze tra i due possono generare dubbi sulla
sincerità e ridurre l'efficacia della comunicazione.

La padronanza del linguaggio non verbale offre un potente
strumento per influenzare come gli altri ci percepiscono e
reagiscono a noi, potenziando la nostra capacità di guidare,
persuadere e stabilire relazioni positive. Attraverso la
consapevolezza e il controllo del nostro linguaggio del corpo e
altri segnali non verbali, possiamo significativamente migliorare
la nostra presenza, autorità e potere nelle interazioni sociali e
professionali.

Proseguendo nell'analisi dell'importanza del linguaggio non
verbale, consideriamo l'effetto della congruenza emotiva,
l'influenza del contesto ambientale sulla comunicazione non
verbale, la capacità di leggere e interpretare accuratamente i
segnali non verbali altrui e l'impiego della sincronizzazione
comportamentale per creare armonia e fiducia nelle relazioni
interpersonali.

Congruenza Emotiva

- **Allineamento tra Emozioni e Espressioni Non
  Verbali:** La congruenza tra le emozioni provate
  internamente e quelle espresse attraverso il linguaggio
  non verbale è cruciale per trasmettere autenticità e
  fiducia. Incongruenze possono seminare dubbi sulla
  sincerità, mentre l'allineamento emotivo rafforza la
  connessione e la comprensione reciproca. La capacità di
  esprimere emozioni autentiche attraverso espressioni
  facciali, tono della voce e postura comunica apertura e
  onestà, elementi fondamentali per relazioni solide.

Contesto Ambientale

- **Impatto del Contesto Ambientale sul Linguaggio Non Verbale:** L'ambiente in cui avviene la comunicazione può influenzare significativamente la percezione e l'interpretazione dei segnali non verbali. Ad esempio, spazi aperti e accoglienti possono favorire una comunicazione più aperta e rilassata, mentre ambienti chiusi o formali possono indurre comportamenti più riservati o controllati. La consapevolezza di come l'ambiente impatti la comunicazione non verbale può guidare la scelta del contesto più appropriato per il messaggio che si desidera trasmettere.

Capacità di Lettura dei Segnali Non Verbali

- **Sviluppare la Capacità di Leggere i Segnali Non Verbali Altrui:** Oltre a controllare i propri segnali non verbali, è essenziale sviluppare la capacità di leggere e interpretare quelli degli altri. Questa competenza permette di adattare la propria comunicazione in tempo reale, rispondendo in modo appropriato alle emozioni e agli atteggiamenti altrui. La sensibilità ai segnali non verbali può facilitare una migliore comprensione reciproca e contribuire a negoziati, presentazioni e interazioni sociali più efficaci.

Sincronizzazione Comportamentale

- **Utilizzo della Sincronizzazione Comportamentale per Costruire Armonia:** La sincronizzazione comportamentale, ovvero il mimetismo involontario dei gesti, espressioni facciali, postura e tono della voce dell'interlocutore, può generare empatia e fiducia. Questo fenomeno, spesso inconscio, crea una sensazione di affinità e collegamento, facilitando la cooperazione e la comprensione. Essere consapevoli di questo processo e saperlo utilizzare strategicamente può rafforzare le relazioni e aumentare l'influenza personale.

Attraverso la comprensione e l'applicazione di questi ulteriori aspetti del linguaggio non verbale, emerge chiaramente il suo ruolo fondamentale nella costruzione del potere e dell'influenza. La capacità di esprimere congruenza emotiva, di navigare il contesto ambientale, di leggere accuratamente i segnali non verbali degli altri e di utilizzare la sincronizzazione comportamentale, arricchisce significativamente l'efficacia della comunicazione e la capacità di stabilire connessioni profonde e influenti. L'abilità nel linguaggio non verbale, pertanto, non è solo un complemento alla comunicazione verbale, ma un potente strumento di espressione e influenza a sé stante, capace di migliorare relazioni, leadership e impatto sociale.

Approfondendo ulteriormente l'importanza del linguaggio non verbale nella comunicazione e nella costruzione del potere personale, esaminiamo come l'adattabilità del linguaggio non verbale a diversi contesti culturali, l'impiego strategico del silenzio, la gestione dell'energia personale e la percezione dello spazio personale possano influenzare la dinamica del potere e l'autorità percepita.

Adattabilità Culturale

- **Adattare il Linguaggio Non Verbale ai Contesti Culturali:** La comprensione e l'adattamento del proprio linguaggio non verbale in base al contesto culturale sono fondamentali per evitare malintesi e per costruire relazioni positive. Varie culture interpretano i gesti, il contatto visivo e l'uso dello spazio in modi diversi. Essere sensibili a queste differenze e adattare di conseguenza il proprio comportamento non verbale può migliorare significativamente la comunicazione interculturale e la capacità di influenzare positivamente individui di diverse origini.

Uso Strategico del Silenzio

- **Valutare l'Impatto del Silenzio come Strumento Non Verbale:** Il silenzio, quando usato strategicamente, può essere un potente strumento di comunicazione non verbale. Può creare spazio per la riflessione, sottolineare l'importanza di un messaggio o aumentare la tensione e l'attenzione. Nella negoziazione e nella leadership, il silenzio può essere utilizzato per controllare il ritmo della conversazione, invitare gli altri a condividere le loro opinioni o per rafforzare la propria presenza e autorità.

Gestione dell'Energia Personale

- **Proiettare e Gestire l'Energia Personale:** L'energia che proiettiamo attraverso il nostro linguaggio non verbale comunica molto sul nostro stato interno e può influenzare la percezione che gli altri hanno di noi. Un'energia calma, controllata e positiva tende a attrarre e rassicurare, mentre un'energia nervosa o eccessivamente intensa può risultare respingente o intimidatoria. Imparare a gestire e proiettare consapevolmente l'energia personale può migliorare la capacità di influenzare e guidare gli altri.

Percezione dello Spazio Personale

- **Navigare la Percezione dello Spazio Personale:** Lo spazio personale e come lo gestiamo nei confronti degli altri comunica messaggi non verbali relativi alla confidenza, al potere e al rispetto. Rispettare lo spazio personale altrui, così come gestire il proprio in modo che rifletta apertura ma anche autorità, è essenziale per mantenere relazioni equilibrate e per esercitare un'influenza positiva. L'adeguamento dello spazio personale in base alla situazione e alla relazione può facilitare una comunicazione più efficace e aumentare il rispetto reciproco.

Attraverso la continua esplorazione di queste ulteriori sfaccettature del linguaggio non verbale, emerge l'enorme potenziale che risiede nella nostra capacità di utilizzare consapevolmente espressioni facciali, gesti, postura, tono della voce e altre forme di comunicazione non verbale. Questi strumenti, quando impiegati con intenzione e sensibilità, non solo arricchiscono la nostra espressività e la nostra capacità di connessione ma possono anche elevare la nostra presenza, il nostro carisma e la nostra efficacia come leader e comunicatori. L'abilità nel linguaggio non verbale, dunque, si rivela un asset indispensabile nel repertorio di chiunque aspiri ad accrescere il proprio potere personale e a esercitare un'influenza significativa e rispettosa nei confronti degli altri.

Espandendo ancora la comprensione del linguaggio non verbale, esploriamo il ruolo della congruenza tra comunicazione verbale e non verbale nella costruzione della fiducia, l'importanza di una presenza non verbale consapevole nei contesti digitali, la capacità di utilizzare il linguaggio non verbale per facilitare la leadership situazionale, e l'impiego di microespressioni per decifrare stati emotivi sottili.

Congruenza tra Verbale e Non Verbale per la Fiducia

- **Rafforzare la fiducia attraverso la congruenza comunicativa.** L'allineamento tra ciò che viene detto (comunicazione verbale) e il modo in cui viene detto (comunicazione non verbale) è fondamentale per trasmettere autenticità e costruire fiducia. Discrepanze possono seminare dubbi e sospetti, mentre una forte congruenza tra le parole e il linguaggio del corpo rafforza la credibilità e l'affidabilità di un messaggio.

Presenza Non Verbale nei Contesti Digitali

- **Navigare la comunicazione non verbale nei contesti digitali.** Con l'aumento della comunicazione digitale, la capacità di proiettare una presenza non verbale efficace attraverso schermi diventa sempre più importante. Elementi come il contatto visivo con la webcam, l'espressività facciale, e la postura durante videochiamate possono influenzare significativamente la percezione di coinvolgimento e professionalità.

Linguaggio Non Verbale nella Leadership Situazionale

- **Utilizzare il linguaggio non verbale per la leadership situazionale.** Adattare il proprio linguaggio non verbale in base al contesto e alla situazione può rafforzare la capacità di guidare efficacemente. Ad esempio, in situazioni che richiedono empatia e sostegno, una postura aperta e gesti accoglienti possono comunicare comprensione e cura. In contesti che richiedono autorità e decisione, una postura eretta e un tono di voce fermo possono rafforzare la presenza di comando.

Decifrare le Microespressioni

- **Imparare a leggere le microespressioni per una comprensione più profonda.** Le microespressioni, brevi espressioni facciali che si manifestano quando una persona cerca di reprimere un'emozione, possono fornire indizi preziosi sul vero stato emotivo degli interlocutori. Sviluppare la capacità di riconoscere queste espressioni fugaci può migliorare significativamente la comprensione delle reazioni e delle emozioni altrui, contribuendo a una comunicazione più empatica e informata.

Attraverso l'ulteriore approfondimento di queste dimensioni avanzate del linguaggio non verbale, si sottolinea la complessità e la profondità di questa forma di comunicazione nel modulare le relazioni interpersonali e nel costruire il potere personale. La consapevolezza e la maestria del linguaggio non verbale offrono la possibilità di navigare con maggiore efficacia nei vari contesti sociali e professionali, migliorando la capacità di influenzare, guidare e connettersi con gli altri. L'integrazione attenta e intenzionale di queste competenze non verbali arricchisce la nostra comunicazione, potenziando la nostra presenza, la nostra autorità percepita e la nostra capacità di stabilire legami autentici e duraturi.

Approfondendo ancora la nostra comprensione del linguaggio non verbale, esaminiamo come l'uso intenzionale della pausa può influenzare la comunicazione, l'importanza del ritmo e del tempo nel parlare, come la coerenza tra l'ambiente e la comunicazione non verbale può migliorare il messaggio trasmesso, e il potenziale delle tecniche di rilassamento per ottimizzare la presenza non verbale.

L'Uso Intenzionale della Pausa

- **Impiegare pause strategicamente nella comunicazione.** Le pause, quando usate con intenzione, possono svolgere un ruolo potente nella comunicazione, servendo a sottolineare punti importanti, a dare tempo al pubblico per assorbire le informazioni, o a creare suspense e interesse. La capacità di gestire le pause con sicurezza può anche trasmettere calma e controllo, elementi che rinforzano l'autorità del comunicatore.

Ritmo e Tempo nel Parlare

- **Adattare il ritmo e il tempo del discorso alle circostanze.** Variare il ritmo e il tempo del proprio discorso in base al contesto può migliorare l'efficacia della comunicazione. Un discorso più rapido può trasmettere entusiasmo ed energia, mentre un ritmo più lento può enfatizzare la serietà o permettere al pubblico di riflettere meglio sulle parole. La capacità di modulare il ritmo può aiutare a mantenere l'attenzione e ad adattare il messaggio alle necessità emotive e cognitive del pubblico.

Coerenza Ambientale

- **Allineare la comunicazione non verbale con l'ambiente.** L'adeguamento del proprio linguaggio non verbale in base all'ambiente fisico e al contesto situazionale può aumentare la risonanza e la pertinenza del messaggio. Ad esempio, in un ambiente formale, una postura più composta e gesti controllati possono rafforzare la percezione di professionalità, mentre in contesti più informali, una maggiore rilassatezza nei movimenti può facilitare la connessione umana.

Tecniche di Rilassamento per Ottimizzare la Presenza

- **Utilizzare tecniche di rilassamento per migliorare la presenza non verbale.** La tensione fisica può influenzare negativamente la comunicazione non verbale, trasmettendo nervosismo o insicurezza. L'impiego di tecniche di rilassamento come la respirazione profonda, la mindfulness o esercizi di riscaldamento fisico prima di interazioni importanti può aiutare a proiettare una presenza più calma, sicura e autorevole.

Attraverso questi ulteriori strati di comprensione, diventa evidente che la maestria nel linguaggio non verbale non si limita alla sola consapevolezza dei segnali corporei, ma include anche la gestione dinamica del ritmo della comunicazione, l'allineamento con l'ambiente circostante e la capacità di gestire il proprio stato interno per ottimizzare la proiezione esterna. Queste sfumature del linguaggio non verbale offrono strumenti preziosi per rafforzare la comunicazione, migliorare le relazioni interpersonali e accrescere l'influenza personale. La padronanza di queste competenze non verbali consente di navigare con maggiore sicurezza ed efficacia nel mondo complesso delle interazioni umane, potenziando la propria presenza e autorità in una vasta gamma di contesti.

Continuando ad approfondire la complessità del linguaggio non verbale e il suo impatto sulla percezione del potere e dell'autorità, esploriamo la rilevanza della coerenza emotiva attraverso la comunicazione non verbale, l'effetto della prossimità fisica nelle dinamiche di potere, l'importanza dell'adattamento del linguaggio non verbale in risposta ai feedback, e come l'anticipazione delle reazioni degli altri può guidare la scelta dei segnali non verbali più efficaci.

Coerenza Emotiva nella Comunicazione Non Verbale

- **Allineare le espressioni non verbali con le emozioni autentiche.** La coerenza tra le emozioni che sperimentiamo internamente e quelle che trasmettiamo esternamente attraverso il linguaggio non verbale è cruciale per mantenere l'integrità e l'autenticità nelle relazioni. La dissonanza tra emozioni e espressioni può confondere o alienare gli altri, mentre la coerenza rafforza la fiducia e la credibilità, aspetti fondamentali per l'esercizio efficace del potere e dell'influenza.

Effetto della Prossimità Fisica

- **Sfruttare la prossimità fisica per influenzare le dinamiche di potere.** La gestione dello spazio fisico e la prossimità nei confronti degli altri possono comunicare messaggi potenti di accessibilità, dominio, o sottomissione. A seconda del contesto, avvicinarsi fisicamente può aumentare la sensazione di connessione e apertura, o può essere percepito come un tentativo di esercitare controllo o autorità. La capacità di navigare e modulare consapevolmente la prossimità fisica può quindi influenzare significativamente le percezioni di potere e autorità.

Adattamento del Linguaggio Non Verbale ai Feedback

- **Modulare il linguaggio non verbale in base ai feedback ricevuti.** L'efficacia del linguaggio non verbale non risiede solo nella capacità di trasmettere intenzionalmente messaggi, ma anche nell'abilità di adattarsi e rispondere ai segnali ricevuti dal nostro interlocutore. Questa flessibilità permette di calibrare la nostra comunicazione per massimizzare la comprensione reciproca e rafforzare le relazioni, elementi essenziali per l'esercizio di un'influenza positiva e costruttiva.

Anticipazione delle Reazioni Altrui

- **Anticipare le reazioni degli altri per scegliere i segnali non verbali appropriati.** La capacità di prevedere come il proprio comportamento non verbale verrà percepito e quali reazioni potrà innescare negli altri è fondamentale per guidare consapevolmente le interazioni verso esiti desiderati. Questo richiede non solo una profonda comprensione delle dinamiche interpersonali e culturali ma anche l'abilità di leggere in tempo reale i segnali non verbali altrui per adattare il proprio comportamento di conseguenza.

Attraverso questi ulteriori approfondimenti, emerge chiaramente come il linguaggio non verbale sia un campo ricco e sfaccettato, con profonde implicazioni per la costruzione e l'esercizio del potere personale e dell'autorità. La consapevolezza e il controllo dei propri segnali non verbali, insieme alla capacità di interpretare accuratamente quelli altrui e di adattarsi dinamicamente a vari contesti e feedback, sono abilità preziose che possono migliorare notevolmente l'efficacia della comunicazione, la qualità delle relazioni e la capacità di influenzare positivamente gli altri. Queste competenze, coltivate con intenzione e cura, offrono un potente strumento per navigare con successo nel complesso tessuto delle interazioni sociali e professionali, rafforzando la presenza, l'impatto e la leadership individuale.

Approfondendo ulteriormente le sfumature della comunicazione non verbale, esploriamo l'importanza dell'adattabilità nei segnali non verbali attraverso diversi scenari, il potere dello specchiamento nel costruire rapporti e influenza, l'uso strategico dei segnali non verbali per affermare dominanza o dimostrare empatia, e il ruolo dell'intelligenza culturale nell'ottimizzare le strategie di comunicazione non verbale.

Adattabilità nei Segnali Non Verbali

- **Flessibilità Attraverso Diversi Scenari:** L'efficacia della comunicazione non verbale è notevolmente potenziata dalla capacità di adattare gesti, postura ed espressioni facciali in base al contesto specifico. Essere in grado di modulare il proprio comportamento non verbale in situazioni formali, informali, professionali o personali può migliorare significativamente la chiarezza del messaggio e la percezione dell'autorevolezza.

Potere dello Specchiamento

- **Costruire Rapporti attraverso lo Specchiamento:** Lo specchiamento, o l'imitazione inconscia dei gesti, della postura e delle espressioni facciali dell'interlocutore, è una potente tecnica per costruire connessione e fiducia. Quando usato con discrezione, può far sentire l'altro compreso e apprezzato, facilitando la comunicazione e potenziando l'influenza interpersonale.

Uso Strategico dei Segnali Non Verbali

- **Affermare Dominanza o Dimostrare Empatia:** I segnali non verbali possono essere impiegati strategicamente per trasmettere autorità o empatia, a seconda delle necessità del momento. Una postura eretta, un contatto visivo diretto e gesti decisi possono comunicare forza e determinazione, mentre una postura aperta, un'inclinazione del capo e un contatto visivo caldo possono esprimere disponibilità ed empatia.

Intelligenza Culturale nella Comunicazione Non Verbale

- **Ottimizzare la Comunicazione attraverso l'Intelligenza Culturale:** La comprensione delle differenze culturali nei segnali non verbali è cruciale per evitare malintesi e per comunicare efficacemente in contesti multiculturali. Sviluppare un'alta intelligenza culturale permette di interpretare correttamente i gesti e le espressioni non verbali degli altri e di adattare i propri segnali per rispettare le norme culturali, migliorando così la qualità delle interazioni e l'efficacia della comunicazione.

Attraverso quest'ulteriore esplorazione, diventa chiaro come la comunicazione non verbale, con le sue ricche sfumature e il suo profondo impatto sulle dinamiche interpersonali, richieda un'attenzione cosciente e un'abilità nell'adattamento. La capacità di navigare con destrezza i segnali non verbali, considerando contesto, scopo della comunicazione e differenze culturali, non solo arricchisce la nostra espressività e la nostra capacità di connessione, ma potenzia anche la nostra presenza, la nostra influenza e la nostra leadership nelle varie arene della vita sociale e professionale.

Continuando a esplorare la complessità del linguaggio non verbale, ci concentriamo sull'importanza del contesto situazionale nella decodifica dei segnali non verbali, sull'influenza della congruenza tra contesto e comportamento non verbale sulla percezione di autenticità, sul ruolo dei segnali non verbali nel rafforzare la comunicazione a distanza e sull'effetto della presenza fisica rispetto alla comunicazione virtuale.

Contesto Situazionale nella Decodifica dei Segnali Non Verbali

- **Importanza del Contesto Situazionale:** La corretta interpretazione dei segnali non verbali richiede una profonda comprensione del contesto in cui si manifestano. Gesti o espressioni possono avere significati diversi a seconda delle circostanze, delle relazioni interpersonali e delle convenzioni culturali. Una sensibilità al contesto permette di interpretare accuratamente il linguaggio non verbale, evitando malintesi e migliorando la comunicazione.

Congruenza tra Contesto e Comportamento Non Verbale

- **Influenza della Congruenza sul Percepito di Autenticità:** Quando il comportamento non verbale è in armonia con il contesto situazionale, la percezione di autenticità e fiducia aumenta. Discrepanze evidenti possono invece generare dubbi sulla sincerità delle intenzioni. Essere consapevoli di come il proprio linguaggio non verbale si adatta (o meno) alle aspettative del contesto è cruciale per trasmettere coerenza e credibilità.

Comunicazione Non Verbale a Distanza

- **Rafforzare la Comunicazione a Distanza:** Nell'era digitale, con una crescente dipendenza da comunicazioni a distanza, il linguaggio non verbale assume nuove sfide e opportunità. La gestione della postura, delle espressioni facciali e del contatto visivo attraverso le videochiamate diventa essenziale per trasmettere coinvolgimento e interesse, sottolineando l'importanza di adattare consapevolmente i segnali non verbali ai mezzi di comunicazione virtuale.

Effetto della Presenza Fisica rispetto alla Comunicazione Virtuale

- **Presenza Fisica vs. Virtuale:** La presenza fisica porta con sé un insieme ricco di segnali non verbali che possono arricchire significativamente la comunicazione. Tuttavia, anche in contesti virtuali, si possono sfruttare aspetti come il ritmo vocale, le pause e l'enfasi per aggiungere profondità alla comunicazione a distanza. La sfida sta nel trovare modi per compensare la ridotta gamma di segnali non verbali disponibili in ambienti virtuali, per mantenere una comunicazione efficace ed emotivamente coinvolgente.

Attraverso questi ulteriori strati di analisi, si evidenzia come il linguaggio non verbale, intrinsecamente legato al contesto e alla modalità di comunicazione, richieda un'attenta considerazione e adattabilità per massimizzare la sua efficacia. L'abilità di sintonizzare i propri segnali non verbali con il contesto, sia esso fisico o digitale, non solo migliora la qualità delle interazioni ma rafforza anche la percezione di competenza, empatia e autenticità, aspetti fondamentali per costruire e mantenere relazioni solide e influenti.

Concludendo l'approfondimento sulla complessità e l'importanza del linguaggio non verbale nella comunicazione, emerge chiaramente come questa dimensione ricca e sfumata giochi un ruolo cruciale non solo nel trasmettere messaggi e emozioni ma anche nel costruire e influenzare le percezioni di potere, autorità e autenticità. La capacità di gestire e interpretare efficacemente i segnali non verbali offre strumenti potenti per rafforzare le relazioni interpersonali, navigare con successo le interazioni sociali e professionali e amplificare l'influenza personale.

Riepilogo delle Strategie e dei Principi Chiave

- **Adattabilità e Sensibilità Contestuale:** L'efficacia del linguaggio non verbale è notevolmente potenziata dalla capacità di adattare i propri segnali alle specifiche circostanze, considerando il contesto culturale, situazionale e relazionale. La sensibilità al contesto consente di calibrare la comunicazione non verbale per massimizzare l'efficacia e la risonanza del messaggio.

- **Allineamento e Congruenza:** La coerenza tra comunicazione verbale e non verbale rafforza la percezione di sincerità e affidabilità. L'allineamento tra ciò che si dice e come si dice contribuisce alla credibilità del comunicatore, mentre le incongruenze possono suscitare dubbi e minare la fiducia.

- **Comunicazione Emotiva:** Il linguaggio non verbale è un veicolo potente per l'espressione delle emozioni. La capacità di trasmettere emozioni autentiche attraverso espressioni facciali, tono della voce e postura può creare connessioni profonde e rafforzare l'empatia e la comprensione reciproca.

- **Gestione della Presenza Digitale e Fisica:** Nell'era della comunicazione digitale, diventa fondamentale adattare il linguaggio non verbale ai contesti virtuali, mantenendo un'impressione di coinvolgimento e presenza anche a distanza. La gestione consapevole della presenza non verbale in ambienti sia fisici che digitali è essenziale per una comunicazione efficace e coinvolgente.

- **Lettura e Risposta ai Segnali Altrui:** Sviluppare la capacità di leggere accuratamente i segnali non verbali

degli altri e di rispondere in modo empatico e adattivo
migliora non solo la qualità della comunicazione ma
anche la capacità di influenzare positivamente le
dinamiche interpersonali.

In conclusione, il dominio del linguaggio non verbale emerge
come una competenza fondamentale per chiunque aspiri a
comunicare con efficacia, costruire relazioni significative e
navigare con successo il complesso panorama delle interazioni
umane. L'attenzione ai dettagli non verbali, la capacità di
adattarsi e rispondere dinamicamente ai contesti variabili e il
desiderio di connessione autentica sono tutti elementi che
contribuiscono a rafforzare la nostra presenza sociale e
professionale, migliorando la nostra capacità di influenzare e
guidare gli altri in modo positivo e rispettoso.

11. Il concetto di sovversione: Strategie per rovesciare o alterare
le strutture di potere esistenti.

Il concetto di sovversione si riferisce all'idea di rovesciare,
alterare o sfidare le strutture di potere esistenti, spesso con
l'obiettivo di promuovere il cambiamento sociale, politico o
culturale. Questa pratica può assumere molte forme, dall'azione
diretta alle strategie di comunicazione sottile, e richiede
un'attenta considerazione delle dinamiche di potere e delle
possibili conseguenze. Esaminiamo alcune strategie chiave che
possono essere utilizzate per sovvertire le strutture di potere
esistenti.

Creazione di Spazi Alternativi

- **Sviluppo di Comunità e Spazi Autonomi:** La
  creazione di spazi fisici o virtuali dove le idee e le pratiche
  alternative possono fiorire costituisce una potente forma
  di sovversione. Questi spazi offrono rifugio dalle norme
  oppressive e permettono lo sviluppo e la diffusione di

nuove ideologie e metodi di organizzazione sociale,
politica ed economica.

Uso della Satira e dell'Umorismo

- **Satira come Strumento di Critica:** L'utilizzo
  dell'umorismo, della satira e della parodia per evidenziare
  le incongruenze, le ingiustizie o gli aspetti ridicoli delle
  strutture di potere esistenti può essere un modo efficace
  per sovvertire dall'interno. Questa strategia può
  disinnescare la paura e promuovere una visione critica,
  rendendo il messaggio accessibile e coinvolgente per un
  pubblico più ampio.

Strategie di Resistenza Nonviolenta

- **Mobilizzazione attraverso la Resistenza
  Nonviolenta:** Le tecniche di resistenza nonviolenta,
  come le proteste pacifiche, i sit-in, i boicottaggi e la
  disobbedienza civile, possono esercitare una pressione
  significativa sulle strutture di potere, sfidando lo status
  quo e costringendo al cambiamento. Queste strategie
  richiedono coordinamento, disciplina e una chiara
  articolazione degli obiettivi per essere efficaci.

Networking e Coalizioni

- **Costruzione di Reti di Solidarietà:** L'aggregazione di
  gruppi, organizzazioni e individui con obiettivi sovversivi
  simili può amplificare l'effetto delle azioni di sovversione.
  La costruzione di coalizioni oltre i confini geografici,
  culturali e ideologici può fornire un supporto cruciale e
  risorse per sfidare le strutture di potere consolidate.

Sovversione Digitale

- **Sfruttare la Tecnologia per il Cambiamento:** L'era
  digitale offre nuove opportunità per la sovversione

attraverso l'uso di social media, piattaforme online e tecnologie di comunicazione. La diffusione virale di informazioni, la sensibilizzazione su questioni specifiche e la mobilitazione rapida di supporto sono solo alcune delle strategie che possono essere impiegate per sovvertire le narrazioni dominanti e sfidare le strutture di potere.

Educazione Alternativa e Sensibilizzazione

- **Promuovere l'Educazione Critica:** Fornire risorse educative che promuovono il pensiero critico, la consapevolezza sociale e la comprensione delle strutture di potere può equipaggiare gli individui con gli strumenti necessari per riconoscere e sovvertire le ingiustizie. L'educazione gioca un ruolo chiave nel preparare le generazioni future a impegnarsi in modi sovversivi e costruttivi.

In conclusione, la sovversione è un processo complesso che richiede creatività, coraggio e un'impegno profondo per il cambiamento. Le strategie per sovvertire le strutture di potere esistenti variano ampiamente in termini di forma, scala e impatto, ma tutte condividono l'obiettivo di promuovere una società più giusta, equa e inclusiva. L'efficacia di questi approcci dipende dalla capacità di comprendere le dinamiche di potere in gioco e di agire in modo strategico e coordinato per realizzare la visione di un mondo migliore.

Proseguendo nell'esplorazione delle strategie per sovvertire le strutture di potere esistenti, ci focalizziamo sull'importanza della narrazione e contro-narrazione, sull'empowerment attraverso l'alfabetizzazione mediatica, sul ruolo delle tecnologie emergenti come strumento di sovversione, e sull'importanza di strategie sostenibili a lungo termine che mirano a un cambiamento profondo e duraturo.

Narrazione e Contro-Narrazione

- **Sovvertire attraverso Narrazioni Alternative:** La
  capacità di raccontare storie alternative che sfidano le
  narrazioni dominanti è fondamentale per sovvertire le
  percezioni e le ideologie consolidate. Creare e diffondere
  storie che riflettono visioni diverse del mondo, che
  evidenziano ingiustizie dimenticate o che immaginano
  futuri alternativi, può stimolare il cambiamento sociale e
  culturale. La contro-narrazione permette di riconfigurare
  le comprensioni collettive e di sfidare le versioni ufficiali
  dei fatti, contribuendo a ridisegnare le strutture di potere.

Empowerment attraverso l'Alfabetizzazione Mediatica

- **Alzare il Livello di Alfabetizzazione Mediatica:** In
  un'epoca in cui i media giocano un ruolo cruciale nella
  formazione dell'opinione pubblica, l'empowerment dei
  cittadini attraverso l'alfabetizzazione mediatica diventa
  una strategia sovversiva chiave. Insegnare alle persone
  come analizzare criticamente i messaggi mediatici,
  riconoscere la disinformazione e utilizzare i media per
  promuovere narrazioni alternative, rafforza la società
  civile e mina le capacità delle élite di manipolare
  l'opinione pubblica.

Tecnologie Emergenti come Strumento di Sovversione

- **Sfruttare le Tecnologie Emergenti:** L'innovazione
  tecnologica offre nuove possibilità di sovversione. Dalla
  blockchain per la creazione di sistemi finanziari
  decentralizzati alla realtà aumentata per visualizzare
  impatti sociali e ambientali invisibili, le tecnologie
  emergenti possono essere adottate per sfidare le strutture
  di potere esistenti e promuovere cambiamenti radicali.
  Queste tecnologie permettono di decentralizzare
  l'informazione e il potere, offrendo strumenti per la
  resistenza e l'autodeterminazione.

Strategie Sostenibili per il Cambiamento Profondo

- **Impegnarsi in Strategie a Lungo Termine:** La sovversione efficace richiede un impegno a lungo termine e una pianificazione strategica che vada oltre l'azione immediata. Sviluppare approcci che puntino alla sostenibilità del cambiamento, che includano la formazione di leader e la costruzione di infrastrutture per il supporto delle comunità, assicura che gli sforzi di sovversione possano avere un impatto duraturo. L'investimento in educazione, nella creazione di reti di solidarietà e nel supporto alle iniziative locali sono essenziali per radicare profondamente il cambiamento nelle strutture sociali.

Attraverso l'esplorazione di queste strategie aggiuntive, diventa evidente che la sovversione delle strutture di potere esistenti è un processo complesso e sfaccettato che richiede creatività, innovazione e un profondo impegno verso il cambiamento. Le tattiche di sovversione possono variare ampiamente, ma tutte condividono l'obiettivo comune di promuovere una società più equa e giusta, in cui il potere sia distribuito più equamente e in cui le voci marginalizzate siano ascoltate e valorizzate. La chiave del successo in questi sforzi risiede nella capacità di agire con intenzionalità, di adattarsi ai cambiamenti del contesto e di mantenere una visione chiara degli obiettivi a lungo termine.

Proseguendo nell'analisi delle strategie per sovvertire le strutture di potere, esploriamo ulteriormente l'importanza del supporto comunitario e della coesione interna, l'utilizzo di piattaforme digitali per la mobilitazione e la diffusione di informazioni, l'importanza della resilienza e della capacità di recupero nelle campagne di sovversione, e il potenziale dell'arte e della creatività come mezzi di espressione e protesta sovversiva.

Supporto Comunitario e Coesione Interna

- **Rafforzare il Supporto Comunitario:** La costruzione di una solida base di supporto all'interno delle comunità interessate è fondamentale per qualsiasi sforzo di sovversione di successo. Il coinvolgimento attivo della comunità e la creazione di spazi per la discussione e lo scambio di idee possono alimentare la coesione interna e rafforzare la determinazione collettiva. La solidarietà e il supporto reciproco fungono da catalizzatori per il cambiamento, fornendo una base resiliente su cui costruire iniziative sovversive.

Piattaforme Digitali per Mobilitazione e Diffusione

- **Sfruttare le Piattaforme Digitali:** L'era digitale offre strumenti unici per la sovversione delle strutture di potere tradizionali. Le piattaforme di social media, i blog, e le app di messaggistica possono essere utilizzati per coordinare azioni, diffondere rapidamente informazioni e sensibilizzare su questioni specifiche. Tuttavia, è fondamentale essere consapevoli delle potenziali minacce alla privacy e alla sicurezza digitale e sviluppare strategie per mitigare questi rischi.

Resilienza e Capacità di Recupero

- **Cultivare Resilienza e Capacità di Recupero:** Le campagne di sovversione spesso incontrano resistenza e possono essere soggette a repressione. La resilienza, sia a livello individuale che collettivo, è quindi essenziale per sostenere gli sforzi nel tempo. Lo sviluppo di strategie per mantenere il morale alto, gestire lo stress e recuperare da eventuali battute d'arresto può garantire che le iniziative di sovversione rimangano dinamiche e capaci di adattarsi a nuove sfide.

Arte e Creatività come Mezzi di Sovversione

- **Utilizzare l'Arte e la Creatività:** L'arte ha il potere unico di comunicare messaggi complessi in modi che trascendono le barriere linguistiche e culturali. La musica, la letteratura, le arti visive e le performance possono servire come potenti strumenti di sovversione, sfidando le percezioni convenzionali e stimolando la riflessione critica. Le espressioni artistiche possono catalizzare il dialogo e l'azione, ispirando le persone a immaginare e lottare per un mondo diverso.

Attraverso la continua esplorazione di queste strategie avanzate, diventa chiaro che la sovversione è un processo multifacettato che richiede non solo determinazione e coraggio, ma anche creatività, adattabilità e un profondo senso di comunità. L'integrazione di tattiche diverse, dalla mobilitazione digitale all'arte creativa, e lo sviluppo di una forte rete di supporto sono essenziali per sfidare efficacemente e sovvertire le strutture di potere esistenti. Le campagne sovversive di successo sono quelle che riescono a combinare queste strategie in modi che risuonano con le persone a livello emotivo e intellettuale, costruendo un movimento capace di portare a un cambiamento significativo e duraturo.

Mentre continuiamo a esplorare le strategie per sovvertire le strutture di potere esistenti, ci immergiamo nella potenziale efficacia della disinformazione come tattica sovversiva, nell'importanza dell'educazione critica come fondamento per una cittadinanza attiva, nell'uso di tecnologie decentralizzate per distribuire il potere, e nella creazione di narrazioni che promuovano un futuro inclusivo e diversificato.

Disinformazione come Tattica Sovversiva

- **Riflessioni sull'Uso della Disinformazione:** Sebbene l'uso della disinformazione possa sembrare una strategia efficace per sovvertire le narrazioni dominanti, presenta rischi significativi, inclusa la perdita di credibilità e l'intensificazione della polarizzazione. Invece di affidarsi alla disinformazione, le strategie sovversive più etiche ed efficaci si concentrano sull'esposizione della verità, sullo smascheramento delle ingiustizie e sulla promozione di un dialogo aperto e onesto. Questo approccio non solo conserva l'integrità del movimento, ma costruisce anche una base solida per il cambiamento sostenibile.

Educazione Critica per una Cittadinanza Attiva

- **Promuovere l'Educazione Critica:** L'educazione critica gioca un ruolo chiave nella sovversione delle strutture di potere, equipaggiando gli individui con gli strumenti per analizzare, questionare e comprendere criticamente il mondo intorno a loro. Insegnare alle persone a pensare in modo indipendente e a sfidare le narrazioni imposte contribuisce alla formazione di una cittadinanza attiva e informata, essenziale per qualsiasi movimento di cambiamento sociale.

Tecnologie Decentralizzate per Distribuire il Potere

- **Utilizzo di Tecnologie Decentralizzate:** Le tecnologie decentralizzate, come la blockchain e le reti peer-to-peer, offrono nuove opportunità per sovvertire le strutture di potere centralizzate. Creando sistemi che distribuiscono il potere e la governance in modo più equo, queste tecnologie possono servire come fondamento per costruire alternative economiche, sociali e politiche che resistano alla corruzione e alla concentrazione di potere.

Creazione di Narrazioni per un Futuro Inclusivo

- **Forgiare Narrazioni per un Domani Diversificato:** Le storie che raccontiamo hanno il potere di plasmare il nostro futuro. Concentrandosi sulla creazione e diffusione di narrazioni che immaginano un mondo più giusto, inclusivo e sostenibile, è possibile ispirare azioni e cambiamenti nella società. Queste narrazioni, che celebrano la diversità e promuovono l'uguaglianza, possono sovvertire le ideologie escludenti e contribuire a costruire un futuro in cui tutte le voci siano ascoltate e valorizzate.

Attraverso questo ulteriore approfondimento, diventa evidente che la sovversione richiede un approccio multifacettato che valuta attentamente le implicazioni etiche delle strategie adottate. L'investimento nell'educazione critica, l'utilizzo responsabile delle tecnologie, la promozione di un dialogo aperto e la creazione di narrazioni inclusive sono tutti elementi chiave per costruire movimenti sovversivi che non solo sfidano le strutture di potere esistenti ma lavorano anche per costruire un mondo più equo e giusto. Questo percorso, basato sull'integrità, sulla verità e sulla partecipazione attiva, offre la visione più sostenibile e impattante per il cambiamento reale e duraturo.

Proseguendo nell'analisi delle strategie per sovvertire le strutture di potere, esaminiamo l'importanza di mantenere un equilibrio tra azione diretta e lavoro di base, il potenziale dell'intelligenza collettiva e delle reti di conoscenza aperta, l'impiego di strategie di resilienza comunitaria per contrastare le dinamiche oppressive e l'adozione di approcci intersezionali per affrontare le radici complesse dell'ingiustizia.

Equilibrio tra Azione Diretta e Lavoro di Base

- **Bilanciare l'Azione Diretta con il Lavoro di Base:** Un approccio efficace alla sovversione richiede un equilibrio tra azioni dirette, come proteste e manifestazioni, e un costante lavoro di base che mira a costruire consapevolezza, supporto e capacità all'interno delle comunità. Questo lavoro di base include l'educazione, la formazione e la costruzione di reti di sostegno che possono alimentare e sostenere movimenti sovversivi a lungo termine, garantendo che siano radicati nelle esigenze e nelle aspirazioni delle comunità servite.

Intelligenza Collettiva e Reti di Conoscenza Aperta

- **Sfruttare l'Intelligenza Collettiva:** L'utilizzo dell'intelligenza collettiva e delle reti di conoscenza aperta può accelerare la diffusione di idee sovversive e facilitare la collaborazione oltre i confini geografici e culturali. Queste reti consentono di condividere risorse, strategie e lezioni apprese, potenziando l'efficacia delle iniziative di sovversione e consentendo ai movimenti di adattarsi rapidamente ai cambiamenti nel contesto sociale e politico.

Strategie di Resilienza Comunitaria

- **Costruire Resilienza Comunitaria:** Lo sviluppo di strategie di resilienza comunitaria è fondamentale per sostenere le società di fronte a tentativi di repressione e per sovvertire le dinamiche oppressive. Ciò può includere la creazione di sistemi di supporto mutualistico, l'istituzione di reti di sicurezza sociale alternative e lo sviluppo di capacità all'interno delle comunità per garantire che possano resistere, adattarsi e prosperare nonostante le avversità.

Approcci Intersezionali contro l'Ingiustizia

- **Adottare Approcci Intersezionali:** Riconoscere e affrontare le intersezioni di razza, classe, genere, orientamento sessuale e altre identità e oppressioni è cruciale per sovvertire efficacemente le strutture di potere esistenti. Gli approcci intersezionali assicurano che le strategie di sovversione non perpetuino involontariamente forme di esclusione o discriminazione, ma lavorino invece per smantellare tutti i sistemi di oppressione, promuovendo una visione più inclusiva e giusta della società.

Attraverso quest'ulteriore esplorazione, emerge che la sovversione delle strutture di potere richiede un'approfondita comprensione delle dinamiche sociali, politiche e culturali e la capacità di agire in modi che sono eticamente responsabili e strategicamente efficaci. Mantenere un equilibrio tra diverse forme di azione, sfruttare la potenza dell'intelligenza collettiva, costruire resilienza all'interno delle comunità e adottare un approccio intersezionale sono tutti elementi chiave per costruire movimenti capaci di sfidare lo status quo e guidare il cambiamento verso una società più equa e inclusiva. L'impegno per una sovversione etica e sostenibile rappresenta un percorso verso un futuro in cui le strutture di potere vengano democratizzate e le ingiustizie sistemiche affrontate con determinazione e solidarietà.

Nell'ulteriore esplorazione delle strategie per sovvertire le strutture di potere, approfondiamo il concetto di empowerment attraverso la condivisione delle conoscenze, il potenziale di reti di supporto transnazionali, l'importanza della sostenibilità ambientale nelle pratiche sovversive, e la creazione di spazi inclusivi che promuovano la diversità di pensiero e azione.

Empowerment attraverso la Condivisione delle Conoscenze

- **Favorire l'Empowerment con la Conoscenza:** Un pilastro fondamentale della sovversione è l'empowerment individuale e collettivo attraverso la condivisione aperta delle conoscenze. Offrendo alle persone gli strumenti per comprendere le strutture di potere e per sviluppare capacità critiche, si facilita la creazione di una base informativa solida da cui agire per il cambiamento. Workshop, seminari, piattaforme online e biblioteche comunitarie diventano risorse preziose per diffondere conoscenze che possono sovvertire le narrazioni dominanti e stimolare azioni informate.

Reti di Supporto Transnazionali

- **Sviluppare Reti Transnazionali:** In un mondo sempre più interconnesso, le reti di supporto che attraversano i confini nazionali possono amplificare significativamente l'impatto delle azioni sovversive. Queste reti permettono lo scambio di strategie, risorse e solidarietà tra movimenti in differenti contesti geografici, rafforzando la lotta contro oppressioni comuni e apprendendo reciprocamente da successi e fallimenti.

Sostenibilità Ambientale nelle Pratiche Sovversive

- **Integrare la Sostenibilità Ambientale:** La sostenibilità ambientale diventa sempre più un aspetto centrale delle strategie sovversive, riflettendo la crescente consapevolezza del legame tra giustizia sociale e giustizia ambientale. Pratiche che promuovono l'uso responsabile delle risorse, la protezione degli ecosistemi e la lotta contro il cambiamento climatico non solo sovvertono i modelli di consumo e produzione insostenibili ma anche costruiscono le fondamenta per un futuro equo e vivibile.

Creazione di Spazi Inclusivi

- **Promuovere Spazi di Diversità e Inclusione:** La creazione di spazi sicuri e accoglienti dove individui di tutte le estrazioni possano esprimersi liberamente e partecipare attivamente è essenziale per la sovversione efficace delle strutture di potere escludenti. Questi spazi, sia fisici che virtuali, dovrebbero incoraggiare il dialogo, la collaborazione e l'esplorazione di idee innovative, assicurando che ogni voce sia ascoltata e valorizzata. La promozione attiva della diversità e dell'inclusione rafforza i movimenti sovversivi, rendendoli più rappresentativi e resilienti.

Attraverso questa ulteriore esplorazione, diventa chiaro che le strategie per sovvertire le strutture di potere richiedono un approccio olistico che consideri non solo le dimensioni politiche e sociali ma anche quelle culturali, ambientali e tecnologiche. L'impegno verso l'empowerment attraverso la conoscenza, la costruzione di reti di supporto transnazionali, l'integrazione della sostenibilità ambientale e la promozione di spazi inclusivi sono tutti aspetti cruciali per costruire movimenti capaci di sfidare efficacemente le dinamiche oppressive e di lavorare verso una trasformazione radicale della società. Questa visione complessiva non solo mira a sovvertire le strutture di potere esistenti ma aspira anche a costruire alternative sostenibili e inclusive per il futuro.

Approfondendo ulteriormente le strategie per sovvertire le strutture di potere esistenti, ci concentriamo sull'importanza di nutrire la resilienza emotiva nei movimenti sovversivi, sull'utilizzo etico della tecnologia come strumento di empowerment, sull'importanza di strategie di comunicazione inclusive che rispettino la diversità linguistica e culturale, e sull'impiego di forme d'arte come mezzi espressivi per catalizzare il cambiamento sociale.

Resilienza Emotiva nei Movimenti Sovversivi

- **Coltivare la Resilienza Emotiva:** La forza emotiva e psicologica dei partecipanti ai movimenti sovversivi è essenziale per sostenere le sfide a lungo termine e le inevitabili battute d'arresto. Programmi di supporto peer-to-peer, workshop su gestione dello stress e tecniche di mindfulness possono aiutare gli attivisti a mantenere il benessere psicologico, assicurando che rimangano impegnati e motivati nel loro lavoro. La resilienza emotiva funge da fondamento per la persistenza e la capacità di adattamento di un movimento.

Uso Etico della Tecnologia

- **Tecnologia come Strumento di Empowerment:**
  Mentre la tecnologia offre nuovi canali e metodi per
  sfidare le strutture di potere, il suo impiego richiede una
  riflessione etica per evitare la replicazione di dinamiche
  oppressive. L'adozione di principi di open source, la
  promozione della privacy e della sicurezza digitale e
  l'accessibilità tecnologica sono aspetti fondamentali per
  garantire che le iniziative tecnologiche supportino in
  modo equo e inclusivo gli sforzi sovversivi.

Comunicazione Inclusiva e Diversità Linguistica

- **Promuovere Strategie di Comunicazione
  Inclusive:** Per raggiungere e coinvolgere efficacemente
  un'ampia base di supporto, le strategie di comunicazione
  devono rispettare e riflettere la diversità linguistica e
  culturale delle comunità servite. Questo include la
  traduzione di materiali in varie lingue, l'uso di mezzi di
  comunicazione accessibili a persone con diverse abilità e
  l'adattamento dei messaggi per rispettare le sensibilità
  culturali. La comunicazione inclusiva amplifica la portata
  del messaggio e rafforza la coesione all'interno dei
  movimenti sovversivi.

Arte come Catalizzatore di Cambiamento Sociale

- **Utilizzare l'Arte per Sovvertire e Ispirare:** L'arte ha
  il potere unico di suscitare emozioni, provocare riflessioni
  e mobilitare le persone all'azione. La pittura, la scultura,
  la musica, la poesia e le performance possono fungere da
  veicoli potenti per la critica sociale, offrendo prospettive
  alternative e stimolando il dialogo su temi difficili. Le
  espressioni artistiche possono sovvertire le narrazioni
  dominanti, promuovendo una visione più inclusiva e
  giusta della società e ispirando la comunità ad agire per il
  cambiamento.

Attraverso quest'ulteriore approfondimento, emerge che le strategie efficaci per sovvertire le strutture di potere implicano un approccio olistico che va oltre la semplice resistenza. La nutrizione della resilienza emotiva, un uso etico e inclusivo della tecnologia, la comunicazione che abbraccia la diversità e l'arte come mezzo di espressione e ispirazione sono tutti elementi critici che lavorano insieme per costruire movimenti sovversivi resilienti, inclusivi e capaci di stimolare un cambiamento profondo e duraturo. Questa visione complessiva sottolinea l'importanza di costruire basi solide che non solo contestino le strutture esistenti ma che promuovano anche la creazione di alternative sostenibili e giuste per il futuro.

Mentre approfondiamo ulteriormente le strategie per sovvertire le strutture di potere, esaminiamo l'importanza di una leadership condivisa e distribuita all'interno dei movimenti sovversivi, il valore della documentazione e della condivisione delle esperienze per ispirare e istruire, l'approccio alla resilienza organizzativa contro le repressioni esterne, e l'utilizzo di piattaforme di storytelling digitale per amplificare le voci marginalizzate.

Leadership Condivisa e Distribuita

- **Adottare Modelli di Leadership Distribuita:** La decentralizzazione della leadership nei movimenti sovversivi assicura che le decisioni riflettano una gamma più ampia di prospettive e riduce il rischio di repressione o di smantellamento da parte delle autorità. Questi modelli promuovono l'empowerment a tutti i livelli, consentendo una maggiore agilità e adattabilità nelle strategie di sovversione. Una leadership condivisa incoraggia inoltre la responsabilità collettiva e l'impegno, elementi fondamentali per il sostegno a lungo termine di qualsiasi movimento.

Documentazione e Condivisione delle Esperienze

- **Valorizzare la Documentazione e la Condivisione:**
  Registrare e divulgare le storie di successo, così come gli
  insegnamenti tratti da fallimenti e sfide, sono cruciali per
  il processo di apprendimento collettivo all'interno dei
  movimenti sovversivi. Questa pratica non solo serve come
  fonte di ispirazione ma anche come guida strategica per
  futuri sforzi di sovversione. Blog, podcast, e pubblicazioni
  online possono servire da piattaforme per questa
  condivisione essenziale di conoscenze ed esperienze.

Resilienza Organizzativa

- **Costruire Resilienza Organizzativa:** Sviluppare
  strutture e pratiche che proteggano i movimenti dalla
  repressione e dagli attacchi esterni è fondamentale per la
  loro sopravvivenza e efficacia. Questo può includere la
  diversificazione delle fonti di finanziamento, l'adozione di
  tecnologie sicure per la comunicazione e la creazione di
  reti di supporto legale. La resilienza organizzativa
  assicura che i movimenti possano persistere e adattarsi,
  anche di fronte a sfide significative.

Storytelling Digitale per Amplificare le Voci

- **Sfruttare le Piattaforme di Storytelling Digitale:**
  Le piattaforme digitali offrono opportunità uniche per
  raccontare storie che sovvertono le narrazioni dominanti
  e mettono in luce esperienze marginalizzate. Utilizzando
  video, audio e testo, i movimenti sovversivi possono
  raggiungere un pubblico globale, suscitando empatia e
  supporto attraverso la condivisione di storie personali e
  collettive. L'arte del racconto digitale può trasformare la
  percezione pubblica e mobilitare l'azione collettiva.

Attraverso questo continuo approfondimento, diventa evidente
che sovvertire le strutture di potere esistenti richiede un

impegno profondo verso pratiche inclusive, trasparenti e resilienti. La leadership distribuita, la condivisione delle conoscenze, la resilienza organizzativa e l'utilizzo innovativo delle tecnologie digitali per raccontare storie che ispirano cambiamento sono tutti elementi critici di successo. Questi approcci non solo sfidano l'ordine esistente ma contribuiscono anche a costruire le fondamenta per un futuro più equo e giusto, dimostrando che la sovversione va oltre la semplice resistenza, mirando alla creazione di sistemi alternativi basati su principi di equità, inclusione e sostenibilità.

Proseguendo nell'esplorazione delle strategie per sovvertire le strutture di potere, consideriamo l'importanza di formare alleanze strategiche oltre i confini ideologici, il ruolo fondamentale della formazione continua per i membri del movimento, l'impiego di metodologie di ricerca azione partecipativa per comprendere e agire sulle dinamiche di potere, e la necessità di integrare pratiche di benessere collettivo per sostenere la salute mentale e fisica dei partecipanti al movimento.

Formazione di Alleanze Strategiche

- **Estendere Alleanze oltre i Confini Ideologici:** La capacità di unire forze con gruppi che, pur avendo differenti priorità o visioni, condividono obiettivi comuni in specifiche aree di interesse, può amplificare significativamente l'efficacia di un movimento sovversivo. Tali alleanze strategiche possono fornire risorse aggiuntive, supporto e una maggiore legittimità alle cause sovversive, nonché contribuire a sfidare le narrazioni monolitiche che spesso consolidano le strutture di potere esistenti.

Formazione Continua per i Membri del Movimento

- **Investire nella Formazione Continua:** Mantenere i membri del movimento informati e ben formati è cruciale per garantire che le azioni sovversive siano efficaci e informate. Workshop, seminari e programmi di formazione possono coprire una varietà di argomenti, dalla teoria politica alle competenze pratiche come la sicurezza digitale, tecniche di protesta pacifica, e strategie di comunicazione efficace. La formazione continua aiuta a costruire una base solida per azioni sovversive consapevoli e strategiche.

Ricerca Azione Partecipativa

- **Adottare la Ricerca Azione Partecipativa:** L'uso di metodologie di ricerca azione partecipativa consente ai movimenti di sviluppare una comprensione più profonda dolle strutture di potere che intendono sfidare. Questo approccio collaborativo alla ricerca coinvolge direttamente le comunità interessate nel processo di indagine, garantendo che le strategie di sovversione siano radicate nelle esperienze vissute e nelle conoscenze delle persone più colpite dalle dinamiche di potere.

Pratiche di Benessere Collettivo

- **Integrare Pratiche di Benessere Collettivo:** Riconoscendo gli impatti emotivi e fisici del lavoro sovversivo, è essenziale che i movimenti incorporino pratiche di benessere collettivo per sostenere i loro membri. Questo può includere l'accesso a supporto psicologico, la creazione di spazi sicuri per il rilassamento e il recupero, e l'organizzazione di attività che promuovano il benessere fisico. Tali pratiche non solo aiutano a prevenire il burnout ma rafforzano anche il senso di comunità e solidarietà all'interno del movimento.

Attraverso questo continuo approfondimento, emerge che la sovversione delle strutture di potere è un'impresa complessa che richiede un impegno olistico alla crescita, alla collaborazione e al sostegno reciproco. Le strategie di sovversione più efficaci sono quelle che combinano la resistenza attiva con l'investimento nelle persone, promuovendo l'educazione, la salute e la resilienza dei membri del movimento. Questo approccio non solo massimizza l'efficacia delle azioni sovversive ma contribuisce anche a costruire le basi per un cambiamento sostenibile e a lungo termine, fondato sui principi di giustizia, equità e cura reciproca.

Proseguendo nell'analisi approfondita delle strategie di sovversione, esploriamo l'importanza di sviluppare una narrazione condivisa che unisca i membri del movimento sotto una visione comune, l'utilizzo di monitoraggio e valutazione per adattare le tattiche in tempo reale, l'incoraggiamento alla partecipazione di base attraverso l'empowerment individuale, e l'importanza di mantenere la flessibilità strategica di fronte a un ambiente in costante cambiamento.

Sviluppo di una Narrazione Condivisa

- **Unire sotto una Visione Comune:** La costruzione di una narrazione condivisa che rifletta gli obiettivi e i valori del movimento può servire come potente collante per i suoi membri, fornendo una sensazione di scopo e direzione collettivi. Questa narrazione non solo aiuta a mobilitare il supporto interno ma può anche attirare simpatizzanti esterni alla causa. È importante che tale narrazione sia inclusiva e rappresentativa della diversità all'interno del movimento, per assicurare che tutti i membri si sentano valorizzati e coinvolti.

Monitoraggio e Valutazione Continui

- **Adattare le Tattiche in Tempo Reale:** L'implementazione di sistemi di monitoraggio e valutazione consente ai movimenti di valutare l'efficacia delle loro strategie e di fare aggiustamenti in corso d'opera. Questo approccio dinamico assicura che il movimento possa reagire rapidamente ai cambiamenti nel contesto politico, sociale o tecnologico e alle reazioni delle strutture di potere che sta cercando di sovvertire. La capacità di adattamento è cruciale per sostenere la pressione su questi sistemi e per navigare gli ostacoli che emergono nel percorso verso il cambiamento.

Empowerment della Partecipazione di Base

- **Incoraggiare l'Empowerment Individuale:** Facilitare la partecipazione attiva e significativa dei membri alla base del movimento non solo rafforza la loro dedizione alla causa ma amplifica anche l'efficacia generale del movimento. Fornire formazione, risorse e piattaforme dove gli individui possono contribuire con le loro uniche abilità e prospettive promuove un senso di proprietà e responsabilità collettive verso gli obiettivi condivisi del movimento. L'empowerment individuale favorisce l'innovazione e la creatività nelle strategie sovversive.

Flessibilità Strategica

- **Mantenere la Flessibilità di Fronte ai Cambiamenti:** In un mondo caratterizzato da rapidi cambiamenti politici, sociali e tecnologici, la capacità di rimanere flessibili e aperti a nuove strategie è vitale per il successo a lungo termine di qualsiasi movimento sovversivo. Essere preparati a pivotare le tattiche, esplorare nuovi approcci e abbracciare l'innovazione può fare la differenza tra stagnazione e progresso. La flessibilità strategica consente ai movimenti di rimanere rilevanti e di continuare a sfidare efficacemente le strutture di potere esistenti, nonostante le sfide inaspettate che possono emergere.

Questo ulteriore approfondimento sottolinea che la sovversione delle strutture di potere richiede un'approccio multifacettato, che valorizza sia l'impegno collettivo sia l'iniziativa individuale, e che si adatta continuamente alle sfide emergenti. La costruzione di una narrazione condivisa, il monitoraggio costante delle strategie, l'empowerment alla base e la flessibilità tattica sono tutti elementi chiave per costruire movimenti resilienti e dinamici, capaci di navigare l'incertezza e di catalizzare il cambiamento verso una società più giusta ed equa.

Nel continuare a esplorare le strategie per sovvertire le strutture di potere, consideriamo l'importanza di integrare l'intelligenza emotiva nelle pratiche di leadership del movimento, il ruolo del dialogo interculturale nel costruire ponti tra diverse comunità, l'utilizzo di simulazioni e giochi di ruolo per preparare i membri del movimento a vari scenari, e il potenziale della diplomazia popolare per influenzare l'opinione pubblica e le politiche a livello internazionale.

Integrazione dell'Intelligenza Emotiva

- **Valorizzare l'Intelligenza Emotiva nelle Pratiche di Leadership:** Le capacità di intelligenza emotiva, come l'empatia, la consapevolezza di sé e la gestione delle relazioni, sono essenziali per i leader dei movimenti sovversivi. Queste competenze permettono di navigare le complessità delle dinamiche interpersonali, di risolvere conflitti interni in modo costruttivo e di mantenere alta la motivazione dei membri del movimento. La leadership che dimostra intelligenza emotiva può ispirare fiducia e lealtà, rafforzando la coesione e l'efficacia del movimento.

Dialogo Interculturale

- **Promuovere il Dialogo Interculturale per Costruire Ponti:** Il dialogo interculturale può svolgere un ruolo cruciale nel superare le divisioni e nel costruire alleanze tra comunità diverse. Attraverso la comprensione e il rispetto delle differenze culturali, i movimenti possono ampliare la loro base di supporto e

integrare una maggiore varietà di prospettive e strategie.
Il dialogo aperto e rispettoso contribuisce a creare un
terreno comune su cui costruire coalizioni più forti e
resistenti.

Simulazioni e Giochi di Ruolo

- **Usare Simulazioni per Preparare i Membri a Vari
  Scenari:** Le simulazioni e i giochi di ruolo offrono ai
  membri del movimento l'opportunità di esercitarsi in
  situazioni complesse o potenzialmente rischiose in un
  ambiente controllato. Questa forma di preparazione può
  aumentare la fiducia e migliorare le capacità decisionali
  di fronte a eventi reali, consentendo ai partecipanti di
  esplorare diverse tattiche e strategie di risposta. La
  pratica regolare attraverso simulazioni aiuta a costruire
  resilienza e agilità tra i membri del movimento.

Diplomazia Popolare

- **Sfruttare la Diplomazia Popolare per Influenzare
  le Politiche:** La diplomazia popolare, che coinvolge
  cittadini comuni nella promozione del dialogo e della
  comprensione tra nazioni, può essere un potente
  strumento sovversivo. Attraverso iniziative come scambi
  culturali, campagne sui social media e partecipazione a
  forum internazionali, i movimenti possono influenzare
  l'opinione pubblica e le decisioni politiche oltre i confini
  nazionali. Questa forma di impegno offre una piattaforma
  per condividere narrazioni alternative, sfidare le politiche
  oppressive e promuovere cambiamenti a livello globale.

Attraverso quest'ulteriore riflessione, diventa evidente che le
strategie di sovversione richiedono un approccio complesso che
combina abilità interpersonali, comunicazione efficace,
preparazione strategica e impegno internazionale.
L'incorporazione di intelligenza emotiva, dialogo interculturale,
formazione pratica e diplomazia popolare non solo arricchisce il

tessuto dei movimenti sovversivi ma li rende anche più resilienti, adattabili e capaci di affrontare le sfide in un panorama globale in continua evoluzione. Questi approcci multidimensionali sottolineano l'importanza di una visione olistica nel costruire movimenti capaci di sovvertire le strutture di potere esistenti e di lavorare verso una società più giusta ed equa.

Mentre continuiamo a esplorare le strategie per sovvertire le strutture di potere, ci addentriamo nella creazione di sistemi di supporto psicologico per i membri del movimento, nell'importanza di mantenere una narrazione dinamica che si adatti ai cambiamenti sociali, nell'uso delle reti sociali per creare un senso di appartenenza globale, e nell'adozione di pratiche di governance trasparenti e democratiche all'interno dei movimenti stessi.

Sistemi di Supporto Psicologico

- **Implementazione di Sistemi di Supporto Psicologico:** Riconoscere e affrontare le sfide emotive e psicologiche affrontate dai membri dei movimenti sovversivi è fondamentale per mantenere un impegno sostenuto. L'istituzione di sistemi di supporto psicologico, come linee di aiuto peer-to-peer, consulenza professionale e workshop su tecniche di coping, può fornire il sostegno necessario per gestire lo stress, l'ansia e altri impatti emotivi derivanti dall'attivismo. Questo supporto non solo aiuta gli individui a rimanere mentalmente e emotivamente resilienti ma rafforza anche il tessuto sociale del movimento.

Narrazione Dinamica

- **Mantenere una Narrazione Dinamica:** In un mondo in rapido cambiamento, le narrazioni utilizzate dai movimenti devono rimanere flessibili e risonanti con le realtà emergenti. L'abilità di adattare e aggiornare la

narrazione del movimento in risposta a nuove
informazioni, cambiamenti culturali e feedback della
comunità assicura che il messaggio rimanga pertinente e
coinvolgente. Una narrazione dinamica può facilitare la
crescita del movimento, attirando nuovi sostenitori e
adattandosi a contesti in evoluzione.

Reti Sociali per un Senso di Appartenenza Globale

- **Utilizzare le Reti Sociali per Costruire Comunità:**
  Le piattaforme di social media offrono straordinarie
  opportunità per collegare persone di diverse regioni e
  background, creando un senso di appartenenza globale.
  Queste reti possono essere sfruttate per diffondere
  informazioni, condividere storie di resistenza e successo,
  e coordinare azioni collettive su scala internazionale. La
  sensazione di far parte di una comunità mondiale
  impegnata nella sovversione delle ingiustizie può ispirare
  e motivare gli individui a contribuire attivamente agli
  sforzi del movimento.

Governance Trasparente e Democratica

- **Adottare Pratiche di Governance Aperte:** Per
  sovvertire le strutture di potere esistenti, i movimenti
  stessi devono praticare la trasparenza e la democrazia
  interna. Questo include la condivisione aperta delle
  decisioni, l'incoraggiamento della partecipazione dei
  membri nella pianificazione e nell'attuazione delle
  strategie, e l'adozione di sistemi di feedback per garantire
  che le voci di tutti siano ascoltate. Pratiche di governance
  trasparenti e inclusive non solo rafforzano la fiducia
  all'interno del movimento ma servono anche come
  modello per le strutture di potere più giuste ed equitative
  che i movimenti aspirano a creare.

Attraverso questo ulteriore sviluppo, diventa chiaro che le
strategie per sovvertire le strutture di potere richiedono un

approccio comprensivo che valorizzi il benessere dei membri, promuova una comunicazione adattiva e inclusiva, sfrutti la tecnologia per costruire solidarietà globale e pratichi principi di governance che riflettano gli ideali di giustizia e equità. Questi elementi sono cruciali non solo per il successo immediato delle iniziative sovversive ma anche per la costruzione di basi sostenibili per cambiamenti duraturi, testimoniando l'impegno dei movimenti a incarnare i valori di trasparenza, democrazia e inclusione che promuovono.

Concludendo questa esplorazione comprensiva delle strategie per sovvertire le strutture di potere, possiamo vedere che il successo di tali sforzi dipende da un approccio multifacettato che integra la resilienza individuale e collettiva, una comunicazione efficace e dinamica, l'utilizzo strategico della tecnologia per costruire connessioni globali e l'implementazione di principi di governance interna che riflettano gli ideali di equità e trasparenza. Queste strategie, pur essendo distinte, sono interconnesse e si rafforzano a vicenda, contribuendo alla costruzione di un movimento resiliente e adattabile, capace di affrontare sfide complesse e di promuovere un cambiamento sostanziale.

Elementi Chiave per la Sovversione Efficace delle Strutture di Potere

- **Resilienza e Supporto Psicologico:** La forza di un movimento risiede nella resilienza dei suoi membri. Sviluppare sistemi di supporto psicologico e promuovere pratiche di benessere individuale e collettivo sono essenziali per mantenere l'impegno a lungo termine e per navigare le sfide emotive legate all'attivismo.

- **Narrazione Dinamica e Comunicazione Inclusiva:** Una narrazione che si adatta e risponde ai cambiamenti sociali e culturali garantisce che il messaggio del movimento rimanga rilevante e coinvolgente. La comunicazione inclusiva che rispetta la diversità linguistica e culturale amplifica la portata delle iniziative sovversive, creando spazi per voci diverse e arricchendo il dialogo all'interno del movimento.

- **Tecnologia e Solidarietà Globale:** L'uso etico e strategico delle tecnologie digitali per costruire reti di solidarietà oltre i confini geografici espande significativamente l'impatto dei movimenti sovversivi. Le piattaforme di social media e altre tecnologie possono facilitare la condivisione di informazioni, la mobilitazione di risorse e il coordinamento di azioni collettive su scala internazionale.

- **Governance Trasparente e Democratica:** Praticare all'interno del movimento i principi di trasparenza, partecipazione e democrazia che si aspira a vedere nel mondo esterno rafforza la coerenza e la credibilità del movimento. La governance inclusiva incoraggia una partecipazione più ampia, assicura che le decisioni riflettano una varietà di prospettive e contribuisce alla costruzione di strutture alternative di potere basate su giustizia e equità.

In sintesi, la sovversione delle strutture di potere esistenti richiede un impegno costante alla crescita, all'adattamento e all'innovazione. Attraverso la combinazione di resilienza emotiva, narrazioni dinamiche, connettività globale e pratiche di governance etiche, i movimenti possono non solo sfidare efficacemente le ingiustizie presenti ma anche gettare le fondamenta per un futuro più equo e sostenibile. Questo approccio olistico assicura che il movimento sia resiliente di fronte alle avversità e flessibile nell'adattarsi a nuove sfide, guidando così verso un cambiamento profondo e duraturo nelle strutture di potere a livello locale, nazionale e globale.

12. L'importanza dell'adattabilità: Come adattarsi efficacemente a cambiamenti e incertezze per mantenere il controllo.

L'adattabilità è una competenza cruciale nel mondo contemporaneo, caratterizzato da rapidi cambiamenti e incertezze. La capacità di adattarsi efficacemente a nuove situazioni, contesti in evoluzione e sfide impreviste è fondamentale non solo per mantenere il controllo ma anche per prosperare in ambienti dinamici. Questa flessibilità consente agli individui e alle organizzazioni di rispondere in modo proattivo piuttosto che reattivo, anticipando le opportunità e mitigando i rischi. Esaminiamo come l'adattabilità può essere coltivata e applicata per navigare con successo nel panorama mutevole di oggi.

Sviluppare una Mentalità di Crescita

- **Cultivare una Mentalità Aperta:** La base dell'adattabilità risiede in una mentalità di crescita, che accoglie le sfide come opportunità per imparare e svilupparsi. Accettare che il cambiamento è una costante e che l'insuccesso è parte del processo di apprendimento permette di rimanere flessibili e aperti a nuove strategie e percorsi.

Miglioramento delle Capacità di Anticipazione

- **Prevedere e Pianificare il Futuro:** L'adattabilità richiede la capacità di anticipare le tendenze future e di prepararsi di conseguenza. Questo implica rimanere informati sui cambiamenti nel proprio campo, analizzare i dati per identificare potenziali scenari futuri e sviluppare piani di contingenza per diversi esiti.

Promozione della Flessibilità Organizzativa

- **Strutture e Processi Flessibili:** Le organizzazioni possono aumentare la loro adattabilità implementando strutture e processi che supportano la flessibilità e l'agilità. Questo può includere la decentralizzazione del processo decisionale, l'adozione di metodologie agili e il sostegno alla collaborazione interfunzionale.

Sviluppo di Competenze Trasversali

- **Investire nell'Apprendimento Continuo:** L'acquisizione di una vasta gamma di competenze trasversali consente agli individui di adattarsi più facilmente a diversi ruoli e contesti. L'apprendimento continuo e il miglioramento personale sono essenziali per rimanere rilevanti e efficaci in un ambiente in costante evoluzione.

Costruzione di Reti di Supporto

- **Valorizzare le Relazioni e le Reti:** Le reti di supporto, sia professionali che personali, forniscono risorse, consigli e prospettive diverse che possono essere cruciali in momenti di cambiamento. Mantenere relazioni solide e costruire nuove connessioni può offrire un supporto importante per navigare le incertezze.

Resilienza Emotiva

- **Gestire lo Stress e le Emozioni:** L'adattabilità è anche una questione di resilienza emotiva, ovvero la capacità di gestire lo stress e le emozioni negative in modo efficace. Sviluppare strategie per mantenere l'equilibrio emotivo, come la mindfulness e le tecniche di rilassamento, può aiutare a rimanere concentrati e proattivi di fronte al cambiamento.

In conclusione, l'adattabilità è una competenza composita che si basa su una mentalità aperta, capacità di anticipazione, strutture organizzative flessibili, apprendimento continuo, reti di supporto solide e resilienza emotiva. Coltivare queste dimensioni dell'adattabilità non solo aiuta a mantenere il controllo di fronte all'incertezza ma apre anche la porta a nuove opportunità, promuovendo la crescita personale e organizzativa in un mondo in rapida evoluzione.

Proseguendo nell'esplorazione dell'importanza dell'adattabilità, approfondiamo l'aspetto della creatività nel problem solving, l'importanza della curiosità intellettuale per esplorare nuovi orizzonti, il ruolo della leadership visionaria nell'ispirare l'adattamento al cambiamento e l'utilizzo di feedback come strumento per il miglioramento continuo e l'adattamento strategico.

Creatività nel Problem Solving

- **Incoraggiare l'Innovazione Creativa:** Nell'ambito dell'adattabilità, la creatività gioca un ruolo fondamentale nel trovare soluzioni non convenzionali a problemi complessi. Promuovere un ambiente in cui sperimentare e pensare "fuori dagli schemi" è incoraggiato può portare a breakthrough innovativi. Questo approccio creativo al problem solving permette di identificare opportunità nascoste nei cambiamenti e nelle sfide, trasformandole in vantaggi competitivi o in miglioramenti significativi.

Curiosità Intellettuale

- **Cultivare la Curiosità come Motore di Apprendimento:** La curiosità intellettuale spinge gli individui e le organizzazioni a cercare attivamente nuove conoscenze, competenze e esperienze. Essere aperti a esplorare aree sconosciute e a mettersi in gioco può accelerare l'apprendimento e l'adattamento ai nuovi contesti. La curiosità stimola l'indagine e la scoperta, elementi essenziali per navigare con successo in un ambiente in continua evoluzione.

Leadership Visionaria

- **Adottare una Leadership che Ispira al Cambiamento:** Le figure di leadership hanno il compito cruciale di guidare i loro team attraverso i cambiamenti, fornendo una visione chiara e motivando all'adattamento. I leader visionari comunicano efficacemente l'importanza dell'adattabilità e del cambiamento, creando una cultura che valorizza la flessibilità, l'innovazione e la proattività. Questa leadership incoraggia l'intero gruppo a vedere il cambiamento non come una minaccia ma come un'opportunità per crescere e migliorare.

Feedback come Strumento di Adattamento

- **Utilizzare il Feedback per il Miglioramento Continuo:** Il feedback costante dai clienti, dai collaboratori e dai partner è vitale per comprendere come le azioni e le strategie vengono percepite e quali effetti hanno sul contesto circostante. Creare meccanismi per raccogliere, analizzare e agire in base al feedback consente alle organizzazioni di adattarsi rapidamente, correggendo la rotta quando necessario e sfruttando le opportunità emergenti. Questo ciclo di feedback rappresenta una componente chiave dell'apprendimento organizzativo e dell'adattabilità.

Attraverso questo ulteriore approfondimento, diventa evidente che l'adattabilità è arricchita da una combinazione di creatività, curiosità, leadership ispiratrice e un approccio al feedback orientato alla crescita. Questi elementi, lavorando in sinergia, alimentano la capacità di un individuo o di un'organizzazione di rispondere con agilità alle mutevoli dinamiche del mondo contemporaneo. L'adattabilità non è solo una reazione al cambiamento ma una proattiva anticipazione e trasformazione del futuro, guidata da una costante volontà di apprendere, innovare e migliorare. In questo modo, l'adattabilità si trasforma da semplice competenza a filosofia operativa fondamentale per il successo e la sostenibilità a lungo termine in un panorama globale caratterizzato da incertezza e rapidi cambiamenti.

Approfondendo ulteriormente il tema dell'adattabilità, esaminiamo l'importanza della diversità e dell'inclusione come fonti di resilienza e innovazione, il potenziale dell'apprendimento intergenerazionale per ampliare le prospettive, l'importanza di mantenere un equilibrio tra esplorazione e sfruttamento in contesti organizzativi, e l'utilizzo della tecnologia e dei dati per prevedere tendenze e facilitare l'adattamento.

Diversità e Inclusione

- **Valorizzare la Diversità come Risorsa:** La diversità all'interno di team e organizzazioni non solo arricchisce l'ambiente di lavoro con una gamma di prospettive, esperienze e competenze, ma serve anche come motore per la resilienza e l'innovazione. Un ambiente inclusivo che promuove e valorizza la diversità è meglio attrezzato per adattarsi ai cambiamenti, poiché può attingere a un ampio spettro di idee e soluzioni. L'inclusione stimola la collaborazione e la creatività, rendendo le organizzazioni più flessibili e pronte ad affrontare nuove sfide.

Apprendimento Intergenerazionale

- **Sfruttare l'Apprendimento Intergenerazionale:** Le interazioni tra diverse generazioni possono fornire un terreno fertile per l'apprendimento e l'adattamento. Le esperienze vissute e le prospettive uniche di ciascuna generazione possono contribuire a una comprensione più profonda dei cambiamenti in atto e offrire approcci innovativi per affrontarli. Promuovere l'apprendimento intergenerazionale all'interno di organizzazioni e comunità aiuta a costruire ponti, a ridurre i divari di conoscenza e a sfruttare la saggezza collettiva per l'adattamento e la crescita.

Equilibrio tra Esplorazione e Sfruttamento

- **Navigare tra Esplorazione e Sfruttamento:** Per mantenere l'adattabilità, è cruciale trovare un equilibrio tra l'esplorazione di nuove opportunità e l'sfruttamento efficiente delle risorse e delle conoscenze esistenti. Questo equilibrio consente alle organizzazioni di innovare mantenendo al contempo la stabilità e l'efficienza. Le strategie che favoriscono un tale equilibrio supportano la sostenibilità a lungo termine, permettendo di rispondere proattivamente ai cambiamenti ambientali e di mercato.

Tecnologia e Analisi dei Dati

- **Leveraging Technology and Data Analytics:** L'avanzamento tecnologico e l'analisi dei dati giocano un ruolo fondamentale nell'abilitare l'adattabilità. Le organizzazioni che sfruttano efficacemente queste risorse possono anticipare meglio le tendenze future, identificare precocemente i segnali di cambiamento e adattare le loro strategie di conseguenza. Gli strumenti analitici avanzati e le piattaforme tecnologiche possono facilitare la raccolta e l'interpretazione di dati complessi, supportando decisioni più informate e tempestive.

Attraverso questa ulteriore esplorazione, emerge chiaramente che l'adattabilità richiede un approccio olistico che integra la diversità e l'inclusione, valorizza l'apprendimento intergenerazionale, trova un equilibrio dinamico tra esplorazione e sfruttamento, e sfrutta la tecnologia e l'analisi dei dati per una migliore comprensione del contesto in evoluzione. Questi elementi, quando combinati, forniscono una base solida per l'innovazione continua e l'adattamento, consentendo agli individui e alle organizzazioni non solo di sopravvivere ma di prosperare in un mondo caratterizzato da incertezza e rapidi cambiamenti. L'adattabilità, quindi, diventa non solo una competenza essenziale ma una vera e propria filosofia operativa, indispensabile per affrontare con successo le sfide del presente e del futuro.

Proseguendo nell'approfondimento sul tema dell'adattabilità, esploriamo la necessità di una comunicazione efficace come mezzo per facilitare l'adattamento ai cambiamenti, l'importanza di una cultura organizzativa che premia l'innovazione e l'apprendimento da errori, il ruolo cruciale della gestione del cambiamento nell'orientare gli individui e le organizzazioni attraverso transizioni, e l'impiego di simulazioni per prevedere impatti e prepararsi a scenari futuri.

Comunicazione Efficace per il Cambiamento

- **Promuovere una Comunicazione Aperta e Trasparente:** Una comunicazione efficace è vitale per navigare i cambiamenti con successo. L'adozione di canali comunicativi chiari e aperti facilita la condivisione tempestiva di informazioni, assicurando che tutti i membri dell'organizzazione o della comunità siano informati sui cambiamenti in atto e sulle strategie di adattamento. La trasparenza nella comunicazione aiuta a costruire fiducia, ridurre l'ansia legata all'incertezza e promuovere un ambiente collaborativo dove le idee possono essere liberamente esplorate e discusse.

Cultura Organizzativa e Innovazione

- **Fosterare una Cultura che Valorizza l'Innovazione:** Un ambiente organizzativo che celebra la curiosità, l'innovazione e l'apprendimento continuo è fondamentale per l'adattabilità. Incoraggiare la sperimentazione e permettere ai membri di apprendere dai fallimenti senza timore di ritorsioni crea un contesto favorevole alla scoperta di nuove soluzioni e approcci.

Questa cultura dell'innovazione sostiene lo sviluppo di strategie di adattamento creative e sostenibili.

Gestione del Cambiamento

- **Implementare Strategie di Gestione del Cambiamento:** La gestione efficace del cambiamento richiede una pianificazione e un'esecuzione strategica per guidare gli individui attraverso le fasi di transizione. Utilizzare approcci strutturati e personalizzati per affrontare resistenze, comunicare benefici del cambiamento, e fornire supporto durante il processo di adattamento, assicura che le transizioni siano gestite in modo che minimizzino le interruzioni e massimizzino l'accettazione e l'engagement

Simulazioni per la Preparazione al Futuro

- **Utilizzare Simulazioni per Anticipare e Prepararsi:** Le simulazioni offrono opportunità preziose per testare come le strategie di adattamento potrebbero funzionare in diversi scenari futuri. Attraverso la modellazione e la simulazione, organizzazioni e individui possono esplorare le potenziali conseguenze delle loro azioni, identificare punti di vulnerabilità e affinare i piani di adattamento prima che i cambiamenti si verifichino. Questo approccio proattivo contribuisce a una migliore preparazione e una maggiore resilienza di fronte all'incertezza.

Attraverso questo ulteriore sviluppo, diventa evidente che l'adattabilità trascende la semplice capacità di reagire ai cambiamenti; richiede invece un impegno attivo verso la creazione di ambienti comunicativi aperti, la promozione di culture organizzative incentrate sull'innovazione, l'implementazione di pratiche efficaci di gestione del cambiamento e l'utilizzo di strumenti predittivi come le simulazioni per prepararsi in modo ottimale ai futuri scenari.

Integrando questi elementi in un approccio olistico, individui e organizzazioni possono elevare la loro capacità di adattarsi dinamicamente, garantendo non solo la sopravvivenza ma anche il fiorente successo in un mondo in continua evoluzione.

Proseguendo nella nostra esplorazione sull'adattabilità, consideriamo l'importanza di sviluppare network e partnership strategiche per accedere a risorse e informazioni nuove, l'utilizzo dell'intelligenza artificiale per migliorare la capacità di previsione e decisionale, l'importanza di adottare un approccio olistico al benessere per sostenere la capacità di adattamento individuale, e l'impiego di feedback costruttivi e di meccanismi di ascolto attivo per affinare continuamente le strategie di adattamento.

Sviluppo di Network e Partnership Strategiche

- **Estendere Network e Costruire Partnership:** La costruzione di reti solide e il formare partnership strategiche sono essenziali per accrescere la capacità di adattamento. Queste connessioni possono offrire accesso a una diversità di risorse, competenze ed esperienze, ampliando le opzioni disponibili per rispondere ai cambiamenti. I network robusti facilitano anche lo scambio di informazioni cruciali e tendenze emergenti, consentendo un'anticipazione più accurata dei cambiamenti futuri.

Utilizzo dell'Intelligenza Artificiale

- **Sfruttare l'Intelligenza Artificiale per la Previsione:** L'intelligenza artificiale (IA) e il machine learning possono migliorare significativamente la capacità delle organizzazioni di prevedere tendenze di mercato, comportamenti dei consumatori e potenziali rischi. Implementare sistemi basati sull'IA per analizzare grandi volumi di dati può aiutare a identificare modelli

non evidenti all'osservazione umana, facilitando decisioni
strategiche più informate e tempestive.

Approccio Olistico al Benessere

- **Promuovere il Benessere Olistico:** L'adattabilità
  non riguarda solo strategie esterne ma anche la capacità
  interna di affrontare lo stress e il cambiamento. Adottare
  un approccio olistico al benessere che includa la salute
  fisica, mentale ed emotiva può migliorare la resilienza
  individuale. Pratiche come la mindfulness, l'esercizio
  fisico regolare e una dieta equilibrata contribuiscono a
  mantenere l'energia e la chiarezza mentale necessarie per
  navigare efficacemente attraverso i periodi di
  cambiamento.

Feedback Costruttivi e Ascolto Attivo

- **Valutare Continuamente le Strategie attraverso
  Feedback:** L'implementazione di meccanismi di
  feedback costruttivi e l'ascolto attivo sono fondamentali
  per l'adattamento continuo. Questi processi permettono
  di raccogliere e integrare input da diverse fonti, affinando
  le strategie di adattamento per renderle più efficaci. Un
  ambiente che incoraggia la condivisione aperta di
  feedback e l'ascolto attivo promuove l'innovazione
  continua e l'apprendimento organizzativo.

Approfondendo ulteriormente, diventa chiaro che l'adattabilità è
un concetto complesso che si nutre di un ampio spettro di
pratiche e approcci, dalla costruzione di reti estese alla
sperimentazione con tecnologie avanzate, dall'attenzione al
benessere individuale alla valorizzazione del feedback. Questi
elementi, integrati in un approccio coerente e supportati da una
cultura organizzativa agile e aperta al cambiamento, creano le
condizioni ottimali per l'adattamento efficace in un'era di

trasformazioni rapide e spesso imprevedibili. Rafforzando queste capacità, sia a livello individuale che collettivo, si possono affrontare sfide future con fiducia, garantendo la resilienza e il successo a lungo termine in un mondo in costante evoluzione.

Avanzando nell'approfondimento sull'adattabilità, consideriamo l'importanza di un ambiente di lavoro che incoraggi la sperimentazione e l'accettazione del fallimento come parte del processo di apprendimento, l'impiego di strategie di diversificazione per mitigare i rischi in scenari imprevedibili, la valorizzazione della capacità di ascolto per comprendere meglio il contesto esterno e interno, e l'adeguamento delle strategie educative per preparare individui più flessibili e resilienti ai cambiamenti futuri.

Promozione della Sperimentazione e Accettazione del Fallimento

- **Incoraggiare un Clima di Sperimentazione:** Creare un ambiente in cui la sperimentazione è incoraggiata e il fallimento è riconosciuto come una componente essenziale del processo di innovazione e apprendimento può significativamente migliorare l'adattabilità di un'organizzazione. Questo approccio aiuta a superare la paura del rischio, stimola la creatività e permette di esplorare percorsi inesplorati, vitali per trovare nuove soluzioni ai problemi emergenti e per capitalizzare su opportunità inaspettate.

Strategie di Diversificazione

- **Applicare la Diversificazione per Mitigare i Rischi:** Nell'ambito dell'adattabilità, la diversificazione delle attività, dei prodotti o dei servizi offre un meccanismo per ridurre la vulnerabilità agli shock esterni. Espandendo in nuovi mercati, sviluppando linee di prodotto complementari o investendo in diverse aree

di ricerca, le organizzazioni possono creare una rete di
sicurezza che le protegge contro le fluttuazioni di mercato
e le prepara meglio ad affrontare l'incertezza.

Capacità di Ascolto

- **Migliorare la Capacità di Ascolto:** L'abilità di
  ascoltare attivamente non solo le tendenze del mercato
  ma anche i feedback interni dai collaboratori può rivelarsi
  inestimabile nel processo di adattamento. Essere aperti a
  nuove informazioni e disposti a modificare le strategie in
  base ai feedback ricevuti consente alle organizzazioni di
  rimanere agili e responsive, adeguando rapidamente le
  loro azioni in risposta ai cambiamenti dell'ambiente.

Adeguamento delle Strategie Educative

- **Rinnovare l'Educazione per l'Adattabilità:** Nell'era
  del cambiamento continuo, l'educazione e la formazione
  devono evolvere per preparare individui capaci di
  adattarsi rapidamente a nuovi contesti. Questo significa
  non solo fornire conoscenze tecniche ma anche
  sviluppare competenze trasversali come pensiero critico,
  problem solving, gestione dell'incertezza e lavoro di
  squadra. Un approccio educativo che enfatizza
  l'apprendimento continuo e l'autosviluppo prepara
  meglio le persone ad affrontare e prosperare nei
  cambiamenti futuri.

Attraverso questo ulteriore esame, emerge come l'adattabilità
sia sostenuta da un tessuto organizzativo e culturale che
valorizza l'innovazione, la resilienza e la flessibilità. La
promozione della sperimentazione, l'implementazione di
strategie di diversificazione, l'approfondimento delle capacità di
ascolto e l'adeguamento delle politiche educative sono tutti passi
cruciali verso la creazione di individui e organizzazioni capaci di
navigare con successo l'incertezza. Questi principi, integrati in
un approccio strategico all'adattabilità, forniscono le basi per un

continuo sviluppo e innovazione, permettendo di affrontare le sfide presenti e future con una maggiore sicurezza e efficacia.

Mentre continuiamo a esplorare il tema dell'adattabilità, evidenziamo l'importanza di una mentalità orientata al futuro che abbracci il cambiamento come una costante, l'utilizzo di piattaforme collaborative per facilitare l'innovazione condivisa, la necessità di una valutazione ambientale continua per anticipare e reagire ai cambiamenti esterni, e l'importanza di un impegno verso la sostenibilità come fondamento di una strategia adattiva a lungo termine.

Mentalità Orientata al Futuro

- **Abbracciare il Cambiamento come Costante:** Sviluppare una mentalità orientata al futuro, che vede il cambiamento non solo come inevitabile ma come una fonte di opportunità, è essenziale per l'adattabilità. Questa prospettiva incoraggia l'anticipazione attiva delle tendenze e l'elaborazione di strategie che sfruttino le dinamiche di cambiamento a proprio vantaggio, garantendo che l'organizzazione rimanga sempre un passo avanti.

Piattaforme Collaborative per l'Innovazione Condivisa

- **Sfruttare le Piattaforme Collaborative:** L'uso di piattaforme collaborative può significativamente amplificare la capacità di un'organizzazione di innovare e adattarsi. Creando spazi in cui il personale, i partner e talvolta anche i clienti possono condividere idee, conoscenze ed esperienze, si facilita la generazione di soluzioni creative ai problemi emergenti. Questi ambienti di condivisione promuovono un'innovazione diffusa, rendendo più agevole l'identificazione e l'implementazione di strategie adattive.

Valutazione Ambientale Continua

- **Condurre Analisi Ambientali Regolari:** Una valutazione ambientale continua consente alle organizzazioni di rimanere sintonizzate con l'ambiente esterno, identificando tempestivamente le minacce e le opportunità. Questo processo richiede un monitoraggio sistematico dei fattori economici, sociali, tecnologici, ecologici e politici che possono influenzare l'organizzazione, consentendo di anticipare i cambiamenti piuttosto che semplicemente reagire ad essi.

Impegno verso la Sostenibilità

- **Adottare una Visione di Sostenibilità a Lungo Termine:** In un mondo che affronta sfide ambientali senza precedenti, l'integrazione della sostenibilità nelle strategie di adattamento è fondamentale. Un impegno verso pratiche sostenibili non solo risponde alla crescente pressione sociale e normativa ma garantisce anche che l'organizzazione costruisca basi resilienti per il futuro. Concentrandosi su un uso efficiente delle risorse, un impatto ambientale ridotto e una maggiore equità sociale, le organizzazioni possono garantire la loro vitalità e rilevanza nel lungo termine.

Attraverso questo ulteriore approfondimento, diventa chiaro che l'adattabilità è un processo complesso che interseca visione strategica, innovazione collaborativa, consapevolezza ambientale e sostenibilità. Questi elementi, quando integrati in un approccio coeso, non solo permettono di navigare con successo attraverso l'incertezza ma pongono anche le basi per un'evoluzione continua in linea con le esigenze del pianeta e della società. Cultivare una cultura che valori e promuova l'adattabilità, quindi, non è semplicemente una strategia per la sopravvivenza, ma un imperativo per prosperare in un futuro in costante evoluzione.

Concludendo la nostra approfondita esplorazione sull'importanza e le strategie per coltivare l'adattabilità, possiamo affermare che questa competenza transcende la semplice capacità di reagire ai cambiamenti. L'adattabilità rappresenta una qualità fondamentale che abilita individui, organizzazioni e società a non solo sopravvivere ma prosperare in un mondo caratterizzato da rapidi cambiamenti e incertezze crescenti. Le dimensioni chiave di questa competenza includono la predisposizione a una mentalità orientata al futuro, la valorizzazione della collaborazione e dell'innovazione, l'analisi proattiva dell'ambiente, e un impegno costante verso pratiche sostenibili.

Principi Fondamentali per l'Adattabilità

1. **Cultura dell'Innovazione e dell'Apprendimento Continuo:** L'adattabilità richiede una cultura che incentivi la sperimentazione, celebri l'apprendimento derivante dal fallimento e promuova l'innovazione continua. Creare un ambiente in cui la curiosità e la ricerca di nuove conoscenze sono valori fondamentali permette di sviluppare soluzioni creative e di anticipare le sfide future.

2. **Collaborazione e Rete Estesa:** L'interconnessione attraverso reti e partnership strategiche amplifica la capacità di adattamento, fornendo accesso a una diversità di risorse, competenze e prospettive. Le piattaforme collaborative e gli spazi di co-creazione rappresentano strumenti preziosi per catalizzare l'innovazione condivisa.

3. **Analisi Ambientale e Anticipazione:** Un monitoraggio continuo e una valutazione attenta dell'ambiente esterno consentono di individuare tempestivamente opportunità e minacce, rendendo possibile l'anticipazione dei cambiamenti piuttosto che la semplice reazione. L'adozione di strategie basate sull'analisi dei dati e sull'intelligenza artificiale può

migliorare significativamente la precisione di tali
valutazioni.

4. **Sostenibilità e Responsabilità Sociale:**
   L'integrazione della sostenibilità come pilastro delle
   strategie di adattamento garantisce che le azioni odierne
   non compromettano le capacità delle generazioni future
   di soddisfare le proprie esigenze. Un impegno verso
   pratiche responsabili riflette una visione a lungo termine
   essenziale per la resilienza e il successo sostenibile.

Conclusione

L'adattabilità emerge, dunque, come un insieme complesso di
competenze, atteggiamenti e pratiche che insieme formano il
cuore pulsante di una risposta efficace al cambiamento. Essa
implica l'essere proattivi piuttosto che reattivi, innovativi
anziché statici, e visionari invece che conservatori. Attraverso
l'implementazione di queste strategie e principi, individui e
organizzazioni possono trasformare l'incertezza e la volatilità da
sfide da temere a opportunità da cogliere, tracciando percorsi
verso un futuro resiliente e fiorito in un contesto globale in
continua evoluzione.

13. L'arte della guerra psicologica: Tecniche per indebolire gli
avversari mentalmente e strategicamente.

L'arte della guerra psicologica mira a influenzare le percezioni,
le decisioni e i comportamenti degli avversari attraverso vari
mezzi psicologici, senza necessariamente ricorrere alla forza
fisica. Questa forma di conflitto sfrutta la conoscenza della
psicologia umana per creare dubbi, paura, demoralizzazione e
confusione all'interno delle forze opposte, indebolendole
mentalmente e strategicamente. Le tecniche di guerra
psicologica possono essere impiegate in diversi contesti, dal
militare al politico, dall'aziendale al personale, sempre nel

rispetto della legalità e dell'etica. Esaminiamo alcune delle tecniche più comuni.

Disinformazione e Propaganda

- **Diffusione di Informazioni Falsificate o Fuorvianti:** Una tattica comune è la creazione e la diffusione di notizie false o ingannevoli per confondere o ingannare l'avversario, influenzando l'opinione pubblica o le decisioni strategiche. Questa tecnica mira a seminare dubbi e a minare la fiducia nelle fonti di informazione affidabili.

Intimidazione Psicologica

- **Creazione di un Senso di Minaccia Imminente:** L'intimidazione psicologica può essere utilizzata per instillare paura e ansia, spesso esagerando le proprie capacità o intenzioni aggressive. L'obiettivo è indurre l'avversario a sovrastimare la minaccia, portando a decisioni eccessivamente cautelative o alla ritirata.

Demoralizzazione

- **Erosione del Morale e della Coesione Interna:** Attraverso vari mezzi comunicativi, si possono trasmettere messaggi che mirano a demoralizzare le truppe nemiche o i gruppi oppositori, sottolineando le difficoltà, i fallimenti e la futilità della loro causa. Il deterioramento del morale può ridurre la volontà di combattere o resistere.

Sfruttamento delle Divisioni Interne

- **Amplificazione delle Fessure Esistenti:** Identificare e esacerbare le divisioni interne all'interno del gruppo avversario può creare conflitti interni, distrarre e indebolire l'unità dell'opposizione. Questo può includere l'accentuazione delle differenze ideologiche, etniche o di altro tipo.

Operazioni Psicologiche Proattive

- **Preparazione del Terreno per la Propria Agenda:** Le operazioni psicologiche possono anche essere utilizzate per predisporre favorevolmente l'ambiente prima di azioni future, costruendo narrazioni che favoriscano gli obiettivi propri a discapito di quelli dell'avversario, facilitando così il successo di iniziative future.

Importante Nota di Cautela

È cruciale sottolineare che, sebbene queste tecniche possano essere studiate nel contesto della strategia e della psicologia, il loro impiego deve sempre rispettare i principi etici, legali e umanitari. L'uso improprio di tattiche psicologiche può avere conseguenze gravi, inclusi danni psicologici a lungo termine agli individui coinvolti e la perdita di legittimità e supporto a livello più ampio. Pertanto, quando si discute dell'arte della guerra psicologica, è fondamentale considerare non solo l'efficacia delle tecniche ma anche la loro giustizia e le implicazioni etiche del loro utilizzo.

Continuando la riflessione sull'arte della guerra psicologica, ampliamo la discussione esplorando l'importanza della resilienza psicologica come difesa, le strategie di controinformazione per contrastare la disinformazione, l'uso della diplomazia psicologica per influenzare le relazioni internazionali, e il ruolo della percezione pubblica nella guerra psicologica.

Resilienza Psicologica come Difesa

- **Sviluppare la Resilienza Individuale e Collettiva:** Un aspetto fondamentale per contrastare la guerra psicologica è rafforzare la resilienza psicologica degli individui e dei gruppi. Questo include la formazione alla gestione dello stress, la promozione di una forte coesione di gruppo e la costruzione di una solida identità collettiva che possa resistere agli attacchi psicologici. La resilienza aiuta a mantenere un alto morale, anche di fronte a tentativi esterni di demoralizzazione e intimidazione.

Strategie di Controinformazione

- **Contrastare la Disinformazione con Fatti e Chiarezza:** Le strategie efficaci di controinformazione si concentrano sulla rapidità e l'accuratezza nella correzione delle informazioni false e fuorvianti. Stabilire canali di comunicazione affidabili e verificabili aiuta a mantenere la fiducia del pubblico e a limitare l'impatto della propaganda avversaria. La trasparenza e la tempestività nella divulgazione delle informazioni sono cruciali per prevenire la diffusione di narrazioni nemiche.

Diplomazia Psicologica

- **Influenzare Attraverso la Diplomazia Psicologica:** La diplomazia psicologica coinvolge l'uso di comunicazioni strategicamente progettate per influenzare le percezioni e le politiche di altri paesi, senza ricorrere alla forza. Questo può includere il rafforzamento delle relazioni attraverso la cooperazione culturale, la promozione di narrazioni che evidenziano valori e obiettivi condivisi, e l'uso di negoziati per costruire fiducia e comprensione reciproca.

Percezione Pubblica e Supporto

- **Gestire la Percezione Pubblica per Guadagnare Supporto:** Nella guerra psicologica, la battaglia per l'opinione pubblica è spesso altrettanto importante quanto quella sui campi di battaglia fisici. Costruire e mantenere il sostegno pubblico richiede una comunicazione efficace che metta in luce gli obiettivi, i successi e la giustezza della propria causa. La gestione attiva della percezione pubblica attraverso i media e le piattaforme sociali può influenzare significativamente il morale interno e la percezione esterna del conflitto.

Considerazioni Etiche e Umanitarie

- **Priorizzare l'Etica e la Responsabilità Umanitaria:** Mentre si esplorano le tattiche di guerra psicologica, è imperativo agire con un profondo senso di responsabilità etica. Le strategie impiegate devono rispettare i diritti umani e la dignità delle persone coinvolte. La guerra psicologica non deve mai degenerare in manipolazioni che causano danni psicologici o che sfruttano indebitamente vulnerabilità individuali o collettive. La conduzione di operazioni psicologiche deve sempre essere guidata da principi di umanità e giustizia.

In sintesi, mentre la guerra psicologica offre una gamma di tecniche per influenzare e indebolire gli avversari, l'efficacia di tali strategie dipende dalla capacità di equilibrare l'azione offensiva con difese psicologiche robuste, un impegno per la verità e la trasparenza, e un rispetto incondizionato per l'etica e la dignità umana. Coltivare la resilienza, promuovere una comunicazione onesta e trasparente, e mantenere un impegno costante verso principi etici sono fondamentali per navigare il complesso terreno della guerra psicologica in modo responsabile e efficace.

Avanzando ulteriormente nella comprensione dell'arte della guerra psicologica, esploriamo l'importanza della capacità di adattamento delle strategie psicologiche ai diversi contesti culturali e sociali, il potenziale dell'analisi comportamentale per prevedere e influenzare le azioni degli avversari, l'efficacia di creare e mantenere un'immagine pubblica positiva per guadagnare sostegno e legittimità, e l'uso di tecniche di negoziazione e persuasione per ottenere vantaggi strategici senza il ricorso alla forza.

Adattamento Culturale e Sociale

- **Personalizzare le Strategie Psicologiche:** L'efficacia delle operazioni psicologiche dipende in gran parte dalla loro capacità di risuonare con le specificità culturali e sociali dei gruppi target. Questo richiede una comprensione approfondita dei valori, delle norme e delle dinamiche sociali che influenzano le percezioni e i comportamenti. Adattare le tattiche psicologiche per allinearsi a queste sensibilità può aumentare significativamente l'efficacia della comunicazione e l'impatto delle operazioni.

Analisi Comportamentale

- **Utilizzare l'Analisi Comportamentale per Influenzare le Decisioni:** L'applicazione dell'analisi comportamentale per studiare le azioni, le reazioni e i pattern di decisione degli avversari offre preziose intuizioni che possono essere sfruttate per anticipare e influenzare le loro mosse future. Questa conoscenza può guidare lo sviluppo di strategie psicologiche mirate che inducono incertezza, indecisione o errori strategici nell'avversario.

Creazione di un'Immagine Pubblica Positiva

- **Costruire e Mantenere una Buona Reputazione:** Nell'arena della guerra psicologica, l'immagine pubblica di un individuo, di un'organizzazione o di una nazione gioca un ruolo cruciale nel guadagnare sostegno e legittimità. Investire nella costruzione di una reputazione positiva, che enfatizzi valori come l'integrità, la responsabilità e l'umanità, può proteggere e rafforzare la posizione di un gruppo sia a livello nazionale che internazionale, rendendo più difficile per gli avversari indebolire o delegittimare quella posizione attraverso tattiche psicologiche.

Tecniche di Negoziazione e Persuasione

- **Impiegare la Negoziazione e la Persuasione come Strumenti Strategici:** Le tecniche di negoziazione e persuasione offrono metodi efficaci per ottenere risultati desiderati senza l'impiego della forza. Sviluppare competenze avanzate in questi ambiti può facilitare la risoluzione di conflitti, la creazione di alleanze e l'ottenimento di concessioni. La capacità di persuadere e influenzare positivamente gli altri contribuisce alla realizzazione di obiettivi strategici, mantenendo al contempo relazioni costruttive e rispettose.

Incorporando queste ulteriori dimensioni nella nostra analisi, si evidenzia come una guerra psicologica efficace richieda non solo astuzia e strategia, ma anche un profondo rispetto per la complessità umana e culturale. La personalizzazione delle operazioni in base al contesto culturale, l'impiego di analisi comportamentali sofisticate, la costruzione di un'immagine pubblica solida e l'utilizzo etico di negoziazione e persuasione sono tutti aspetti che contribuiscono a una conduzione responsabile ed efficace della guerra psicologica. Questi elementi sottolineano l'importanza di un approccio equilibrato che valorizza l'intelligenza emotiva, la comprensione interculturale e l'etica, garantendo che le tattiche impiegate promuovano non solo gli interessi strategici ma anche i principi di umanità e giustizia.

Dando ulteriore profondità alla discussione sull'arte della guerra psicologica, esaminiamo l'impiego di simulazioni e giochi di guerra per affinare le strategie psicologiche, l'importanza della resilienza e del supporto comunitario come baluardi contro la guerra psicologica avversaria, la potenzialità dell'educazione mediatica per rafforzare la società contro la disinformazione, e l'approccio alla psicologia positiva per potenziare la coesione e il morale all'interno di un gruppo o organizzazione.

Simulazioni e Giochi di Guerra

- **Perfezionamento tramite Simulazioni:** L'uso di simulazioni e giochi di guerra che incorporano elementi di guerra psicologica può offrire ai partecipanti un ambiente sicuro per testare e affinare le strategie psicologiche. Questi esercizi permettono di esplorare l'effetto delle operazioni psicologiche su vari scenari, migliorando la comprensione delle dinamiche di influenza e delle reazioni avversarie, contribuendo così a sviluppare approcci più sofisticati e misurati.

Resilienza e Supporto Comunitario

- **Rafforzare Resilienza e Supporto Comunitario:** La costruzione di una forte rete di supporto comunitario e l'incoraggiamento della resilienza individuale e collettiva sono essenziali per difendersi dagli attacchi psicologici esterni. Programmi di educazione alla resilienza, iniziative di supporto psicologico e la promozione di un senso di appartenenza e identità condivisa possono aiutare a immunizzare una comunità contro le tattiche di demoralizzazione e divisione.

Educazione Mediatica

- **Potenziare con l'Educazione Mediatica:** In un'epoca caratterizzata da una sovrabbondanza di informazioni e dalla pervasività dei media digitali, l'educazione mediatica diventa uno strumento cruciale per difendere la società dalla disinformazione e dalla manipolazione psicologica. Insegnando agli individui come analizzare criticamente i contenuti dei media, riconoscere la propaganda e distinguere tra fonti affidabili e non, si costruisce una cittadinanza più informata e resiliente.

Psicologia Positiva

- **Applicare la Psicologia Positiva:** L'adozione di principi di psicologia positiva può giocare un ruolo significativo nell'incrementare la coesione interna e il morale di un gruppo o di un'organizzazione. Tecniche che promuovono il benessere, la gratitudine, l'ottimismo e la realizzazione personale possono rafforzare il legame tra i membri del gruppo, migliorare la loro capacità di affrontare lo stress e accrescere la loro resilienza complessiva agli effetti psicologici avversi.

Incorporando queste dimensioni aggiuntive, diventa evidente che l'efficacia e l'etica nella guerra psicologica richiedono un approccio olistico che valorizza non solo la sofisticazione strategica ma anche il benessere umano e la resilienza comunitaria. Attraverso la preparazione, l'educazione e la promozione della positività, si possono costruire individui e società capaci di resistere alle strategie psicologiche avversarie e di perseguire i propri obiettivi in modi che siano sia efficaci che rispettosi della dignità e del valore umano. Questo approccio multidimensionale alla guerra psicologica sottolinea l'importanza di una preparazione comprensiva che equipaggi gli individui non solo con le competenze per navigare il campo di battaglia della percezione e dell'opinione ma anche con le risorse per mantenere l'integrità psicologica e morale di fronte a sfide complesse.

Approfondendo ulteriormente l'analisi sull'arte della guerra psicologica, ci addentriamo nella significativa valenza della narrazione e storytelling per plasmare percezioni e atteggiamenti, nell'impiego delle tecnologie emergenti come strumenti di influenza psicologica, nella critica importanza della consapevolezza culturale per aumentare l'efficacia delle operazioni psicologiche, e nell'essenziale ruolo dell'autenticità e della coerenza per mantenere la fiducia e il supporto nel lungo termine.

Narrazione e Storytelling

- **Sfruttare la Potenza della Narrazione:** La capacità di costruire e diffondere narrazioni coinvolgenti che catturano l'immaginazione del pubblico è fondamentale nella guerra psicologica. Attraverso lo storytelling efficace, si possono trasmettere valori, plasmare percezioni e influenzare emotivamente il pubblico. Le storie che risuonano con le esperienze e gli ideali delle persone possono motivare azioni, rafforzare la coesione e legittimare cause o obiettivi.

Tecnologie Emergenti come Strumenti di Influenza

- **Leveraging Tecnologie Emergenti:** L'avanzamento tecnologico offre nuovi vettori per la conduzione della guerra psicologica. Piattaforme di realtà virtuale, algoritmi di intelligenza artificiale capaci di generare contenuti persuasivi su misura, e reti sociali possono essere utilizzati per amplificare messaggi, manipolare percezioni o diffondere disinformazione su larga scala. L'impiego responsabile di queste tecnologie richiede un'etica rigorosa e una comprensione approfondita delle loro potenzialità e dei loro limiti.

Consapevolezza Culturale

- **Valorizzare la Consapevolezza Culturale:** La conoscenza e la comprensione delle specificità culturali del pubblico target sono cruciali per massimizzare l'efficacia delle operazioni psicologiche. La capacità di adattare i messaggi alle norme, ai valori e alle aspettative culturali aumenta la risonanza delle comunicazioni e può prevenire reazioni negative. La sensibilità culturale facilita l'engagement autentico e costruttivo, promuovendo messaggi che vengono percepiti come pertinenti e rispettosi.

Autenticità e Coerenza

- **Mantenere Autenticità e Coerenza:** Per guadagnare e mantenere la fiducia e il supporto nel lungo termine, è essenziale che le operazioni psicologiche siano guidate da principi di autenticità e coerenza. Le incongruenze tra messaggi o tra parole e azioni possono erodere rapidamente la credibilità. Una comunicazione autentica, che rifletta sinceramente gli obiettivi e i valori dell'ente o dell'individuo che la promuove, costruisce relazioni solide e durature con il pubblico.

Integrando questi ulteriori elementi nella nostra esplorazione, diventa evidente che la conduzione efficace della guerra psicologica si basa su un equilibrio tra l'uso innovativo delle tecnologie, una profonda comprensione del contesto culturale e sociale del pubblico target, e un impegno incrollabile verso l'autenticità e l'etica. Questo approccio richiede non solo abilità tecniche e strategiche ma anche una profonda sensibilità umana e morale. L'arte della guerra psicologica, pertanto, trascende la semplice manipolazione delle percezioni per abbracciare un'ampia gamma di competenze comunicative, culturali e tecnologiche, tutte radicate in un profondo rispetto per la dignità umana e l'integrità.

Nell'ulteriore esplorazione dell'arte della guerra psicologica, ci focalizziamo sull'importanza di monitorare e valutare l'impatto delle strategie psicologiche in tempo reale, sull'essenziale necessità di promuovere l'equilibrio emotivo e psicologico tra gli operatori coinvolti in queste operazioni, sull'impiego di strategie di disconnessione per mitigare l'overload informativo e proteggere la propria sanità mentale, e sull'importanza della trasparenza e dell'integrità nelle operazioni per preservare la fiducia e il sostegno a lungo termine.

Monitoraggio e Valutazione in Tempo Reale

- **Analisi dell'Impatto delle Operazioni Psicologiche:** Per ottimizzare l'efficacia delle strategie psicologiche, è critico implementare sistemi di monitoraggio e valutazione che consentano di misurare l'impatto delle azioni in tempo reale. Questo permette di apportare aggiustamenti rapidi basati su feedback quantitativi e qualitativi, garantendo che le tattiche siano sempre allineate con gli obiettivi desiderati e che rispettino i limiti etici.

Equilibrio Emotivo e Psicologico

- **Promuovere la Salute Emotiva degli Operatori:** Coloro che progettano e implementano operazioni psicologiche devono mantenere un forte equilibrio emotivo e psicologico, data la natura spesso stressante e moralmente complessa di queste attività. Programmi di supporto psicologico, formazione sulla gestione dello stress e spazi per la riflessione critica possono aiutare gli operatori a gestire le pressioni emotive e a rimanere efficaci nel loro ruolo.

Strategie di Disconnessione

- **Mitigare l'Overload Informativo:** In un'era di costante bombardamento informativo, l'abilità di disconnettersi strategicamente diventa fondamentale per preservare la propria sanità mentale e capacità critica. Insegnare e praticare strategie di disconnessione consapevole può aiutare gli individui a filtrare le informazioni non essenziali e a concentrarsi su quelle veramente rilevanti per i loro obiettivi.

Trasparenza e Integrità

- **Mantenere la Trasparenza per Preservare la Fiducia:** Anche nelle operazioni psicologiche, la trasparenza riguardo agli obiettivi e all'aderenza ai principi etici è fondamentale per mantenere la fiducia e il sostegno del pubblico a lungo termine. Essere aperti sulle intenzioni, rispettare la verità e agire con integrità contribuisce a costruire relazioni basate sulla fiducia reciproca, elementi indispensabili per il successo sostenibile di qualsiasi campagna.

Attraverso questa ulteriore riflessione, diventa evidente che la guerra psicologica, sebbene incentrata sull'influenzamento delle percezioni o dei comportamenti, richiede un'attenta considerazione dell'impatto emotivo e morale delle proprie azioni, sia sui bersagli che sugli operatori. L'integrazione di strategie di monitoraggio in tempo reale, il sostegno alla salute psicologica, pratiche di disconnessione per gestire l'overload informativo, e un impegno costante verso trasparenza e integrità rafforza non solo l'efficacia ma anche la sostenibilità etica delle operazioni psicologiche. Questi principi sottolineano l'importanza di un approccio olistico e responsabile, che tenga conto delle complesse dinamiche umane e sociali coinvolte nell'arte della guerra psicologica.

Concludendo l'analisi approfondita sull'arte della guerra psicologica, emerge che questa disciplina complessa intreccia la profonda comprensione della psicologia umana con strategie sofisticate di comunicazione e influenza. Per navigare efficacemente il delicato equilibrio tra influenzare le percezioni e mantenere principi etici fondamentali, è essenziale adottare un approccio olistico che consideri l'impatto psicologico, sociale ed emotivo delle operazioni su tutti i coinvolti.

La guerra psicologica, quando condotta con responsabilità e attenzione, può essere uno strumento potente per la difesa, l'influenza positiva e il cambiamento strategico. Tuttavia, per

preservare l'integrità e il sostegno a lungo termine, è
fondamentale:

1. **Monitoraggio e Valutazione Continui:**
   Implementare sistemi che permettano una valutazione in
   tempo reale dell'efficacia delle strategie, garantendo che
   siano adattabili, misurate e allineate con gli obiettivi
   prefissati, pur rispettando i limiti etici.

2. **Salvaguardia dell'Equilibrio Emotivo e
   Psicologico:** Fornire un supporto costante agli operatori
   coinvolti nelle operazioni psicologiche, attraverso
   programmi di benessere e formazione sulla gestione dello
   stress, per garantire che mantengano un equilibrio
   emotivo e morale, essenziale per la conduzione etica delle
   operazioni.

3. **Adozione di Strategie di Disconnessione:**
   Promuovere la pratica della disconnessione consapevole
   per combattere l'overload informativo e preservare la
   capacità critica, permettendo agli individui di rimanere
   focalizzati su obiettivi strategici e informazioni rilevanti.

4. **Impegno verso Trasparenza e Integrità:** Mantenere
   alti standard di trasparenza e integrità nelle operazioni
   psicologiche, comunicando apertamente obiettivi e
   metodi, per costruire e preservare la fiducia del pubblico
   e rafforzare la legittimità dell'azione.

In ultima analisi, la guerra psicologica richiede una riflessione
critica continua e un impegno verso l'innovazione responsabile.
Nell'era dell'informazione globale e della connettività digitale, le
sfide poste dalla manipolazione delle percezioni e dalla
disinformazione sono più pertinenti che mai. Pertanto,
sviluppare capacità di resilienza psicologica, promuovere
l'alfabetizzazione mediatica e costruire una società basata sulla
fiducia, sull'etica e sul rispetto reciproco sono passi essenziali

per mitigare gli effetti negativi e valorizzare le potenzialità positive della guerra psicologica.

Questo approccio, che bilancia sofisticate strategie di influenzamento con un profondo rispetto per l'integrità umana e sociale, non solo eleva l'efficacia delle operazioni psicologiche ma contribuisce anche alla costruzione di un tessuto sociale più resiliente e consapevole, capace di affrontare le sfide del futuro con determinazione, creatività e un'immutabile aderenza ai principi di giustizia e umanità.

14. La pianificazione a lungo termine: L'importanza della visione e della strategia a lungo termine nel gioco del potere.

La pianificazione a lungo termine riveste un ruolo cruciale nel gioco del potere, sia in contesti politici, aziendali, che personali. Avere una visione e una strategia ben delineate per il futuro non solo guida le decisioni e le azioni presenti ma stabilisce anche un percorso chiaro verso il raggiungimento di obiettivi complessi e ambiziosi. Questo approccio strategico permette di anticipare cambiamenti, gestire rischi, sfruttare opportunità emergenti e costruire fondamenta solide per il successo e la sostenibilità a lungo termine.

Visione Strategica

- **Definizione di una Visione Chiara:** La capacità di articolare una visione chiara e convincente per il futuro è fondamentale. Questa visione funge da faro, orientando tutte le azioni e le decisioni strategiche. Permette a individui e organizzazioni di rimanere focalizzati sugli obiettivi a lungo termine, anche di fronte a sfide immediate o distrazioni temporanee.

Pianificazione e Obiettivi a Lungo Termine

- **Stabilire Obiettivi a Lungo Termine:** La definizione di obiettivi specifici, misurabili, raggiungibili, rilevanti e temporali (SMART) è essenziale per tradurre la visione in piani concreti. La pianificazione a lungo termine coinvolge l'identificazione di tappe chiave, l'allocazione di risorse e la definizione di metriche di successo per valutare i progressi nel tempo.

Gestione dei Rischi e Flessibilità

- **Anticipare e Gestire i Rischi:** Una componente critica della pianificazione a lungo termine è l'identificazione proattiva dei potenziali rischi e la preparazione di strategie di mitigazione. Questo richiede flessibilità e adattabilità, poiché gli scenari futuri possono evolvere in modi imprevedibili. Mantenere una certa elasticità nei piani consente di navigare l'incertezza mantenendo la direzione verso gli obiettivi a lungo termine.

Innovazione e Sviluppo Sostenibile

- **Incoraggiare l'Innovazione:** La pianificazione a lungo termine richiede anche un impegno verso l'innovazione e lo sviluppo sostenibile. Esplorare nuove tecnologie, metodologie e approcci può aprire nuove opportunità e vantaggi competitivi. L'innovazione sostenibile garantisce che la crescita e lo sviluppo possano essere mantenuti nel tempo senza esaurire risorse chiave o compromettere il benessere delle generazioni future.

Leadership Visionaria

- **Esercitare una Leadership Visionaria:** La realizzazione di una visione a lungo termine richiede una leadership forte e visionaria, capace di ispirare fiducia, motivare il team e guidare con l'esempio. Le qualità di leadership come la determinazione, la capacità di ascolto e la comunicazione efficace sono indispensabili per mobilitare le risorse e le persone verso la realizzazione degli obiettivi strategici.

In conclusione, la pianificazione a lungo termine nel gioco del potere è un esercizio che richiede visione, strategia, gestione dei rischi, innovazione e leadership. Essa permette di navigare l'incertezza del futuro con una bussola strategica, assicurando che le decisioni prese oggi siano allineate con la direzione desiderata per domani. Attraverso un impegno costante verso la pianificazione e l'adattabilità, individui e organizzazioni possono posizionarsi per il successo a lungo termine, costruendo un'eredità che resista alla prova del tempo e alle fluttuazioni del panorama in cui operano.

Nell'approfondire ulteriormente l'importanza della pianificazione a lungo termine nel gioco del potere, esaminiamo il ruolo critico dell'analisi di scenario per anticipare il futuro, l'essenziale necessità di costruire alleanze strategiche per ampliare l'influenza e la portata, l'importanza della resilienza organizzativa per assorbire e adattarsi ai cambiamenti, e il valore della trasmissione della visione per garantire l'allineamento e il sostegno interni.

Analisi di Scenario

- **Anticipare il Futuro con l'Analisi di Scenario:** L'analisi di scenario è una tecnica fondamentale nella pianificazione a lungo termine che permette di esplorare e prepararsi a diversi futuri possibili. Questo approccio aiuta a comprendere come vari fattori, come cambiamenti tecnologici, evoluzioni politiche o tendenze sociali, potrebbero influenzare gli obiettivi e le strategie. Prepararsi a scenari multipli assicura che le organizzazioni non vengano colte di sorpresa da sviluppi inaspettati e possano adattarsi proattivamente alle nuove circostanze.

Costruzione di Alleanze Strategiche

- **Ampliare Influenza con Alleanze Strategiche:**
  Nell'ambito del potere e della strategia a lungo termine, la
  costruzione di alleanze e partnership strategiche è
  cruciale per ampliare la propria influenza e accedere a
  risorse addizionali. Le alleanze possono offrire vantaggi
  mutui, permettendo ai partner di sfruttare punti di forza
  complementari e creare sinergie. Stabilire relazioni
  durature basate su fiducia e obiettivi comuni rafforza la
  posizione strategica e aumenta la capacità di influenzare
  gli eventi futuri.

Resilienza Organizzativa

- **Sviluppare la Resilienza per Gestire i
  Cambiamenti:** La resilienza organizzativa, ovvero la
  capacità di un'entità di resistere a shock esterni e interni
  e di adattarsi a circostanze in evoluzione, è un pilastro
  della pianificazione a lungo termine. Investire nella
  resilienza attraverso la diversificazione, l'innovazione
  continua, e lo sviluppo delle competenze può preparare le
  organizzazioni a superare le sfide e sfruttare le
  opportunità emergenti, mantenendo la rotta verso gli
  obiettivi a lungo termine.

Trasmissione della Visione

- **Garantire l'Allineamento Interno attraverso la
  Visione:** La trasmissione efficace della visione a lungo
  termine a tutti i livelli dell'organizzazione è fondamentale
  per garantire l'allineamento strategico e il sostegno
  interno. Comunicare chiaramente dove si intende portare
  l'organizzazione e perché, aiuta a motivare i team, a
  chiarire il ruolo di ciascuno nella realizzazione della
  visione e a instillare un senso di appartenenza e di scopo
  condiviso. Questa comunicazione continua rafforza la
  coesione e la dedizione verso gli obiettivi comuni.

Integrando questi elementi nella pianificazione a lungo termine, diventa chiaro che il successo nel gioco del potere richiede non solo una visione chiara e obiettivi ben definiti, ma anche un'approfondita preparazione per gestire l'incertezza, la capacità di forgiare e mantenere alleanze strategiche, lo sviluppo di una solida resilienza organizzativa, e un impegno costante nella trasmissione della visione. Questa approccio multifacettato assicura che, indipendentemente dalle turbolenze esterne, sia possibile mantenere una traiettoria coerente verso la realizzazione di ambizioni a lungo termine, costruendo nel contempo un'eredità duratura che influenzerà positivamente il futuro dell'organizzazione e il contesto in cui opera.

Proseguendo nell'esplorazione della pianificazione a lungo termine e della sua importanza nel gioco del potere, approfondiamo l'enfasi sull'apprendimento organizzativo come mezzo per adattarsi ai cambiamenti del mercato e del contesto sociale, l'utilità di un approccio olistico alla sostenibilità per garantire il successo futuro, l'importanza del coinvolgimento degli stakeholder nel processo decisionale per rafforzare il supporto e l'engagement, e l'impiego di tecnologie avanzate per migliorare la capacità predittiva e la pianificazione strategica.

Apprendimento Organizzativo

- **Fomentare l'Apprendimento Continuo:** L'apprendimento organizzativo permette alle entità di assorbire conoscenze, competenze e innovazioni che possono trasformare internamente la struttura, la cultura e le strategie. Promuovendo una cultura che valuta la curiosità, l'esperimentazione e la riflessione critica, le organizzazioni possono adattarsi più rapidamente ai cambiamenti ambientali e tecnologici, sfruttando nuove opportunità e mitigando rischi emergenti.

Approccio Olistico alla Sostenibilità

- **Integrare la Sostenibilità nelle Strategie a Lungo Termine:** Un approccio olistico alla sostenibilità, che consideri fattori economici, ambientali e sociali, è essenziale per garantire la vitalità e la resilienza a lungo termine di un'organizzazione. Tale approccio assicura che la pianificazione non solo persegua il successo finanziario ma si impegni anche a ridurre l'impatto ambientale e a contribuire positivamente alla società. Questo non solo aumenta la legittimità e il sostegno pubblico ma apre anche la strada a un vantaggio competitivo sostenibile.

Coinvolgimento degli Stakeholder

- **Valorizzare il Coinvolgimento degli Stakeholder:** Integrare gli stakeholder nel processo decisionale e nella definizione della visione a lungo termine può arricchire la pianificazione con prospettive diverse e assicurare che gli interessi e le preoccupazioni di tutte le parti siano considerati. Il coinvolgimento attivo degli stakeholder costruisce fiducia, rafforza le relazioni e può facilitare l'allineamento degli obiettivi, aumentando così le probabilità di successo delle iniziative strategiche.

Tecnologie Avanzate per la Pianificazione

- **Sfruttare le Tecnologie per la Pianificazione e la Previsione:** L'adozione di tecnologie avanzate, come l'intelligenza artificiale, l'analisi predittiva e le piattaforme di big data, può migliorare significativamente la capacità delle organizzazioni di anticipare tendenze future e di adattare le strategie di conseguenza. Questi strumenti offrono analisi dettagliate e insight che possono informare decisioni strategiche, ottimizzando la pianificazione a lungo termine in contesti complessi e rapidamente mutevoli.

Quest'ulteriore approfondimento sottolinea che la pianificazione a lungo termine nel gioco del potere trascende la semplice definizione di obiettivi futuri; richiede un impegno verso l'apprendimento continuo, la sostenibilità, il coinvolgimento attivo degli stakeholder e l'adozione di tecnologie avanzate. Questi elementi contribuiscono a costruire organizzazioni resilienti, capaci di navigare l'incertezza e di sfruttare proattivamente le opportunità emergenti. In definitiva, l'abilità di pianificare con successo a lungo termine dipende dalla capacità di anticipare e modellare il futuro, piuttosto che semplicemente reagire agli eventi, posizionando strategicamente l'organizzazione per il successo sostenibile nel complesso gioco del potere.

Mentre ulteriormente approfondiamo l'importanza della pianificazione a lungo termine nel gioco del potere, esaminiamo il ruolo dell'agilità strategica nell'adattamento ai cambiamenti repentini del mercato, l'importanza di coltivare un ecosistema innovativo che alimenti il progresso continuo, la necessità di un impegno profondo verso l'etica e la responsabilità sociale per costruire una solida reputazione, e l'uso della modellazione e della simulazione per esplorare scenari futuri e valutare l'impatto delle decisioni strategiche.

Agilità Strategica

- **Adottare l'Agilità come Principio Guida:** Nella pianificazione a lungo termine, l'agilità strategica diventa essenziale per navigare con successo in un ambiente in rapido cambiamento. Questo approccio richiede la capacità di rimanere flessibili, di reagire rapidamente a nuove informazioni e di rivedere le strategie in risposta a dinamiche di mercato impreviste. L'agilità consente alle organizzazioni di mantenere una direzione coerente verso gli obiettivi a lungo termine, pur essendo capaci di adattarsi e sfruttare opportunità emergenti.

Ecosistema Innovativo

- **Favorire un Ecosistema che Sostiene l'Innovazione:** Per assicurare la crescita e la rilevanza nel lungo termine, le organizzazioni devono coltivare un ecosistema che promuova l'innovazione continua. Ciò implica la creazione di un ambiente in cui la sperimentazione è incoraggiata, le idee possono fiorire e il fallimento è visto come un'opportunità di apprendimento. Investire in ricerca e sviluppo, collaborare con start-up, istituti di ricerca e altre organizzazioni può arricchire l'ecosistema innovativo e accelerare il progresso.

Etica e Responsabilità Sociale

- **Impegnarsi in Pratiche Etihe e Responsabili:** La reputazione di un'organizzazione è un asset cruciale che può essere significativamente influenzato dalla percezione del suo impegno verso l'etica e la responsabilità sociale. Nel contesto della pianificazione a lungo termine, adottare pratiche di business etiche, promuovere la sostenibilità ambientale e impegnarsi attivamente nel benessere sociale non solo rafforza la reputazione ma apre anche la strada a relazioni più solide con i clienti, gli stakeholder e la comunità.

Modellazione e Simulazione

- **Utilizzare Modellazione e Simulazione per Esplorare il Futuro:** La tecnologia di modellazione e simulazione offre potenti strumenti per la pianificazione a lungo termine, permettendo alle organizzazioni di visualizzare e analizzare l'impatto potenziale delle loro decisioni strategiche in scenari futuri. Questi strumenti possono aiutare a identificare rischi e opportunità, ottimizzare le risorse e sviluppare piani di contingenza, rendendo la pianificazione più informata e resiliente ai cambiamenti.

Attraverso questo ulteriore approfondimento, emerge chiaramente che la pianificazione a lungo termine nel contesto del gioco del potere richiede un bilanciamento tra visione e flessibilità, innovazione e etica, oltre che l'uso strategico della tecnologia per anticipare e plasmare il futuro. Creare una cultura che valorizza l'agilità, nutrire un ecosistema che sostiene l'innovazione, impegnarsi per l'integrità e utilizzare strumenti avanzati di previsione sono tutti passi fondamentali verso il successo sostenibile e l'influenza duratura. Questo impegno multidimensionale assicura che le organizzazioni non solo sopravvivano ma prosperino, adattandosi e guidando il cambiamento in un mondo in continua evoluzione.

Proseguendo nell'esplorazione della pianificazione a lungo termine e del suo impatto nel gioco del potere, esaminiamo la significatività di coltivare una cultura organizzativa resiliente che possa supportare e abbracciare la visione a lungo termine, l'importanza di un continuo monitoraggio dell'ambiente esterno per anticipare le tendenze emergenti e i cambiamenti nei bisogni della società, la necessità di mantenere una comunicazione efficace e trasparente con tutti gli stakeholder per costruire fiducia e allineamento, e l'impiego di approcci decisionali basati sui dati per guidare le strategie a lungo termine.

Cultura Organizzativa Resiliente

- **Sviluppare una Cultura che Supporta la Visione:** Una cultura organizzativa forte e resiliente è fondamentale per sostenere gli sforzi di pianificazione a lungo termine. Questa cultura dovrebbe valorizzare l'adattabilità, il coraggio di intraprendere rischi calcolati e la capacità di apprendere dai fallimenti. Creare un ambiente in cui i membri del team si sentono supportati nell'esplorazione di nuove idee e nella sperimentazione può accelerare l'innovazione e il raggiungimento degli obiettivi a lungo termine.

Monitoraggio dell'Ambiente Esterno

- **Anticipare Cambiamenti e Tendenze:** Il successo della pianificazione a lungo termine dipende in larga misura dalla capacità di anticipare e rispondere ai cambiamenti nell'ambiente esterno. Un monitoraggio continuo dei fattori politici, economici, sociali, tecnologici, ambientali e legali (PESTEL) consente alle organizzazioni di rilevare precocemente le tendenze emergenti, adattando le loro strategie per sfruttare nuove opportunità o mitigare potenziali rischi.

Comunicazione Efficace e Trasparente

- **Mantenere un Dialogo Aperto con gli Stakeholder:** Una comunicazione efficace e trasparente è cruciale per assicurare l'allineamento e il sostegno degli stakeholder alla visione e alla strategia a lungo termine. Informare regolarmente gli stakeholder sui progressi, sui cambiamenti nei piani e sulle ragioni dietro alle decisioni strategiche aiuta a costruire fiducia e a garantire che ci sia un supporto ampio e consapevole per le iniziative intraprese.

Decisioni Basate sui Dati

- **Guidare le Strategie con Dati Affidabili:** L'uso di dati e analisi affidabili per informare la pianificazione e le decisioni strategiche a lungo termine migliora l'accuratezza e l'efficacia delle azioni intraprese. Sistemi avanzati di business intelligence e analisi predittiva possono fornire insight preziosi sui pattern di mercato, sul comportamento dei consumatori e sulle performance interne, consentendo decisioni più informate e strategie meglio focalizzate.

Continuando a integrare questi principi nella pianificazione a lungo termine, emerge la complessità di bilanciare visione e adattabilità, anticipazione e azione. Una cultura organizzativa resiliente, il monitoraggio proattivo dell'ambiente esterno, una comunicazione aperta e basata sulla fiducia, e un approccio decisionale informato dai dati costituiscono i pilastri su cui costruire una strategia efficace per navigare il gioco del potere. Questi elementi, insieme, forniscono una robusta fondazione per realizzare la visione a lungo termine, permettendo alle organizzazioni di prosperare in un ambiente in continuo cambiamento e di mantenere una posizione di leadership e influenza sostenibile nel tempo.

Mentre continuiamo ad approfondire il tema della pianificazione a lungo termine nel contesto del gioco del potere, diventa evidente l'importanza di integrare la capacità di pensiero critico e analitico nell'elaborazione delle strategie, di costruire una flessibilità intrinseca nei piani a lungo termine per accomodare l'evoluzione dei contesti e delle priorità, di enfatizzare l'importanza della leadership etica e della governance responsabile come fondamenti di ogni decisione strategica, e di esplorare l'adozione di pratiche di sostenibilità ambientale e sociale come pilastri centrali delle strategie future.

Capacità di Pensiero Critico e Analitico

- **Cultivare il Pensiero Critico per Strategie Informed:** La capacità di applicare il pensiero critico e analitico è vitale per sfidare le ipotesi esistenti, valutare la validità delle informazioni e identificare correlazioni e pattern non ovvi. Queste competenze consentono di navigare attraverso la complessità e l'ambiguità dei contesti moderni, formulando strategie a lungo termine che siano resilienti, innovative e informate.

Flessibilità nei Piani a Lungo Termine

- **Integrare la Flessibilità per Sostenere l'Adattabilità:** Mentre la visione e gli obiettivi a lungo termine forniscono una direzione, è essenziale costruire nei piani una flessibilità intrinseca. Questo permette di adattarsi rapidamente a cambiamenti imprevisti senza perdere di vista gli obiettivi finali. La flessibilità strategica aiuta le organizzazioni a rimanere agili e a sfruttare le opportunità emergenti, pur affrontando efficacemente le sfide.

Leadership Etica e Governance Responsabile

- **Promuovere l'Etica e la Responsabilità nella Leadership:** Una leadership che dimostra integrità, trasparenza e responsabilità è fondamentale per guadagnare e mantenere la fiducia degli stakeholder. L'etica e la governance responsabile non solo rafforzano la legittimità e la reputazione dell'organizzazione ma servono anche come guida morale per le decisioni strategiche, assicurando che le azioni intraprese siano in linea con valori condivisi e principi di giustizia sociale.

Sostenibilità Ambientale e Sociale

- **Adottare la Sostenibilità come Pillare Strategico:** L'integrazione di pratiche di sostenibilità ambientale e sociale nelle strategie a lungo termine non è più un'opzione ma una necessità. L'impegno verso la sostenibilità non solo affronta le crescenti preoccupazioni globali riguardanti il cambiamento climatico e le disuguaglianze ma contribuisce anche a costruire un vantaggio competitivo sostenibile, migliorando la resilienza dell'organizzazione e promuovendo un impatto positivo sulla società e sull'ambiente.

Quest'ulteriore riflessione evidenzia che la pianificazione a lungo termine nel gioco del potere richiede un equilibrio tra visione strategica e responsabilità etica, tra adattabilità e obiettivi chiari, e tra successo organizzativo e contributo sociale. La capacità di integrare questi diversi aspetti in un quadro coerente di pianificazione strategica permette di affrontare con successo le sfide future, garantendo che le organizzazioni non solo sopravvivano ma prosperino, creando valore duraturo per tutti gli stakeholder e per la società nel suo complesso.

Approfondendo ulteriormente l'importanza della pianificazione a lungo termine nel contesto del gioco del potere, esploriamo la cruciale necessità di un impegno verso l'apprendimento continuo e l'auto-sviluppo, il potenziale offerto dall'intelligenza collettiva e dalla collaborazione transdisciplinare, l'essenziale ruolo della resilienza psicologica nel fronteggiare l'incertezza e il fallimento, e l'importanza di pratiche di comunicazione interna ed esterna che siano sia inclusive che differenziate.

Impegno verso l'Apprendimento Continuo

- **Prioritizzare l'Auto-Sviluppo:** Nella dinamica del potere e della strategia a lungo termine, l'impegno individuale e organizzativo verso l'apprendimento continuo è indispensabile. La capacità di rimanere informati sulle ultime tendenze, teorie e competenze non solo consente di adattarsi ai cambiamenti ma promuove anche l'innovazione interna. Programmi di formazione, workshop e incentivi per l'educazione continua sono strumenti efficaci per coltivare una cultura dell'apprendimento.

Intelligenza Collettiva e Collaborazione

- **Valorizzare l'Intelligenza Collettiva:** La pianificazione a lungo termine trae beneficio significativo dall'integrazione di diverse prospettive e competenze, che si traduce nell'intelligenza collettiva. Promuovere la collaborazione transdisciplinare all'interno delle organizzazioni, e persino tra diversi settori, può portare a soluzioni innovative e a strategie più robuste e inclusive. La creazione di reti di collaborazione e la condivisione delle conoscenze sono fondamentali per sfruttare al meglio il potenziale collettivo.

Resilienza Psicologica

- **Costruire la Resilienza Psicologica:** La pianificazione a lungo termine implica inevitabilmente affrontare l'incertezza e, talvolta, il fallimento. Sviluppare la resilienza psicologica, la capacità di affrontare lo stress, le avversità e i cambiamenti imprevisti, è cruciale per mantenere la determinazione e la positività. Offrire supporto psicologico, promuovere pratiche di benessere mentale e creare un ambiente che accoglie l'apprendimento dagli errori contribuiscono a costruire questa resilienza individuale e collettiva.

Comunicazione Inclusiva e Differenziata

- **Implementare Strategie di Comunicazione Efficaci:** La comunicazione gioca un ruolo centrale nella pianificazione a lungo termine, sia internamente che nelle relazioni esterne. Adottare approcci di comunicazione che siano inclusivi, tenendo conto della diversità dei pubblici e delle loro necessità, e allo stesso tempo differenziati, per garantire che i messaggi siano rilevanti e impegnativi per specifici gruppi, è fondamentale per costruire allineamento, fiducia e sostegno per la visione e gli obiettivi a lungo termine.

Attraverso questo ulteriore esame, diventa chiaro che la pianificazione a lungo termine nel gioco del potere richiede una sintesi di impegno costante verso l'apprendimento e l'innovazione, l'utilizzo dell'intelligenza collettiva attraverso la collaborazione, il rafforzamento della resilienza psicologica e lo sviluppo di capacità comunicative sofisticate. Questi elementi, integrati in un quadro strategico ben ponderato, preparano le organizzazioni a navigare con successo l'incertezza, a capitalizzare le opportunità emergenti e a costruire un vantaggio sostenibile nel tempo, garantendo al contempo che rimangano radicate nei principi di etica, responsabilità e inclusività.

La pianificazione a lungo termine nel contesto del gioco del potere è un'arte sofisticata che richiede una sintesi di visione strategica, capacità analitica, flessibilità e un impegno profondo verso principi etici e di sostenibilità. Essa non si limita semplicemente alla definizione di obiettivi futuri, ma incorpora la comprensione profonda che il successo e l'influenza a lungo termine dipendono dalla capacità di anticipare cambiamenti, adattarsi a scenari imprevisti, e guidare con integrità e responsabilità.

Visione e Strategia Olistiche

Una pianificazione efficace a lungo termine inizia con lo sviluppo di una visione olistica che allinea gli obiettivi strategici agli imperativi etici e ai valori fondamentali. Questa visione guida non solo le decisioni immediate, ma illumina il percorso verso il conseguimento di ambizioni più grandi, assicurando che ogni azione contribuisca alla costruzione di un futuro desiderato.

Anticipazione e Flessibilità

La capacità di anticipare tendenze future, sia attraverso l'analisi di scenario che mediante la monitorizzazione attenta dell'ambiente esterno, permette alle organizzazioni di prepararsi e, quando necessario, di pionierare il cambiamento. Tuttavia, l'incertezza intrinseca richiede una flessibilità strategica, che consente di adattarsi rapidamente, sfruttando opportunità emergenti e mitigando rischi inattesi.

Innovazione e Collaborazione

La pianificazione a lungo termine beneficia enormemente dall'innovazione continua e dalla collaborazione transdisciplinare. Creare un ecosistema che promuova l'apprendimento organizzativo, l'intelligenza collettiva e la sperimentazione apre la strada a soluzioni rivoluzionarie e strategie resilienti. L'adozione di tecnologie avanzate può amplificare ulteriormente queste capacità, offrendo nuove modalità per navigare e plasmare il futuro.

Etica, Responsabilità e Sostenibilità

Un impegno incrollabile verso l'etica, la responsabilità sociale e la sostenibilità è cruciale. Questi principi non solo rafforzano la legittimità e la reputazione dell'organizzazione ma garantiscono anche che la sua influenza e il suo successo siano costruiti su fondamenta giuste e durature. La leadership deve incarnare questi valori, promuovendo pratiche che rispettino l'ambiente, contribuiscano positivamente alla società e mantengano alti standard di integrità.

Comunicazione Strategica

Infine, una comunicazione efficace e trasparente con tutti gli stakeholder è fondamentale per garantire allineamento e sostegno. Strategie di comunicazione che siano inclusive, differenziate e basate su principi di autenticità e trasparenza costruiscono fiducia e facilitano un dialogo costruttivo che può arricchire ulteriormente la pianificazione a lungo termine.

In sintesi, la pianificazione a lungo termine nel gioco del potere richiede una visione complessiva che abbracci il cambiamento come un'opportunità, una cultura che valorizzi l'innovazione e l'apprendimento, un impegno verso la sostenibilità e l'etica, e l'abilità di comunicare e collaborare efficacemente. Questi elementi, integrati all'interno di un approccio strategico ben considerato, posizionano le organizzazioni per non solo sopravvivere ma prosperare in un ambiente in continuo cambiamento, garantendo un impatto positivo e durevole nel tempo.

15. La legge della reciprocità: Come il dare e ricevere influisce sulle dinamiche di potere.

La legge della reciprocità è un principio fondamentale nelle dinamiche di potere e nelle relazioni sociali, che sostiene che le azioni di dare e ricevere creano un ciclo di obbligazioni reciproche, influenzando comportamenti, decisioni e posizioni di autorità. Questo principio, radicato nella psicologia sociale, dimostra che le persone tendono a sentirsi obbligate a ricambiare ciò che hanno ricevuto, creando un tessuto di doveri e gratitudine che può essere sfruttato strategicamente in vari contesti, dall'ambito personale a quello aziendale e politico.

Meccanismi Psicologici della Reciprocità

Il senso di obbligo generato dalla ricezione di un favore o di un dono è profondamente radicato nella psicologia umana. Questa inclinazione non solo promuove la cooperazione e il mantenimento di relazioni armoniose ma funge anche da meccanismo di regolazione sociale che favorisce l'equità e la giustizia. Nelle dinamiche di potere, la capacità di elicitare reciprocità può essere utilizzata per costruire alleanze, guadagnare favore e influenzare decisioni.

Strategie di Impiego della Reciprocità

- **Donazioni mirate:** Offrire risorse, supporto o favori in modo strategico può creare un senso di debito, che può essere poi capitalizzato in momenti chiave. Questo approccio richiede una comprensione profonda dei bisogni e dei desideri degli altri, così come un'attenta considerazione del timing e del contesto.

- **Concessioni reciproche nelle negoziazioni:** In un contesto di negoziazione, fare la prima mossa offrendo una concessione può incoraggiare una risposta simile dalla controparte, facilitando un accordo mutuamente vantaggioso. Questo utilizzo della reciprocità sfrutta il desiderio innato di equilibrio e giustizia nelle interazioni.

Implicazioni Etiche della Reciprocità

Sebbene la legge della reciprocità possa essere un potente strumento nelle dinamiche di potere, la sua applicazione richiede un'attenta riflessione etica. L'uso manipolativo di questo principio può ledere la fiducia e danneggiare le relazioni a lungo termine. Pertanto, è fondamentale che le strategie di reciprocità siano impiegate con integrità, trasparenza e nel rispetto degli altri.

Reciprocità e Costruzione di Comunità

Oltre alla sua applicazione nelle relazioni di potere, la reciprocità gioca un ruolo cruciale nella costruzione di comunità coese e solidali. Promuovendo un circolo virtuoso di dare e ricevere, le comunità possono rafforzare i legami sociali, migliorare il benessere collettivo e affrontare più efficacemente le sfide comuni. In questo senso, la reciprocità diventa una pietra angolare per lo sviluppo sostenibile e l'armonia sociale.

In conclusione, la legge della reciprocità è una leva potente nelle dinamiche di potere, che, se applicata con saggezza ed etica, può promuovere relazioni positive, influenzare i risultati desiderati e contribuire alla costruzione di comunità più forti e resilienti. La comprensione e il rispetto di questo principio possono quindi arricchire le strategie di leadership, migliorare le interazioni interpersonali e rafforzare i tessuti sociali.

Approfondendo ulteriormente il concetto della legge della reciprocità e il suo impatto sulle dinamiche di potere, esaminiamo come la personalizzazione e l'attenzione ai dettagli nel dare possano amplificare l'effetto della reciprocità, il ruolo della reciprocità nella creazione di una cultura organizzativa positiva, come la tecnologia può essere sfruttata per facilitare scambi reciprocamente vantaggiosi su larga scala e l'importanza della tempistica nell'attivare la reciprocità in modo efficace.

Personalizzazione nel Dare

- **Amplificare l'Impatto con la Personalizzazione:** L'efficacia della reciprocità può essere notevolmente aumentata quando il dono o il favore è personalizzato per soddisfare le specifiche esigenze o desideri della persona che lo riceve. Questo livello di attenzione e cura non solo mostra un'autentica considerazione per l'altro ma può anche creare un legame emotivo più forte, rendendo il senso di obbligo a ricambiare ancora più potente.

Cultura Organizzativa Positiva

- **Fondare la Cultura Organizzativa sulla Reciprocità:** Nelle organizzazioni, promuovere una cultura basata sulla reciprocità può avere effetti trasformativi. Quando i dipendenti e i leader praticano regolarmente il dare e il ricevere, si crea un ambiente di lavoro più collaborativo, solidale e positivo. Questo può portare a maggiore soddisfazione lavorativa, lealtà e produttività, contribuendo al successo organizzativo a lungo termine.

Tecnologia e Reciprocità

- **Sfruttare la Tecnologia per Scambi Vantaggiosi:** L'evoluzione tecnologica offre nuove piattaforme e strumenti per facilitare la reciprocità su larga scala. Dalle piattaforme di crowdfunding che permettono agli utenti di supportare reciprocamente progetti e iniziative, alle reti sociali che facilitano la condivisione di risorse e competenze, la tecnologia può amplificare gli scambi reciprocamente vantaggiosi, collegando persone altrimenti impossibilitate a interagire.

L'Importanza della Tempistica

- **Tempistica nel Ricambiare:** La tempistica gioca un ruolo cruciale nell'efficacia della reciprocità. Un ricambio tempestivo può rafforzare i legami e consolidare la fiducia, mentre un ritardo eccessivo potrebbe attenuare il senso di obbligazione o, peggio, trasmettere disinteresse o ingratitudine. Essere consapevoli della tempistica ottimale per ricambiare un favore o un dono è quindi fondamentale per massimizzare l'impatto positivo della reciprocità.

Continuando ad esplorare la legge della reciprocità e il suo ruolo nelle dinamiche di potere e nelle relazioni sociali, diventa evidente che questo principio, quando applicato con considerazione, rispetto e tempismo adeguato, può servire come una potente leva per costruire relazioni positive, promuovere la collaborazione e rafforzare i legami comunitari. La capacità di implementare strategicamente la reciprocità, tenendo conto delle sfumature personali, culturali e contestuali, non solo può migliorare le dinamiche interpersonali e organizzative ma può anche contribuire a costruire una società più connessa e solidale.

Proseguendo nella disamina della legge della reciprocità e del suo impatto sulle dinamiche di potere, esaminiamo l'importanza di stabilire un equilibrio nella reciprocità per prevenire squilibri di potere, l'utilizzo della reciprocità in contesti digitali e virtuali per creare comunità online coese, l'impatto della reciprocità sulla lealtà del cliente e sulla costruzione del marchio, e l'effetto della trasparenza e della genuinità nell'offrire e ricevere per rafforzare le relazioni a lungo termine.

Equilibrio nella Reciprocità

- **Mantenere l'Equilibrio per Evitare Squilibri di Potere:** È fondamentale bilanciare attentamente gli atti di dare e ricevere per evitare la creazione di squilibri di potere che potrebbero portare a dinamiche relazionali non salutari. Un eccesso di donazioni non reciprocate può portare a sentimenti di indebitamento opprimente o a relazioni unilaterali. Pertanto, è cruciale per le parti mantenere un equilibrio che rispetti la dignità e l'autonomia di entrambi.

Reciprocità nel Digitale

- **Sfruttare la Reciprocità nelle Comunità Online:** Nell'era digitale, la reciprocità si estende oltre le interazioni fisiche, influenzando anche le comunità virtuali. Piattaforme che incoraggiano la condivisione di conoscenze, l'aiuto reciproco e il supporto tra gli utenti possono creare legami forti e promuovere un senso di appartenenza. La reciprocità digitale può favorire la coesione della comunità e la collaborazione, essenziale per il successo di iniziative online.

Reciprocità e Lealtà del Cliente

- **Impatto sulla Lealtà del Cliente e Costruzione del Marchio:** Nelle relazioni commerciali, la reciprocità gioca un ruolo chiave nella costruzione della lealtà del cliente. Aziende che vanno oltre le aspettative, offrendo valore aggiunto ai clienti senza aspettarsi immediatamente qualcosa in cambio, possono instaurare relazioni più profonde e durature. Questi atti possono variare da omaggi, servizi post-vendita eccellenti, a programmi di fidelizzazione innovativi, tutti strumenti potenti per rafforzare l'identità del marchio e il coinvolgimento dei clienti.

Trasparenza e Genuinità

- **La Forza della Trasparenza e della Genuinità:**
  Nell'attuare la legge della reciprocità, la trasparenza e la
  genuinità degli atti di dare sono cruciali per costruire
  fiducia e rispetto reciproco. Le azioni che sono percepite
  come manipolative o puramente autointeressate possono
  erodere la fiducia e indebolire i legami. Invece, quando le
  persone e le organizzazioni agiscono con sincerità,
  rafforzano le relazioni e promuovono una reciprocità
  salutare e sostenibile.

Questo ulteriore approfondimento sottolinea che, per
massimizzare l'efficacia della reciprocità nelle dinamiche di
potere e nelle relazioni sociali, è necessario un approccio
ponderato che valorizzi l'equilibrio, l'autenticità e la costruzione
positiva della comunità. Attraverso la considerazione delle
dinamiche interpersonali e digitali, e l'impegno a costruire
relazioni basate sulla genuinità e sulla trasparenza, individui e
organizzazioni possono utilizzare la legge della reciprocità non
solo per navigare efficacemente nel gioco del potere, ma anche
per contribuire alla creazione di società più coese, etiche e
solidali.

Proseguendo nell'analisi della legge della reciprocità e del suo
impatto sulle dinamiche di potere, ci addentriamo
nell'importanza di costruire relazioni a lungo termine basate
sulla fiducia reciproca, nell'esplorazione delle dinamiche di
reciprocità nelle reti professionali, nell'efficacia della reciprocità
nel contesto del marketing di contenuto e nei social media, e
nell'impiego della reciprocità nella gestione delle crisi e nella
negoziazione per risolvere i conflitti.

Costruzione di Relazioni Basate sulla Fiducia

- **Fondare le Interazioni sulla Fiducia Reciproca:**
  Le relazioni durature e significative, sia nel contesto
  personale che professionale, si basano su una solida
  fondazione di fiducia reciproca. La reciprocità gioca un
  ruolo cruciale in questo processo, poiché gli atti di

generosità e il sostegno reciproco dimostrano affidabilità e buona volontà. L'investimento in relazioni basate sulla fiducia reciproca può portare a una rete di supporto solida, essenziale nei momenti di necessità e per il raggiungimento di obiettivi condivisi.

Reciprocità nelle Reti Professionali

- **Valorizzare la Reciprocità nelle Reti Professionali:** Nelle reti professionali, la reciprocità può servire come strumento potente per lo sviluppo della carriera e il successo aziendale. Offrendo mentoriato, condividendo opportunità o fornendo supporto senza aspettarsi un immediato ritorno, si possono creare legami professionali profondi. Queste dinamiche di supporto reciproco non solo arricchiscono la comunità professionale ma aprono anche la strada a future collaborazioni e opportunità.

Marketing di Contenuto e Social Media

- **Sfruttare la Reciprocità nel Marketing Digitale:** Nel contesto del marketing di contenuto e dei social media, la legge della reciprocità può essere un potente motore di engagement e di fidelizzazione della clientela. Offrendo contenuti di valore, come consigli utili, tutorial o insight esclusivi, gratuitamente, le aziende possono instillare nei consumatori il desiderio di ricambiare, che si traduce spesso in lealtà al marchio, condivisioni sociali e acquisti.

Gestione delle Crisi e Negoziazione

- **Applicare la Reciprocità nella Risoluzione dei Conflitti:** Nella gestione delle crisi e nelle negoziazioni, la reciprocità può facilitare la ricerca di soluzioni pacifiche e reciprocamente vantaggiose. Mostrando disponibilità a fare concessioni o a comprendere la posizione dell'altro, si possono abbattere le barriere alla comunicazione e costruire un terreno comune. Questo approccio non solo può risolvere i conflitti più efficacemente ma può anche trasformare le relazioni avversarie in collaborazioni produttive.

Attraverso questa ulteriore riflessione, diventa evidente che la reciprocità è un principio fondamentale che permea molti aspetti delle interazioni umane e delle strategie organizzative, influenzando positivamente la costruzione di relazioni, lo sviluppo professionale, le strategie di marketing e la risoluzione dei conflitti. Quando applicata con intenzione, considerazione e autenticità, la legge della reciprocità non solo arricchisce le dinamiche di potere ma promuove anche un tessuto sociale e professionale più coeso, etico e sostenibile. Le pratiche di reciprocità, pertanto, dovrebbero essere coltivate con cura e intelligenza strategica per massimizzare il loro potenziale benefico nelle relazioni interpersonali, nel contesto aziendale e oltre.

Mentre continuiamo ad esplorare la profondità e la versatilità della legge della reciprocità nelle dinamiche di potere, approfondiamo l'importanza della sostenibilità delle pratiche di reciprocità, l'effetto della reciprocità sulla cultura organizzativa e l'innovazione, le sfide e le opportunità legate alla reciprocità in contesti multiculturali, e l'impiego della reciprocità per rafforzare la responsabilità sociale aziendale (CSR) e l'impegno comunitario.

Sostenibilità delle Pratiche di Reciprocità

- **Assicurare la Sostenibilità nel Lungo Termine:** Implementare pratiche di reciprocità che siano sostenibili nel tempo richiede una pianificazione attenta e una valutazione continua delle risorse disponibili. Questo assicura che gli atti di dare e ricevere possano essere mantenuti senza sovraccaricare le capacità individuali o organizzative, preservando così la vitalità delle relazioni e il benessere delle parti coinvolte.

Reciprocità e Cultura Organizzativa

- **Promuovere l'Innovazione tramite la Cultura di Reciprocità:** Una cultura organizzativa che enfatizza la reciprocità può significativamente influenzare l'innovazione e la creatività. Creando un ambiente in cui le informazioni, le conoscenze e le risorse sono liberamente condivise, si possono stimolare nuove idee e approcci. Questo tipo di cultura supporta la risoluzione collaborativa dei problemi e incoraggia la sperimentazione, fattori chiave per il progresso continuo e l'adattamento alle sfide emergenti.

Reciprocità in Contesti Multiculturali

- **Navigare la Reciprocità attraverso la Diversità Culturale:** La reciprocità in contesti multiculturali presenta sfide uniche dovute alle diverse concezioni e aspettative riguardo al dare e al ricevere. Comprendere e rispettare queste differenze è essenziale per costruire relazioni solide e per evitare malintesi. L'adattamento delle pratiche di reciprocità per rispecchiare il contesto culturale dei partecipanti può migliorare la comunicazione e rafforzare i legami interculturali.

Reciprocità e Responsabilità Sociale Aziendale

- **Rafforzare la CSR con la Reciprocità:** Integrare la legge della reciprocità nelle iniziative di responsabilità sociale aziendale può aumentare l'impatto e l'efficacia di tali programmi. Offrendo supporto alle comunità locali o impegnandosi in progetti che portano benefici mutuali, le aziende possono non solo migliorare la propria immagine pubblica ma anche costruire relazioni durature basate sulla fiducia e sul sostegno reciproco. Questo approccio alla CSR enfatizza l'importanza di contribuire attivamente al benessere sociale ed economico delle comunità in cui operano.

Attraverso questo ulteriore approfondimento, emerge chiaramente che la reciprocità, quando integrata strategicamente e condotta con sensibilità culturale e impegno etico, può diventare un potente catalizzatore per lo sviluppo sostenibile, l'innovazione organizzativa, e l'impegno sociale. La capacità di equilibrare efficacemente gli atti di dare e ricevere, rispettando al contempo le diverse norme culturali e promuovendo pratiche etiche e sostenibili, può rafforzare significativamente le relazioni interpersonali e organizzative, contribuendo a costruire una società più coesa e responsabile.

Proseguendo nell'esame della legge della reciprocità e del suo impatto nelle dinamiche sociali e di potere, consideriamo la cruciale importanza di un ascolto attivo e dell'empatia nel rafforzare la reciprocità, l'utilizzo di piattaforme digitali per estendere la portata delle pratiche reciprocamente vantaggiose, l'importanza della misurazione e valutazione dell'impatto delle azioni reciproche per ottimizzare le strategie future, e il ruolo della reciprocità nell'attrarre e mantenere talenti all'interno delle organizzazioni.

Ascolto Attivo ed Empatia

- **Potenziare la Reciprocità con Ascolto ed Empatia:** L'ascolto attivo e l'empatia sono fondamentali per comprendere profondamente le esigenze, i desideri e le prospettive degli altri. Questa comprensione approfondita può migliorare significativamente la capacità di impegnarsi in pratiche di reciprocità che siano veramente significative e impattanti per tutte le parti coinvolte. L'empatia, in particolare, permette di stabilire connessioni emotive più forti, aumentando la volontà di dare e ricevere in modo aperto e generoso.

Piattaforme Digitali

- **Estendere la Reciprocità tramite Piattaforme Digitali:** L'avvento e la diffusione delle tecnologie digitali hanno aperto nuove vie per praticare la reciprocità su scala globale. Piattaforme di networking professionale, social media e forum online offrono opportunità inedite per scambi di favori, condivisione di conoscenze e supporto reciproco tra individui di diversi contesti geografici e culturali. Queste tecnologie possono facilitare la creazione di comunità online basate su valori condivisi di aiuto reciproco e collaborazione.

Misurazione e Valutazione

- **Ottimizzare le Strategie tramite Misurazione:** Per assicurare che le pratiche di reciprocità generino il massimo beneficio possibile, è importante misurare e valutare regolarmente l'impatto di queste azioni. Ciò può includere l'analisi del ritorno sulle relazioni, la soddisfazione degli stakeholder e l'efficacia delle iniziative di CSR. La raccolta e l'analisi di questi dati consentono di affinare continuamente le strategie di reciprocità per renderle più efficaci e significative.

Attrazione e Ritenzione dei Talenti

- **Impiegare la Reciprocità per Valorizzare i Talenti:** Nell'ambiente lavorativo, la pratica della reciprocità può essere un fattore chiave nell'attrarre e trattenere i talenti. Creare una cultura aziendale che valorizzi il riconoscimento, il supporto professionale e lo sviluppo personale può incentivare i dipendenti a impegnarsi a lungo termine con l'organizzazione. La reciprocità manifestata attraverso opportunità di crescita, mentoring e un equo riconoscimento delle prestazioni rafforza il senso di appartenenza e aumenta l'engagement dei dipendenti.

Attraverso questi ulteriori approfondimenti, diventa evidente che la reciprocità, implementata con sensibilità, ascolto attivo e strategie mirate, può fungere da potente leva per rafforzare le relazioni interpersonali, costruire comunità resilienti e coese, e promuovere un ambiente lavorativo stimolante e gratificante. Che si tratti di interazioni uno-a-uno o di iniziative su larga scala, la reciprocità innesca un circolo virtuoso di generosità e supporto che può trasformare positivamente le dinamiche sociali e organizzative, portando a un impatto duraturo e benefico per la società nel suo insieme.

Continuando ad approfondire l'importanza e l'applicazione della legge della reciprocità nelle dinamiche sociali e organizzative, si evidenzia l'essenzialità di costruire sistemi di feedback efficaci per facilitare la comunicazione e la comprensione reciproca, l'importanza di adottare un approccio proattivo alla reciprocità per anticipare e superare eventuali barriere culturali o comunicative, il ruolo della formazione e dello sviluppo nel potenziare le pratiche di reciprocità all'interno delle organizzazioni, e la necessità di equilibrio tra dare e ricevere per mantenere la salute e il benessere psicologico dei partecipanti.

Sistemi di Feedback Efficaci

- **Facilitare la Comprensione Reciproca tramite Feedback:** Implementare sistemi di feedback che siano chiari, costruttivi e tempestivi può giocare un ruolo cruciale nel rafforzare la reciprocità all'interno di qualsiasi gruppo o organizzazione. Questi sistemi non solo permettono di esprimere apprezzamento per gli atti di generosità ma offrono anche l'opportunità di discutere

apertamente aspettative e percezioni, assicurando che
tutti i membri si sentano ascoltati e valorizzati.

Approccio Proattivo alla Reciprocità

- **Anticipare le Necessità per Superare Barriere:**
  Adottare un approccio proattivo alla reciprocità, cercando
  attivamente opportunità per assistere o sostenere gli altri
  prima che ne emerga esplicitamente il bisogno, può
  rivelarsi particolarmente efficace nel costruire relazioni
  solide e di lunga durata. Questo approccio richiede
  sensibilità e attenzione alle dinamiche interpersonali e
  può aiutare a superare eventuali barriere culturali o
  comunicative che potrebbero altrimenti ostacolare la
  reciprocità.

Formazione e Sviluppo

- **Potenziare la Reciprocità tramite Formazione:** La
  formazione e lo sviluppo continuo giocano un ruolo
  fondamentale nell'incoraggiare e facilitare le pratiche di
  reciprocità all'interno delle organizzazioni. Programmi di
  formazione che enfatizzano l'importanza dell'ascolto
  attivo, dell'empatia e della comunicazione efficace
  possono migliorare significativamente la capacità dei
  dipendenti di interagire in modo reciprocamente
  vantaggioso, promuovendo un ambiente lavorativo
  collaborativo e supportivo.

Equilibrio nel Dare e Ricevere

- **Mantenere l'Equilibrio per il Benessere:** È
  essenziale trovare un giusto equilibrio nel dare e ricevere
  per evitare il rischio di esaurimento o di sentimenti di
  sfruttamento. Un eccesso in una direzione può portare a
  stress e insoddisfazione, minando la salute psicologica dei
  partecipanti e l'efficacia della reciprocità stessa.
  Promuovere pratiche di self-care e garantire che gli atti di

generosità siano equilibrati e reciprocamente vantaggiosi contribuisce al mantenimento di relazioni sane e sostenibili.

Quest'ulteriore esame sottolinea che la reciprocità, sebbene intrinsecamente vantaggiosa, richiede attenzione, cura e un'attenta gestione per massimizzare i suoi benefici sia nelle relazioni interpersonali che in contesti più ampi come le organizzazioni. L'incorporazione di pratiche che promuovono la comprensione reciproca, l'equilibrio e il benessere complessivo non solo arricchisce le dinamiche di gruppo ma contribuisce anche a costruire una cultura di supporto e collaborazione che può portare a risultati eccezionali.

Approfondendo ulteriormente il tema della reciprocità e il suo ruolo fondamentale nelle dinamiche di potere e nelle relazioni sociali, è importante esaminare il potenziale di sistemi di incentivazione basati sulla reciprocità per promuovere comportamenti desiderati, l'importanza di riconoscere e valorizzare i contributi individuali in modo equo per evitare la percezione di ingiustizia, il ruolo cruciale della trasparenza nella gestione delle aspettative e nella promozione di pratiche reciprocamente vantaggiose, e l'impiego della reciprocità come strumento di empowerment e di sviluppo della leadership all'interno delle comunità e delle organizzazioni.

Sistemi di Incentivazione Basati sulla Reciprocità

- **Promuovere Comportamenti Positivi con Incentivi Reciproci:** L'implementazione di sistemi di incentivazione che sfruttano il principio della reciprocità può stimolare efficacemente la partecipazione attiva e i comportamenti positivi. Che si tratti di programmi di riconoscimento dei dipendenti, di iniziative di feedback dei clienti o di sistemi di punti o ricompense, questi meccanismi possono creare un ambiente in cui dare e ricevere diventano forze motrici di impegno e soddisfazione.

Equità e Riconoscimento dei Contributi

- **Assicurare Equità nel Riconoscimento:** È vitale che tutti i contributi, grandi o piccoli, siano riconosciuti e valorizzati in modo equo per mantenere un senso di giustizia e apprezzamento all'interno del gruppo. La mancanza di equità nel riconoscimento può portare a sentimenti di risentimento o demotivazione, compromettendo la salute delle relazioni e l'efficacia delle pratiche di reciprocità. Sviluppare criteri chiari e trasparenti per il riconoscimento può aiutare a mitigare questi rischi.

Trasparenza nella Gestione delle Aspettative

- **Fondamentale Trasparenza nelle Pratiche Reciproche:** La trasparenza è essenziale per gestire le aspettative e promuovere pratiche di reciprocità sane. Comunicare apertamente gli obiettivi, le politiche e i criteri per il dare e il ricevere aiuta a costruire una base di fiducia e comprensione reciproca, fondamentale per relazioni durature e produttive. Questo include essere chiari riguardo ai limiti e alle capacità di ciascuno, per assicurare che gli scambi rimangano equilibrati e sostenibili.

Reciprocità e Sviluppo della Leadership

- **Utilizzare la Reciprocità per l'Empowerment e la Leadership:** La pratica della reciprocità può essere un potente strumento di empowerment, promuovendo la crescita personale e lo sviluppo della leadership all'interno di gruppi e organizzazioni. Incoraggiando i membri a supportarsi reciprocamente, condividere conoscenze e risorse, e collaborare per raggiungere obiettivi comuni, si possono identificare e coltivare nuovi leader, arricchendo l'intera comunità o organizzazione.

Questo ulteriore approfondimento conferma che la reciprocità, sebbene semplice nella sua essenza, è profondamente complessa e potente nella sua applicazione. Gestire con successo la reciprocità richiede un attento equilibrio tra dare e ricevere, un impegno verso la trasparenza e l'equità, e un focus sull'empowerment reciproco. Le organizzazioni e le comunità che riescono a integrare questi principi nelle loro culture possono sfruttare pienamente il potenziale della reciprocità per costruire relazioni più forti, promuovere un impegno positivo e guidare il successo collettivo.

Mentre ulteriormente esploriamo la profondità e l'efficacia della reciprocità nelle dinamiche sociali e organizzative, è cruciale considerare l'importanza dell'analisi e della riflessione continue per migliorare e personalizzare le pratiche di reciprocità, il ruolo della reciprocità nel facilitare l'innovazione aperta e la co-creazione di valore, come la reciprocità influisce sulla creazione di reti di supporto resiliente e sulla condivisione di risorse in tempi di crisi, e l'efficacia della reciprocità nel promuovere pratiche sostenibili e nell'affrontare sfide globali.

Analisi e Riflessione Continua

- **Migliorare la Reciprocità tramite l'Analisi Continua:** Per massimizzare l'efficacia delle pratiche di reciprocità, è essenziale impegnarsi in un processo di analisi e riflessione continua. Questo permette di valutare l'impatto delle azioni reciprocamente vantaggiose, identificare aree di miglioramento e personalizzare gli approcci in base alle esigenze specifiche dei partecipanti. Un feedback regolare e meccanismi di revisione possono facilitare questo processo, garantendo che le pratiche di reciprocità rimangano rilevanti e impattanti.

Innovazione Aperta e Co-creazione di Valore

- **Facilitare l'Innovazione con la Reciprocità:** La reciprocità può giocare un ruolo significativo nell'innovazione aperta e nella co-creazione di valore, specialmente quando diverse parti collaborano per risolvere problemi complessi o sviluppare nuovi prodotti e servizi. Creando un ambiente in cui risorse, conoscenze e competenze sono liberamente condivise, si possono generare soluzioni innovative che nessuna parte avrebbe potuto sviluppare da sola. Questo approccio collaborativo non solo accelera il processo di innovazione ma promuove anche relazioni più profonde tra i collaboratori.

Reti di Supporto e Condivisione di Risorse

- **Costruire Reti Resilienti tramite la Reciprocità:** In tempi di crisi o di incertezza, le pratiche di reciprocità possono essere fondamentali nella costruzione di reti di supporto resilienti. La condivisione di risorse, l'assistenza reciproca e il sostegno emotivo non solo aiutano le comunità e le organizzazioni a navigare attraverso periodi difficili ma rafforzano anche il senso di appartenenza e la coesione interna. Queste reti di supporto possono diventare risorse preziose, contribuendo alla resilienza collettiva.

Reciprocità e Sostenibilità

- **Promuovere la Sostenibilità attraverso la Reciprocità:** La reciprocità può essere un potente catalizzatore per pratiche sostenibili e per affrontare sfide ambientali e sociali globali. Incoraggiando lo scambio di conoscenze, risorse e innovazioni che promuovono la sostenibilità, le organizzazioni e le comunità possono collaborare per creare soluzioni più verdi e etiche. Questo approccio non solo migliora l'impatto ambientale ma contribuisce anche a costruire un futuro più equo e sostenibile per tutti.

Continuando a esplorare e a implementare la reciprocità in maniera riflessiva, innovativa e sostenibile, individui, organizzazioni e comunità possono trarre vantaggio da relazioni più forti, reti di supporto più resilienti, e soluzioni innovative ai problemi comuni. La reciprocità, quando praticata con consapevolezza e intenzionalità, diventa non solo uno strumento per migliorare le dinamiche interpersonali e organizzative ma anche un veicolo per promuovere il benessere collettivo e l'innovazione sostenibile.

Approfondendo ulteriormente la complessità e l'importanza della reciprocità nelle relazioni umane e organizzative, esaminiamo la potenzialità di integrazione della reciprocità nelle strategie di apprendimento e sviluppo, l'impatto della reciprocità nel rafforzamento della resilienza comunitaria di fronte a sfide globali, come la reciprocità può essere utilizzata per promuovere la diversità e l'inclusione, e l'importanza della coerenza nelle pratiche di reciprocità per costruire fiducia e credibilità a lungo termine.

Reciprocità nell'Apprendimento e nello Sviluppo

- **Integrare la Reciprocità nelle Strategie di Formazione:** L'incorporazione di principi di reciprocità nelle strategie di apprendimento e sviluppo può favorire un ambiente più collaborativo e coinvolgente. Attraverso programmi di mentoring reciproco, scambi di conoscenze peer-to-peer e iniziative di apprendimento basate sulla comunità, i partecipanti possono beneficiare non solo dell'acquisizione di nuove competenze ma anche del rafforzamento delle relazioni interpersonali. Questo approccio promuove una cultura dell'apprendimento continuo dove tutti sono sia insegnanti che studenti.

Reciprocità e Resilienza Comunitaria

- **Rafforzare la Comunità Attraverso la Reciprocità:** La pratica della reciprocità gioca un ruolo vitale nel rafforzare la resilienza delle comunità, specialmente di fronte a sfide ambientali, economiche e sociali. Iniziative comunitarie che promuovono lo scambio di risorse, la condivisione di responsabilità e il supporto reciproco non solo aiutano le comunità a superare periodi di crisi ma anche a costruire fondamenta più solide per il futuro. La reciprocità alimenta la solidarietà e la coesione sociale, elementi chiave per la resilienza comunitaria.

Promuovere Diversità e Inclusione

- **Utilizzare la Reciprocità per la Diversità e l'Inclusione:** La reciprocità può essere un potente strumento per promuovere la diversità e l'inclusione all'interno delle organizzazioni e delle società. Creando spazi dove tutti si sentono valorizzati e dove i contributi di ciascuno sono riconosciuti e celebrati, si possono abbattere barriere e costruire una cultura più inclusiva. Pratiche di reciprocità che riconoscono e rispettano le differenze individuali e culturali possono contribuire a creare ambienti più accoglienti e equi.

Coerenza nelle Pratiche di Reciprocità

- **Mantenere la Coerenza per Costruire Fiducia:** La coerenza nelle pratiche di reciprocità è fondamentale per costruire e mantenere fiducia e credibilità nel lungo termine. Essere costantemente generosi, affidabili e aperti allo scambio rafforza la percezione della sincerità delle azioni e delle intenzioni. La coerenza assicura che le pratiche di reciprocità non siano percepite come manipolative o sporadiche, ma come parte integrante dei valori e della cultura di un individuo, un'organizzazione o una comunità.

Questi ulteriori approfondimenti dimostrano che la reciprocità, esercitata con intenzionalità, empatia e coerenza, può avere un impatto trasformativo non solo sulle relazioni interpersonali ma anche sul tessuto stesso delle organizzazioni e delle comunità. Promuovendo un ambiente dove l'apprendimento reciproco, il supporto comunitario, la diversità e l'inclusione sono valori condivisi, la reciprocità diventa una leva potente per il cambiamento positivo, l'innovazione collaborativa e lo sviluppo sostenibile.

Mentre continuiamo ad approfondire la comprensione della legge della reciprocità e del suo impatto pervasivo sulle dinamiche di potere e interazione sociale, è importante esplorare l'impiego della reciprocità in strategie di risoluzione dei conflitti, l'efficacia di pratiche di reciprocità nell'ambito del volontariato e del servizio comunitario, il ruolo della tecnologia nel facilitare nuove forme di reciprocità in contesti globalizzati, e l'importanza di un approccio olistico che riconosca la reciprocità come parte integrante del benessere organizzativo e sociale.

Reciprocità nella Risoluzione dei Conflitti

- **Strategie di Reciprocità per Risolvere Conflitti:** L'applicazione di principi di reciprocità nella risoluzione dei conflitti può aiutare a trovare terreni comuni e a promuovere la comprensione reciproca. Offrendo gesti di buona volontà o concessioni, le parti in conflitto possono creare un ambiente più propizio al dialogo e alla negoziazione, facilitando la ricerca di soluzioni condivise e durature. La reciprocità, in questo contesto, agisce come un ponte che collega interessi divergenti attraverso il riconoscimento dell'importanza delle relazioni e del rispetto reciproco.

Volontariato e Servizio Comunitario

- **Impatto della Reciprocità nel Volontariato:** L'impegno in attività di volontariato e servizio comunitario è un esempio eloquente di come la reciprocità possa arricchire sia chi dà sia chi riceve. Gli individui che dedicano tempo e risorse al servizio degli altri spesso sperimentano un senso di soddisfazione, appartenenza e crescita personale, dimostrando che la reciprocità non è solo una transazione, ma un'esperienza trasformativa che beneficia tutti i partecipanti.

Tecnologia e Reciprocità Globale

- **Facilitare la Reciprocità con la Tecnologia:** L'avanzamento tecnologico ha esteso il campo di applicazione della reciprocità, rendendola più accessibile e variegata. Piattaforme online e app mobili permettono lo scambio di beni, servizi e supporto a livello globale, superando barriere fisiche e culturali. Queste tecnologie possono potenziare reti di reciprocità che supportano l'innovazione sociale, la solidarietà globale e lo sviluppo sostenibile, collegando persone con obiettivi e valori affini da tutto il mondo.

Approccio Olistico alla Reciprocità

- **Integrare la Reciprocità nel Benessere Organizzativo e Sociale:** Adottare un approccio olistico alla reciprocità significa riconoscere il suo ruolo centrale non solo nelle relazioni interpersonali ma anche nel contribuire al benessere complessivo di organizzazioni e società. Politiche e pratiche che promuovono la reciprocità possono migliorare il clima organizzativo, incentivare la cooperazione, stimolare l'innovazione condivisa e rafforzare il tessuto sociale, creando ambienti in cui individui e comunità possono prosperare.

Questi ulteriori approfondimenti sottolineano come la reciprocità, quando intesa e applicata in modo etico e strategico, possa servire come potente catalizzatore per il cambiamento positivo, il progresso collettivo e il benessere condiviso. La reciprocità rappresenta un principio universale che, se coltivato con cura e consapevolezza, ha il potenziale di trasformare le interazioni sociali, promuovere l'armonia e guidare lo sviluppo sostenibile a livello locale e globale.

Proseguendo nella nostra esplorazione della reciprocità e del suo ruolo intrinseco nelle dinamiche sociali e organizzative, emerge l'importanza di riconoscere la reciprocità come una strategia fondamentale per la gestione delle risorse umane, la potenzialità della reciprocità per stimolare la condivisione di conoscenze all'interno delle comunità accademiche e professionali, il ruolo cruciale della reciprocità nel sostegno alla resilienza ecologica e alla conservazione ambientale, e l'implicazione della reciprocità nelle partnership strategiche tra il settore pubblico, privato e quello non profit per affrontare sfide complesse a livello globale.

Reciprocità nella Gestione delle Risorse Umane

- **Strategia Chiave per la Gestione del Personale:** Nell'ambito delle risorse umane, la reciprocità si manifesta come una pratica centrale per creare un ambiente di lavoro equo e motivante. Attraverso il riconoscimento del duro lavoro, offrendo opportunità di crescita e sviluppo professionale e mantenendo un equilibrio vita-lavoro sano, le organizzazioni possono costruire un rapporto di fiducia e lealtà con i loro dipendenti. Questo non solo migliora la soddisfazione e la produttività ma contribuisce anche a ridurre il turnover e ad attrarre talenti di alta qualità.

Condivisione di Conoscenze

- **Stimolare l'Innovazione tramite la Reciprocità:** Nel mondo accademico e nelle comunità professionali, la reciprocità attraverso la condivisione di conoscenze promuove l'innovazione e la scoperta. Creare reti in cui gli individui si sentono incoraggiati a condividere ricerche, insight e best practice può accelerare il progresso scientifico e tecnologico, oltre a rafforzare i legami comunitari e a promuovere la crescita collettiva.

Resilienza Ecologica e Conservazione

- **Supportare l'Ambiente attraverso Pratiche Reciproche:** La reciprocità applicata alla gestione ambientale e alla conservazione promuove un'etica di cura e sostegno reciproco tra gli esseri umani e l'ambiente naturale. Iniziative che incentivano la comunità a partecipare attivamente alla conservazione, attraverso il volontariato, programmi di riforestazione o pratiche sostenibili, rafforzano la consapevolezza ecologica e contribuiscono alla costruzione di un futuro più sostenibile.

Partnership Strategiche

- **Affrontare Sfide Globali con la Reciprocità:** La collaborazione tra settori pubblici, privati e non profit, fondata sulla reciprocità, è fondamentale per affrontare efficacemente sfide complesse quali la povertà, le disuguaglianze e i cambiamenti climatici. Le partnership strategiche che si basano su principi di aiuto reciproco e condivisione di risorse possono sfruttare diverse competenze e capacità, amplificando l'impatto delle soluzioni proposte e promuovendo il benessere collettivo su scala globale.

Attraverso questa esplorazione approfondita, diventa evidente che la reciprocità si estende ben oltre gli scambi interpersonali, infiltrandosi in tutte le sfere delle relazioni umane e organizzative. Essa agisce come un potente meccanismo per costruire fiducia, promuovere l'equità, stimolare l'innovazione e affrontare alcune delle più pressanti sfide globali. La capacità di implementare pratiche di reciprocità con intenzionalità e integrità può quindi trasformare significativamente le comunità, le organizzazioni e, su una scala più ampia, la società stessa, guidando verso un futuro più collaborativo, sostenibile e inclusivo.

Proseguendo nell'esame della reciprocità, ci concentriamo sull'importanza dell'equità intergenerazionale nella reciprocità, su come le pratiche reciprocamente vantaggiose possono essere integrate nell'educazione per formare futuri leader consapevoli, sul ruolo della reciprocità nel potenziare l'impegno civico e la partecipazione democratica, e su come la reciprocità influisce sullo sviluppo di ecosistemi di startup innovativi e sull'imprenditorialità sociale.

Equità Intergenerazionale nella Reciprocità

- **Promuovere la Giustizia Intergenerazionale:** L'equità intergenerazionale si rivela un principio fondamentale quando applichiamo la reciprocità al contesto più ampio della sostenibilità e della giustizia sociale. Considerare come le nostre azioni oggi influenzeranno le generazioni future e impegnarsi in pratiche che non solo rispettino ma arricchiscano le opportunità per coloro che verranno dopo di noi, è un'estensione naturale della reciprocità. Ciò implica una responsabilità condivisa nel proteggere le risorse ambientali, promuovere l'equità sociale ed economica e trasmettere un patrimonio culturale e conoscenze che sostengano il benessere a lungo termine.

Reciprocità nell'Educazione

- **Formare Leader attraverso la Reciprocità:** Integrare la reciprocità nell'educazione può trasformare radicalmente l'apprendimento, rendendolo un processo più dinamico, interattivo e significativo. Attraverso progetti di servizio comunitario, apprendimento cooperativo e programmi di scambio, gli studenti possono sperimentare direttamente il valore del dare e ricevere. Queste esperienze preparano i futuri leader ad approcciare il mondo con una mentalità incentrata sulla cooperazione, sul sostegno reciproco e sulla soluzione condivisa dei problemi.

Impegno Civico e Partecipazione Democratica

- **Stimolare la Partecipazione attraverso la Reciprocità:** La reciprocità può giocare un ruolo significativo nel promuovere l'impegno civico e la partecipazione democratica. Creando sistemi in cui gli individui vedono i benefici tangibili della loro partecipazione nelle comunità e nelle società, si incentiva un maggiore coinvolgimento. Dalle iniziative di volontariato locale alle piattaforme di dialogo civico, pratiche che enfatizzano la reciprocità possono rafforzare il tessuto democratico e incoraggiare una cittadinanza attiva e responsabile.

Ecosistemi di Startup e Imprenditorialità Sociale

- **Innovazione e Reciprocità nelle Startup:** Nel mondo delle startup e dell'imprenditorialità sociale, la reciprocità emerge come un fattore chiave per l'innovazione e il successo sostenibile. Ecosistemi che promuovono la condivisione di risorse, mentorship reciproca e collaborazioni aperte possono accelerare il processo di innovazione e creare imprese che non solo sono economicamente redditizie ma contribuiscono anche positivamente alla società. La reciprocità, in questo contesto, stimola un circolo virtuoso di supporto e crescita condivisa, essenziale per affrontare sfide complesse in modo creativo ed efficace.

Attraverso quest'ulteriore analisi, diventa chiaro che la reciprocità infonde ogni aspetto delle nostre interazioni, dall'ambiente personale a quello professionale e sociale, offrendo una struttura per costruire relazioni più profonde e sostenibili. L'adozione di un approccio basato sulla reciprocità può quindi trasformare positivamente le pratiche educative, rafforzare l'impegno civico, stimolare l'innovazione negli ecosistemi imprenditoriali e garantire che le nostre azioni oggi sostengano un futuro equo e prospero per le generazioni a venire.

Proseguendo nell'esplorazione della reciprocità come principio cardine nelle relazioni umane e sistemi sociali, approfondiamo l'incidenza della reciprocità sul benessere psicologico degli individui, l'importanza di costruire economie basate sulla reciprocità per un futuro sostenibile, il potenziale della reciprocità nell'intensificare le collaborazioni scientifiche internazionali, e il ruolo della reciprocità nel rafforzare le strategie di advocacy e di mobilitazione sociale per cause globali.

Reciprocità e Benessere Psicologico

- **Influenza sul Benessere Psicologico:** La pratica della reciprocità può avere un profondo impatto sul benessere psicologico degli individui. L'atto di dare e ricevere non solo rafforza i legami sociali, ma contribuisce anche a sensazioni di apprezzamento, appartenenza e autostima. Queste interazioni positive possono ridurre lo stress, migliorare l'umore e promuovere una maggiore soddisfazione nella vita. La reciprocità, quindi, si rivela non solo come un'azione esterna ma come un elemento chiave per il nutrimento interiore e la crescita personale.

Economie Basate sulla Reciprocità

- **Promuovere Economie Reciproche per la Sostenibilità:** L'integrazione della reciprocità nelle economie offre una visione alternativa al modello tradizionale di consumo e produzione. Economie che valorizzano lo scambio equo, la condivisione di risorse e la cooperazione possono contribuire alla creazione di sistemi più resilienti e sostenibili. Attraverso l'implementazione di pratiche commerciali etiche, sistemi di baratto, e iniziative di economia circolare, è possibile costruire un futuro economico che favorisca la sostenibilità ambientale e la giustizia sociale.

Collaborazioni Scientifiche Internazionali

- **Potenziare la Scienza attraverso la Reciprocità:** La reciprocità svolge un ruolo vitale anche nel campo delle collaborazioni scientifiche internazionali. La condivisione aperta di dati, risorse e scoperte può accelerare il progresso scientifico e tecnologico, affrontando sfide globali come il cambiamento climatico, le pandemie e la sicurezza alimentare. Creare reti di ricerca basate sulla reciprocità e sul rispetto mutuo incoraggia un approccio più inclusivo e produttivo alla scienza, superando barriere e promuovendo l'innovazione aperta.

Advocacy e Mobilitazione Sociale

- **Rafforzare l'Advocacy con la Reciprocità:** L'applicazione della reciprocità nelle strategie di advocacy e di mobilitazione sociale per cause globali può intensificare l'impatto e l'efficacia di queste iniziative. La creazione di coalizioni basate sul sostegno reciproco, la condivisione di risorse e la cooperazione tra diversi gruppi e comunità amplifica la voce delle campagne, rafforzando la loro capacità di promuovere cambiamenti significativi. Questo approccio collaborativo e basato sulla reciprocità consente una maggiore coesione e un maggiore allineamento degli obiettivi comuni.

Attraverso queste riflessioni aggiuntive, è evidente che la reciprocità permea una vasta gamma di dimensioni della vita umana, influenzando positivamente il benessere individuale, la sostenibilità economica, l'avanzamento della conoscenza e l'efficacia dell'impegno civico. Incoraggiando pratiche di reciprocità consapevoli e intenzionali, possiamo contribuire a costruire società più connesse, resilienti e eque, in cui il dare e il ricevere siano riconosciuti come forze fondamentali per il progresso collettivo e il benessere condiviso.

Concludendo la nostra esplorazione approfondita della reciprocità e del suo ruolo fondamentale nelle dinamiche di potere, nelle relazioni sociali, nell'economia, nella scienza e nella mobilitazione civica, diventa evidente che questo principio universale intreccia le fibre stesse dell'interazione umana, influenzando profondamente il tessuto della società su molteplici livelli. La reciprocità, con le sue dinamiche di dare e ricevere, si manifesta come un potente motore di coesione sociale, progresso economico, innovazione collaborativa e benessere individuale.

Fondamenti Sociali e Psicologici

La reciprocità radica le sue fondamenta nella psicologia umana, agendo come collante sociale che rafforza le relazioni attraverso la creazione di legami di fiducia, apprezzamento e lealtà. Gli atti di generosità e il riconoscimento del contributo altrui non solo nutrono il benessere emotivo e psicologico degli individui ma promuovono anche un senso di appartenenza e identità collettiva. Queste dinamiche reciproche incentivano comportamenti cooperativi e altruistici, essenziali per il mantenimento dell'armonia sociale e per l'affrontare collettivamente le sfide.

Impatto Economico e Sostenibilità

Nell'ambito economico, la reciprocità introduce un paradigma che sfida le convenzioni del profitto individuale, enfatizzando invece l'importanza di pratiche equilibrate e sostenibili. Economie basate sulla reciprocità, che valorizzano lo scambio equo, la condivisione delle risorse e la sostenibilità, possono offrire alternative resilienti ai modelli di consumo insostenibili, promuovendo la giustizia sociale e la cura dell'ambiente. Questi sistemi economici reciprocamente vantaggiosi hanno il potenziale di trasformare il modo in cui concepiamo il valore, la produzione e il consumo, orientandoci verso un futuro più sostenibile.

Avanzamenti Scientifici e Collaborazioni

La reciprocità si rivela cruciale anche nel campo dell'innovazione scientifica e tecnologica. Le collaborazioni internazionali basate sulla condivisione aperta di conoscenze, risorse e scoperte possono accelerare significativamente il progresso, affrontando efficacemente sfide globali come il cambiamento climatico, le malattie e la sicurezza alimentare. Questa apertura e cooperazione trasversale stimolano l'innovazione, superano le barriere geografiche e disciplinari e promuovono un approccio più inclusivo alla ricerca e allo sviluppo.

Responsabilità Civica e Cambiamento Sociale

Infine, la reciprocità è fondamentale nella promozione dell'impegno civico e nella mobilitazione per cause globali. Pratiche reciprocamente vantaggiose possono rafforzare le campagne di advocacy, costruire coalizioni solide tra diversi settori e comunità, e amplificare l'impatto delle iniziative volte al cambiamento sociale. Attraverso la collaborazione e il supporto reciproco, individui e organizzazioni possono unire le forze per affrontare efficacemente disuguaglianze, ingiustizie e crisi ambientali, promuovendo un futuro più giusto e sostenibile.

In sintesi, la reciprocità emerge non solo come un principio etico fondamentale ma anche come una strategia pragmatica per costruire relazioni più forti, promuovere l'innovazione, stimolare l'economia e affrontare sfide complesse. Attraverso la sua applicazione consapevole e intenzionale, la reciprocità ha il potere di trasformare le società, guidando verso un mondo caratterizzato da maggiore cooperazione, sostenibilità e benessere condiviso.

16. La gestione dei conflitti: Strategie per navigare e risolvere i conflitti mantenendo o accrescendo il proprio potere.

La gestione dei conflitti è un aspetto cruciale della navigazione e del mantenimento del potere nelle relazioni interpersonali, organizzative e sociali. Le strategie efficaci per gestire i conflitti non solo aiutano a risolvere le discrepanze e a prevenire l'escalation ma possono anche creare opportunità per accrescere il proprio potere e influenza. Questi approcci richiedono una comprensione profonda della natura dei conflitti, delle dinamiche di potere coinvolte e delle tecniche di comunicazione e negoziazione.

Ascolto Attivo e Empatia

Una delle strategie fondamentali nella gestione dei conflitti è l'impiego dell'ascolto attivo e dell'empatia. Mostrare una genuina comprensione delle prospettive altrui e riconoscere le loro emozioni può abbattere le barriere e ridurre le tensioni. Questa pratica non solo facilita la ricerca di terreni comuni ma rafforza anche le relazioni, creando una base di fiducia e rispetto reciproci che possono incrementare il proprio potere negoziale.

Assertività Bilanciata

Adottare un approccio assertivo senza essere aggressivi permette di esprimere le proprie esigenze e posizioni chiaramente, mantenendo aperta la porta al dialogo e alla comprensione reciproca. L'assertività bilanciata consente di difendere i propri interessi efficacemente, promuovendo al contempo soluzioni collaborative che rispettino le esigenze di tutte le parti coinvolte.

Negoziazione Integrativa

La negoziazione integrativa si focalizza sulla ricerca di soluzioni win-win, dove tutti i partecipanti possono trarre beneficio dalla risoluzione del conflitto. Questo approccio richiede la creatività nel trovare opzioni che soddisfino gli interessi fondamentali di tutte le parti, trasformando potenzialmente il conflitto in un'opportunità per l'innovazione e per rafforzare il proprio potere attraverso l'aumento del capitale sociale e della rete di alleanze.

De-escalation e Controllo Emotivo

Imparare a gestire le proprie emozioni e a riconoscere quelle altrui gioca un ruolo critico nella de-escalation dei conflitti. Tecniche di controllo emotivo e de-escalation possono prevenire l'aggravamento delle tensioni, facilitando un ambiente più calmo e costruttivo per la discussione. Mantenere la calma e la compostezza può anche rafforzare la percezione della propria autorità e controllo, accrescendo il potere personale.

Utilizzo della Mediazione

In alcuni casi, l'intervento di una terza parte imparziale, come un mediatore, può essere cruciale per superare impasse complessi. La mediazione offre un framework strutturato per esplorare le questioni conflittuali, ascoltare le prospettive di ciascuno e lavorare verso soluzioni accettabili. La capacità di ricorrere alla mediazione dimostra apertura al dialogo e al compromesso, qualità che possono migliorare la propria posizione di potere attraverso il riconoscimento come leader giusto e ragionevole.

Riflessione e Apprendimento Post-Conflitto

Dopo la risoluzione di un conflitto, la riflessione sugli eventi e l'apprendimento dalle esperienze sono passaggi fondamentali per rafforzare le proprie capacità di gestione dei conflitti. Analizzare cosa ha funzionato, cosa no e come si potrebbero gestire meglio situazioni simili in futuro può migliorare le strategie personali di negoziazione e conflitto, accrescendo così il proprio potere e abilità nel navigare complesse dinamiche relazionali e organizzative.

Queste strategie, integrate in un approccio olistico alla gestione dei conflitti, non solo possono risolvere efficacemente le tensioni ma possono anche trasformare i conflitti in opportunità per il rafforzamento delle relazioni, l'innovazione e l'accrescimento del potere personale e organizzativo.

Proseguendo nell'analisi delle strategie di gestione dei conflitti per mantenere o accrescere il proprio potere, esploriamo l'importanza della flessibilità strategica in situazioni di conflitto, l'uso di tecniche di framing per influenzare la percezione del conflitto, l'implicazione della costruzione di una cultura di feedback positivo e costruttivo, e il ruolo della preparazione e dell'informazione nel rafforzare la propria posizione durante la negoziazione.

Flessibilità Strategica

- **Adattarsi per Superare Ostacoli:** La capacità di adattarsi rapidamente e di modificare la propria strategia in risposta all'evoluzione della situazione di conflitto è essenziale. La flessibilità strategica non solo permette di navigare meglio attraverso le incertezze ma dimostra anche una maturità e una saggezza che possono rafforzare la propria influenza e autorità. Essere aperti a considerare diverse prospettive e soluzioni può aprire la strada a risultati inaspettati che soddisfano le esigenze di tutte le parti coinvolte.

Tecniche di Framing

- **Influenzare la Percezione attraverso il Framing:**
  Il modo in cui un conflitto viene inquadrato può avere un
  impatto significativo sulla sua risoluzione. Utilizzare
  tecniche di framing per presentare la situazione in
  termini di opportunità comuni piuttosto che come un
  confronto zero-sum può cambiare radicalmente
  l'approccio delle parti coinvolte. Un framing efficace che
  sottolinea benefici reciproci e obiettivi condivisi può
  facilitare la cooperazione e promuovere una risoluzione
  più armoniosa.

Cultura di Feedback Positivo

- **Promuovere un Ambiente di Feedback
  Costruttivo:** Creare una cultura in cui il feedback
  positivo e costruttivo è norma può prevenire l'escalation
  dei conflitti e migliorare la capacità dell'organizzazione di
  gestirli quando si verificano. Incoraggiare l'espressione
  aperta di preoccupazioni e idee in un contesto di rispetto
  reciproco aiuta a identificare e risolvere i problemi prima
  che diventino conflitti maggiori, rafforzando nel
  contempo le relazioni interpersonali e il senso di
  appartenenza.

Preparazione e Informazione

- **Rafforzare la Propria Posizione con Preparazione
  Adeguata:** Una preparazione accurata prima di
  affrontare una situazione di conflitto può migliorare
  notevolmente le proprie possibilità di successo. Essere
  ben informati sui dettagli del problema, comprendere gli
  interessi e le motivazioni delle altre parti e avere una
  chiara strategia di negoziazione aumentano la propria
  autorevolezza e capacità di influenzare l'esito. La

preparazione approfondita dimostra anche un impegno serio alla risoluzione del conflitto, rafforzando la propria credibilità.

Questi ulteriori approfondimenti rivelano che la gestione efficace dei conflitti richiede un'ampia gamma di competenze, dalla flessibilità e capacità di adattamento, all'uso strategico del linguaggio e del framing, alla costruzione di ambienti di lavoro positivi e supportivi, fino alla preparazione meticolosa e all'acquisizione di conoscenze. Integrare queste strategie non solo aiuta a navigare e risolvere i conflitti in modo efficace ma può anche creare opportunità per rafforzare il proprio potere, autorità e influenza all'interno di una relazione, un'organizzazione o una comunità, trasformando potenziali ostacoli in trampolini di lancio per il successo e la crescita personali e collettivi.

Proseguendo nell'analisi delle strategie efficaci di gestione dei conflitti, esaminiamo l'importanza della resilienza emotiva nel navigare le tensioni, il potenziale delle reti di supporto per fornire risorse e prospettive aggiuntive, l'uso della diplomazia e delle abilità comunicative per mitigare disaccordi e promuovere la comprensione, e infine, il valore dell'apprendimento organizzativo derivato dall'esperienza dei conflitti per migliorare le pratiche future.

Resilienza Emotiva

- **Cultivare la Resilienza per Gestire le Tensioni:** La capacità di mantenere la calma e di gestire efficacemente le proprie emozioni in situazioni di conflitto è fondamentale. La resilienza emotiva permette di affrontare critiche, rifiuti o disaccordi senza perdere l'equilibrio o la prospettiva, facilitando così una risoluzione del conflitto più razionale e meno carica emotivamente. Sviluppare tale resilienza attraverso la pratica, la riflessione e, quando necessario, il supporto di professionisti, può accrescere significativamente l'efficacia personale nella gestione dei conflitti.

Reti di Supporto

- **Leverage Support Networks for Additional Resources:** Avere accesso a reti di supporto, sia all'interno che all'esterno dell'organizzazione, può offrire risorse preziose durante i conflitti. Queste reti possono fornire consulenza, feedback e prospettive alternative che aiutano a navigare il conflitto con maggiore consapevolezza e preparazione. Inoltre, sapere di avere un supporto può aumentare la fiducia in se stessi, elemento critico nel mantenimento o nell'accrescimento del proprio potere in situazioni conflittuali.

Diplomazia e Abilità Comunicative

- **Utilizzare la Diplomazia per Facilitare la Risoluzione:** La diplomazia e le eccellenti abilità comunicative sono indispensabili nella gestione dei conflitti. La capacità di esprimere i propri punti di vista in modo chiaro, rispettoso e convincente, ascoltando attivamente e valutando le posizioni altrui, può smorzare le tensioni e aprire la via a soluzioni condivise. L'arte della diplomazia risiede nell'equilibrio tra la fermezza sui propri principi e la flessibilità nel considerare compromessi accettabili per tutte le parti.

Apprendimento Organizzativo da Conflitti

- **Imparare dai Conflitti per Migliorare le Pratiche Future:** Ogni conflitto presenta un'opportunità di apprendimento per individui e organizzazioni. Analizzare retrospettivamente i conflitti, riconoscere cosa ha funzionato e cosa no, e identificare le lezioni apprese possono trasformare esperienze potenzialmente negative in miglioramenti concreti nelle politiche, nelle procedure e nelle strategie di comunicazione. L'apprendimento organizzativo derivato dalla gestione dei conflitti contribuisce allo sviluppo di un ambiente più resiliente, adattivo e collaborativo.

Questi approfondimenti sottolineano che una gestione efficace dei conflitti va ben oltre le semplici tattiche negoziali, richiedendo una solida preparazione emotiva, l'utilizzo di reti di supporto, abilità comunicative avanzate e un impegno costante all'apprendimento e al miglioramento. Attraverso l'adozione di queste strategie, è possibile non solo navigare con successo attraverso le sfide immediate ma anche costruire una base più forte per il futuro, accrescendo il proprio potere e influenza in maniera costruttiva e sostenibile.

Nell'approfondire ulteriormente le strategie per una gestione efficace dei conflitti, ci focalizziamo sull'importanza di sviluppare una comprensione profonda delle dinamiche di potere sottostanti, l'efficacia di stabilire protocolli chiari per la prevenzione dei conflitti, l'utilizzo di tecnologie e piattaforme digitali come strumenti di mediazione, e l'impatto dell'auto-riflessione e dello sviluppo personale nel migliorare le proprie capacità di gestione dei conflitti.

Comprensione delle Dinamiche di Potere

- **Navigare le Dinamiche di Potere:** Una comprensione approfondita delle dinamiche di potere all'interno delle relazioni e delle organizzazioni può offrire una prospettiva cruciale nella gestione dei conflitti. Riconoscere come il potere viene esercitato, percepire le potenziali disuguaglianze e comprendere le motivazioni dietro le azioni degli altri aiutano a formulare approcci di risoluzione dei conflitti più informati e equilibrati. Questa consapevolezza può guidare alla scelta di strategie che non solo risolvano il conflitto ma potenzialmente

riequilibrino le relazioni di potere in modo più giusto e
sostenibile.

Protocolli di Prevenzione dei Conflitti

- **Stabilire Protocolli Preventivi:** L'implementazione
  di protocolli e linee guida chiare per la prevenzione dei
  conflitti può contribuire significativamente a ridurre
  l'incidenza e l'intensità delle dispute. Questi protocolli
  dovrebbero includere procedure per la comunicazione
  aperta, la gestione delle lamentele e la risoluzione
  tempestiva delle questioni prima che escalino. Fornire ai
  membri dell'organizzazione strumenti e vie formali per
  esprimere preoccupazioni contribuisce a creare un
  ambiente in cui potenziali conflitti vengono gestiti in
  modo proattivo piuttosto che reattivo.

Tecnologie e Mediazione Digitale

- **Sfruttare la Tecnologia nella Risoluzione dei
  Conflitti:** Le piattaforme digitali e le tecnologie di
  comunicazione possono svolgere un ruolo importante
  nella facilitazione della risoluzione dei conflitti.
  Strumenti di mediazione online, software di gestione dei
  conflitti e piattaforme di dialogo virtuale offrono
  modalità alternative e spesso più accessibili per le parti di
  esplorare soluzioni, particolarmente in contesti in cui la
  distanza o le circostanze rendono difficile l'incontro faccia
  a faccia. Questi strumenti possono anche fornire ambienti
  controllati che incoraggiano l'espressione rispettosa e la
  negoziazione equa.

Auto-riflessione e Sviluppo Personale

- **Crescere attraverso l'Auto-riflessione:** La capacità
  di riflettere sul proprio comportamento, reazioni ed
  emozioni in contesti conflittuali è fondamentale per il
  miglioramento personale e professionale. L'auto-

riflessione consente di identificare modelli di comportamento, pregiudizi potenzialmente non riconosciuti e aree di sviluppo che possono migliorare la propria efficacia nella gestione dei conflitti. La dedizione allo sviluppo personale e l'apertura all'apprendimento continuo sono essenziali per diventare mediatori più competenti e leader capaci di gestire dispute complesse in modo costruttivo.

Questi ulteriori approfondimenti evidenziano che una gestione avanzata dei conflitti richiede una sinergia tra comprensione teorica e applicazione pratica, abbracciando una gamma di strategie che includono la sensibilità alle dinamiche di potere, l'adozione di misure preventive, l'impiego efficace della tecnologia e un impegno costante all'auto-miglioramento. Attraverso queste pratiche, è possibile trasformare i conflitti da ostacoli in opportunità di crescita, rafforzamento delle relazioni e miglioramento organizzativo.

Mentre continuiamo a esplorare le strategie avanzate per la gestione dei conflitti, diventa importante considerare l'integrazione di principi di leadership trasformativa, l'efficacia del mentoring e del coaching nell'equipaggiare gli individui con abilità di gestione dei conflitti, l'importanza di promuovere la resilienza organizzativa attraverso pratiche di gestione dei conflitti proactive, e il ruolo della trasparenza e della comunicazione interculturale nell'affrontare e risolvere i conflitti in contesti globalizzati.

Leadership Trasformativa

- **Guidare con Leadership Trasformativa:** La leadership trasformativa gioca un ruolo cruciale nel modellare le risposte ai conflitti all'interno di un'organizzazione. I leader trasformativi, attraverso il loro esempio, incoraggiano un approccio alla risoluzione dei conflitti che sia empatico, innovativo e orientato alla crescita. Essi promuovono una visione in cui i conflitti

sono visti come opportunità per l'apprendimento e il
miglioramento, ispirando i membri del team a superare le
sfide attraverso la collaborazione e il dialogo aperto.

Mentoring e Coaching

- **Sviluppare Abilità tramite Mentoring e Coaching:**
  Il mentoring e il coaching sono strumenti preziosi per
  trasmettere competenze di gestione dei conflitti.
  Attraverso relazioni di mentoring e programmi di
  coaching, gli individui possono acquisire strategie
  personalizzate per navigare e risolvere efficacemente i
  conflitti, rafforzando contemporaneamente le loro
  capacità di leadership. Questa formazione one-on-one
  offre l'opportunità di riflettere su esperienze passate,
  apprendere da situazioni reali e sviluppare un approccio
  più maturo e riflessivo alla risoluzione dei conflitti.

Resilienza Organizzativa

- **Costruire Resilienza attraverso la Gestione dei
  Conflitti:** Le pratiche proattive di gestione dei conflitti
  contribuiscono significativamente alla resilienza
  organizzativa. Creando ambienti in cui il disaccordo è
  gestito in modo costruttivo e dove è incoraggiata la
  diversità di opinioni, le organizzazioni possono adattarsi
  più rapidamente ai cambiamenti e superare le sfide in
  modo efficace. La resilienza organizzativa si rafforza
  attraverso la capacità collettiva di affrontare i conflitti,
  apprendere da essi e emergere più forti e coesi.

Trasparenza e Comunicazione Interculturale

- **Valorizzare la Trasparenza e l'Interculturalità
  nella Comunicazione:** In un mondo sempre più
  globalizzato, la capacità di gestire i conflitti attraversa
  spesso diverse culture, lingue e contesti sociali. La
  trasparenza nella comunicazione e la sensibilità

interculturale diventano essenziali per navigare queste complessità. Comprendere le varie norme comunicative e mostrare rispetto per le differenze culturali può facilitare la risoluzione dei conflitti, promuovendo al contempo relazioni più forti e rispettose tra individui e gruppi di diversa provenienza.

Questi approfondimenti rivelano che una gestione dei conflitti efficace e olistica richiede un'ampia gamma di strategie, dalla leadership trasformativa al supporto individuale tramite mentoring, dalla costruzione di organizzazioni resilienti alla navigazione delle sfide interculturali con trasparenza e apertura. Integrando queste dimensioni in un approccio comprensivo alla gestione dei conflitti, si possono trasformare i disaccordi e le sfide in catalizzatori per il miglioramento personale, il rafforzamento delle squadre e l'innovazione organizzativa.

Proseguendo nell'esplorazione delle strategie avanzate per una gestione dei conflitti efficace, esaminiamo l'importanza di un approccio sistemico alla risoluzione dei conflitti, che consideri non solo gli aspetti individuali ma anche le strutture organizzative e sociali all'interno delle quali si verificano i conflitti. Inoltre, discutiamo il ruolo cruciale dell'innovazione nei metodi di risoluzione dei conflitti, l'effetto del sostegno sociale e della comunità nel facilitare la risoluzione dei conflitti, e l'importanza dell'equilibrio tra assertività e adattabilità nelle negoziazioni.

Approccio Sistemico alla Risoluzione dei Conflitti

- **Integrare una Visione Olistica:** Un approccio sistemico riconosce che i conflitti sono influenzati da una rete di fattori interdipendenti che trascendono gli individui coinvolti. Analizzare le strutture organizzative, le culture aziendali, e le dinamiche di potere può offrire insight cruciali su come prevenire e risolvere i conflitti in modo più efficace. Questo approccio invita a considerare cambiamenti sistemici che possano ridurre la probabilità di conflitti futuri, promuovendo un ambiente più armonioso e collaborativo.

Innovazione nella Risoluzione dei Conflitti

- **Esplorare Nuove Strategie:** L'innovazione nelle tecniche di risoluzione dei conflitti può offrire nuove prospettive e strumenti per affrontare disaccordi complessi. Dall'uso di realtà virtuale per la simulazione di scenari di negoziazione all'applicazione di intelligenza artificiale per analizzare pattern di conflitto, l'esplorazione di nuove tecnologie e metodologie può arricchire il toolkit disponibile per mediatori e leader, offrendo soluzioni creative e precedentemente inesplorate.

Sostegno Sociale e Comunitario

- **Valorizzare il Supporto della Comunità:** Il ruolo della comunità e del sostegno sociale nella risoluzione dei conflitti è inestimabile. Le reti di supporto possono fornire risorse, consigli, e una prospettiva esterna che può essere cruciale nella de-escalation e nella risoluzione dei conflitti. Promuovere una cultura del supporto reciproco e della solidarietà può rafforzare la coesione sociale e migliorare la capacità collettiva di gestire e risolvere i conflitti in modo costruttivo.

Assertività ed Adattabilità

- **Bilanciare Assertività e Flessibilità:** Nelle negoziazioni e nella gestione dei conflitti, è fondamentale trovare un equilibrio tra l'essere assertivi nelle proprie richieste e l'essere adattabili alle esigenze degli altri.

Questo equilibrio non solo facilita la ricerca di soluzioni reciprocamente soddisfacenti ma promuove anche relazioni più durature e rispettose. La capacità di adattarsi e di fare compromessi, senza perdere di vista i propri valori fondamentali, è una competenza chiave per qualsiasi leader o mediatore.

Questi ulteriori approfondimenti sottolineano che la gestione efficace dei conflitti richiede una comprensione profonda e olistica delle sue radici e delle sue manifestazioni, nonché un impegno costante all'innovazione, al supporto comunitario e al miglioramento delle proprie abilità di negoziazione. Adottando un approccio sistemico, esplorando nuove metodologie, valorizzando il sostegno della comunità e bilanciando assertività con adattabilità, individui e organizzazioni possono non solo risolvere i conflitti in modo efficace ma anche trasformarli in opportunità per la crescita personale e collettiva, il rafforzamento delle relazioni e il miglioramento organizzativo.

Mentre proseguiamo nell'esplorazione delle strategie avanzate per la gestione efficace dei conflitti, approfondiamo l'importanza di coltivare la consapevolezza culturale in contesti diversificati, il potenziale dei metodi alternativi di risoluzione dei conflitti come la negoziazione assistita da tecnologia, l'impiego di tecniche di mindfulness e intelligenza emotiva per migliorare la comunicazione durante i conflitti, e l'analisi del ruolo dei sistemi di valutazione e feedback continuo nel prevenire l'escalation dei conflitti e nel promuovere un ambiente collaborativo.

Consapevolezza Culturale in Contesti Diversificati

- **Navigare i Conflitti con Sensibilità Culturale:** In un mondo globalizzato, la capacità di gestire i conflitti in contesti culturalmente diversi è fondamentale. La consapevolezza e la comprensione delle varie norme culturali, stili comunicativi e valori possono aiutare a prevenire incomprensioni e a facilitare la risoluzione dei conflitti. L'adattamento delle strategie di risoluzione dei conflitti per rispettare le differenze culturali non solo dimostra rispetto e empatia ma può anche rivelarsi più efficace nel raggiungere soluzioni accettabili per tutte le parti coinvolte.

Risoluzione dei Conflitti Assistita da Tecnologia

- **Sfruttare la Tecnologia per Facilitare la Negoziazione:** L'uso di strumenti tecnologici, come piattaforme di mediazione online e software di analisi dei conflitti, può offrire nuovi modi per affrontare e risolvere i disaccordi. Questi strumenti possono facilitare la comunicazione tra le parti, offrire ambienti neutrali per la discussione, e aiutare nell'identificazione di soluzioni innovative. La tecnologia può inoltre rendere la risoluzione dei conflitti più accessibile, superando barriere fisiche e temporali.

Mindfulness e Intelligenza Emotiva

- **Applicare Mindfulness e Intelligenza Emotiva:** L'integrazione di pratiche di mindfulness e lo sviluppo dell'intelligenza emotiva sono essenziali per gestire efficacemente i conflitti. La capacità di essere presenti, di riconoscere e gestire le proprie emozioni e di interpretare quelle altrui può migliorare significativamente la comunicazione e facilitare la ricerca di terreni comuni. Tecniche di mindfulness possono aiutare a mantenere la calma e la chiarezza mentale durante le discussioni accese, permettendo una negoziazione più efficace.

Sistemi di Valutazione e Feedback

- **Promuovere il Feedback Continuo:** L'implementazione di sistemi di valutazione e feedback continuo all'interno delle organizzazioni può svolgere un ruolo preventivo nella gestione dei conflitti. Fornendo canali regolari per il feedback, le organizzazioni possono identificare e affrontare le fonti di insoddisfazione prima che si trasformino in conflitti maggiori. Questi sistemi promuovono un ambiente di apertura e trasparenza, dove i problemi possono essere discussi e risolti in modo costruttivo.

Questi ulteriori approfondimenti evidenziano l'importanza di un approccio olistico e multifacettato alla gestione dei conflitti, che integri sensibilità culturale, innovazione tecnologica, competenze emotive e pratiche organizzative proattive. Coltivando queste capacità e strumenti, individui e organizzazioni possono non solo navigare più efficacemente attraverso i conflitti ma anche trasformarli in opportunità per il miglioramento continuo, la crescita personale e il rafforzamento delle relazioni interpersonali e professionali.

Proseguendo nell'esame delle strategie per una gestione efficace dei conflitti, esploriamo l'importanza della costruzione di un ambiente psicologicamente sicuro come fondamento per la prevenzione dei conflitti, il valore dell'ascolto circolare e delle tecniche di narrazione per facilitare la comprensione reciproca, il potenziale della collaborazione interdisciplinare nel trovare soluzioni innovative ai conflitti, e l'impiego di simulazioni e giochi di ruolo per sviluppare abilità di negoziazione e di risoluzione dei conflitti in contesti sicuri e controllati.

Creazione di un Ambiente Psicologicamente Sicuro

- **Fondamento per la Prevenzione dei Conflitti:** Un ambiente di lavoro psicologicamente sicuro, dove i membri si sentono liberi di esprimere opinioni, preoccupazioni e idee senza timore di ritorsioni o giudizio, è essenziale per prevenire l'escalation dei conflitti. In tali ambienti, i conflitti possono essere affrontati apertamente e costruttivamente non appena emergono, prevenendo malintesi e tensioni accumulate.

La leadership gioca un ruolo cruciale nel promuovere questa cultura di apertura e fiducia, riconoscendo e valorizzando la diversità di pensiero.

Ascolto Circolare e Tecniche di Narrazione

- **Facilitare la Comprensione Reciproca:** L'ascolto circolare, una tecnica in cui i partecipanti ripetono o parafrasano ciò che è stato detto prima di aggiungere il proprio contributo, può aiutare a garantire che tutte le voci vengano ascoltate e comprese. Inoltre, l'utilizzo di tecniche di narrazione consente ai partecipanti di condividere le proprie esperienze e prospettive in modo più personale e impattante, costruendo empatia e comprensione reciproca. Queste tecniche possono trasformare la comunicazione durante i conflitti, favorendo un dialogo più profondo e significativo.

Collaborazione Interdisciplinare

- **Innovazione nelle Soluzioni ai Conflitti:** La collaborazione interdisciplinare porta a tavola una varietà di competenze, esperienze e punti di vista, arricchendo il processo di risoluzione dei conflitti. Questa diversità può stimolare la creatività, portando alla luce soluzioni innovative che potrebbero non essere state considerate in contesti più omogenei. Creare squadre interdisciplinari per affrontare i conflitti può accelerare la scoperta di soluzioni win-win, migliorando la coesione del gruppo e rafforzando la cultura organizzativa.

Simulazioni e Giochi di Ruolo

- **Sviluppare Competenze in Contesti Sicuri:** L'uso di simulazioni e giochi di ruolo consente agli individui di sperimentare e praticare strategie di gestione dei conflitti in un contesto sicuro e controllato. Questi esercizi possono aiutare a sviluppare abilità critiche come l'ascolto attivo, la negoziazione, l'empatia e la comunicazione efficace. La riflessione e il feedback post-simulazione offrono opportunità preziose per l'apprendimento personale e lo sviluppo delle competenze, preparando meglio gli individui a gestire i conflitti reali in modo efficace.

Questi ulteriori approfondimenti sottolineano l'importanza di un approccio multifacettato e proattivo alla gestione dei conflitti, che valorizza la sicurezza psicologica, la comunicazione empatica, la diversità di pensiero e l'apprendimento esperienziale. Implementando queste strategie, le organizzazioni possono non solo affrontare i conflitti esistenti in modo più efficace ma anche costruire fondamenta solide per prevenirne l'escalation in futuro, promuovendo un ambiente lavorativo più armonioso, collaborativo e innovativo.

Concludendo la nostra esplorazione approfondita sulle strategie avanzate di gestione dei conflitti, emerge chiaramente che una gestione efficace richiede un approccio olistico, che non si limita alla semplice risoluzione delle tensioni immediate, ma si estende alla costruzione di fondamenti resilienti per prevenire conflitti futuri e promuovere un ambiente collaborativo e innovativo. La gestione dei conflitti si rivela non solo un'abilità cruciale per mantenere e accrescere il proprio potere e influenza all'interno di un contesto sociale o organizzativo ma anche un'opportunità per il miglioramento continuo e la crescita personale e collettiva.

Costruzione di Ambienti Sicuri e Aperti

Il primo passo fondamentale nella gestione avanzata dei conflitti è la creazione di ambienti psicologicamente sicuri, dove la trasparenza, l'apertura e la fiducia prevalgono. Questi ambienti incoraggiano l'espressione autentica di idee e preoccupazioni, riducendo la probabilità di malintesi e tensioni accumulate. La leadership trasformativa gioca un ruolo chiave in questo processo, promuovendo valori di empatia, rispetto e inclusività.

Promozione della Comunicazione Empatica

Una comunicazione efficace e empatica è al centro della risoluzione dei conflitti. L'impiego di tecniche come l'ascolto circolare e la narrazione aiuta a garantire che tutte le parti si sentano ascoltate e comprese, costruendo ponti di comprensione reciproca e facilitando la ricerca di soluzioni condivise. La sensibilità culturale e la consapevolezza interpersonale arricchiscono ulteriormente questo processo, adattando l'approccio comunicativo ai diversi contesti e individui coinvolti.

Innovazione e Creatività nelle Soluzioni

L'approccio alla gestione dei conflitti beneficia enormemente della collaborazione interdisciplinare e dell'innovazione. La diversità di pensiero e l'integrazione di nuove tecnologie e metodologie possono portare alla scoperta di soluzioni creative e precedentemente inesplorate. La facilitazione della negoziazione assistita da tecnologia e l'utilizzo di piattaforme digitali per la mediazione sono esempi di come l'innovazione può migliorare l'efficacia e l'accessibilità della risoluzione dei conflitti.

Sviluppo di Competenze tramite l'Apprendimento Esperienziale

Infine, l'apprendimento esperienziale attraverso simulazioni, giochi di ruolo e feedback costruttivo è vitale per lo sviluppo delle competenze di gestione dei conflitti. Questi esercizi permettono di praticare strategie in contesti sicuri, sviluppando abilità critiche quali l'ascolto attivo, la negoziazione, e la comunicazione efficace. L'auto-riflessione e l'analisi post-conflitto contribuiscono ulteriormente a questo processo di crescita, offrendo insight preziosi per il miglioramento continuo.

In sintesi, una gestione avanzata dei conflitti richiede una combinazione di sicurezza psicologica, comunicazione empatica, apertura all'innovazione e apprendimento continuo. Attraverso l'adozione di queste pratiche, è possibile non solo risolvere efficacemente i conflitti ma anche trasformarli in opportunità per rafforzare le relazioni, promuovere l'innovazione e costruire una cultura organizzativa resiliente e collaborativa. La gestione dei conflitti, pertanto, diventa un elemento fondamentale per la leadership, il successo organizzativo e il benessere collettivo.

17. Il potere della conoscenza: Come l'informazione e la conoscenza possono essere utilizzate come strumenti di potere.

Il potere della conoscenza giace nella sua capacità di influenzare decisioni, comportamenti e relazioni. Nel contesto di una società sempre più basata sull'informazione, la conoscenza si rivela come uno strumento di potere estremamente efficace, capace di modellare la percezione pubblica, di guidare l'innovazione e di consolidare o sfidare le strutture di potere esistenti. Questo potere si manifesta in diversi modi, dalla capacità di prendere decisioni informate fino all'influenza su politiche e pratiche a livello globale.

Presa di Decisioni Informate

La conoscenza fornisce il fondamento per decisioni informate, sia a livello individuale che organizzativo. Nel mondo degli affari, ad esempio, un'approfondita comprensione del mercato, dei trend emergenti e delle dinamiche competitive può determinare il successo o il fallimento di una strategia aziendale. Analogamente, nel contesto politico, la conoscenza dettagliata delle questioni sociali, economiche e ambientali consente ai leader di formulare politiche efficaci e responsabili.

Accesso e Controllo dell'Informazione

L'accesso e il controllo dell'informazione sono strumenti potenti di potere e influenza. Coloro che controllano l'accesso all'informazione possono influenzare l'agenda pubblica, modellare l'opinione pubblica e persino limitare o estendere la libertà di parola. Questo aspetto del potere della conoscenza è particolarmente evidente nell'era digitale, dove l'informazione può essere sia diffusa che ristretta con una rapidità e una scala precedentemente inimmaginabili.

Educazione come Leva di Potere

L'educazione è un altro veicolo fondamentale attraverso cui la conoscenza esercita il suo potere. Offrendo o limitando opportunità educative, le società possono influenzare le traiettorie di vita degli individui e determinare chi ha accesso a posizioni di potere e influenza. Un'istruzione di qualità non solo apre porte a opportunità economiche e professionali ma promuove anche la cittadinanza attiva, l'innovazione e il pensiero critico.

Innovazione e Sviluppo Tecnologico

La conoscenza è il motore dell'innovazione e dello sviluppo tecnologico. In campi come la medicina, l'ingegneria e le scienze ambientali, le scoperte basate sulla ricerca avanzata possono rivoluzionare intere industrie, migliorare la qualità della vita e affrontare sfide globali come il cambiamento climatico e le malattie pandemica. Le organizzazioni e i paesi che investono nella ricerca e nello sviluppo di nuove conoscenze spesso guadagnano un vantaggio competitivo significativo sul palcoscenico mondiale.

Sovversione e Cambiamento Sociale

Infine, la conoscenza può fungere da strumento di sovversione e cambiamento sociale, sfidando le narrazioni dominanti e mettendo in discussione le strutture di potere ingiuste. Movimenti sociali, attivisti e gruppi di pensiero critico utilizzano la conoscenza per sensibilizzare su questioni ingiuste, promuovere la trasparenza e sostenere il cambiamento in direzione di società più eque e inclusive.

In conclusione, il potere della conoscenza risiede nella sua capacità di aprire menti, ispirare l'innovazione e guidare il cambiamento. La gestione etica e responsabile dell'accesso alla conoscenza e della sua distribuzione è fondamentale per assicurare che questo potere sia utilizzato per il bene comune, promuovendo l'avanzamento sociale, economico e tecnologico in modo equo e sostenibile.

Approfondendo ulteriormente il concetto del potere della conoscenza come strumento di influenza e autorità, si svela la dimensione critica dell'alfabetizzazione informatica nell'era digitale, l'importanza del pensiero critico nel discernere tra informazioni affidabili e fuorvianti, il ruolo della conoscenza condivisa nelle comunità online per promuovere l'innovazione collettiva, e l'implicazione della protezione intellettuale nella salvaguardia e nella valorizzazione delle conoscenze.

Alfabetizzazione Informatica e Digitale

- **Capacità Critiche nell'Era Digitale:** Nell'attuale era dell'informazione, l'alfabetizzazione informatica e digitale emerge come una competenza fondamentale per individui e organizzazioni. La capacità di navigare efficacemente nel vasto mare di dati disponibili online, di utilizzare strumenti tecnologici per elaborare e analizzare informazioni, e di partecipare attivamente a spazi digitali sono aspetti cruciali che conferiscono potere agli utenti. L'accesso alle tecnologie digitali e la competenza nel loro uso permettono di partecipare pienamente alla società moderna, accedendo a opportunità educative, economiche e sociali.

Pensiero Critico e Analisi delle Informazioni

- **Discernere la Qualità dell'Informazione:** In un'epoca caratterizzata da un sovraccarico di informazioni e dalla diffusione di fake news, il pensiero critico diventa uno strumento indispensabile del potere della conoscenza. La capacità di valutare criticamente la provenienza, l'affidabilità e il contesto delle informazioni consente agli individui di prendere decisioni basate su dati di fatto e di rimanere immuni da tentativi di manipolazione. Il pensiero critico abilita anche la capacità di formulare argomentazioni coerenti e di impegnarsi in dibattiti costruttivi, rafforzando la propria posizione in qualsiasi contesto.

Conoscenza Condivisa nelle Comunità Online

- **Innovazione Collettiva attraverso la Collaborazione:** Le comunità online offrono piattaforme uniche per la condivisione della conoscenza, permettendo agli individui di collaborare su scala globale. Questi spazi digitali facilitano l'innovazione collettiva, consentendo alle persone di contribuire al pool comune di conoscenze, di apprendere dagli altri e di sviluppare soluzioni a problemi complessi insieme. La condivisione aperta della conoscenza nelle comunità online può accelerare il progresso scientifico, tecnologico e culturale, dimostrando come la collaborazione superi spesso la competizione nel generare valore per la società.

Protezione Intellettuale e Valorizzazione della Conoscenza

- **Salvaguardare le Innovazioni e Stimolare la Creatività:** La protezione dei diritti di proprietà intellettuale è un aspetto fondamentale nella valorizzazione e nella diffusione della conoscenza. Brevetti, diritti d'autore e marchi registrati non solo offrono agli inventori e ai creatori il riconoscimento e la ricompensa per il loro lavoro ma incentivano ulteriormente l'innovazione garantendo che le nuove idee possano essere condivise in modo sicuro. Questa protezione consente una distribuzione equa della conoscenza, stimolando la crescita economica e contribuendo allo sviluppo culturale e tecnologico.

Questi ulteriori approfondimenti evidenziano come il potere della conoscenza si estenda ben oltre la mera accumulazione di fatti, abbracciando la capacità di utilizzare, condividere e proteggere le informazioni in modi che promuovano il progresso individuale e collettivo. La gestione etica e strategica della conoscenza, supportata dall'alfabetizzazione digitale, dal pensiero critico, dalla collaborazione e dalla protezione intellettuale, non solo potenzia gli individui ma guida anche l'innovazione e il benessere delle società globali.

Continuando l'esplorazione del potere della conoscenza come strumento di influenza e autorità, si approfondisce il ruolo della divulgazione e dell'educazione pubblica nella democratizzazione della conoscenza, l'importanza delle reti di esperti e della mentorship per il trasferimento di conoscenze specialistiche, l'implicazione dell'analisi predittiva e dei big data nel potenziare la presa di decisioni basata sulla conoscenza, e l'effetto dell'interdisciplinarità nell'arricchire la comprensione e l'innovazione.

Divulgazione ed Educazione Pubblica

- **Democratizzare la Conoscenza tramite l'Educazione:** La divulgazione e l'educazione pubblica giocano un ruolo cruciale nella democratizzazione della conoscenza, rendendola accessibile a un pubblico più ampio al di là delle aule accademiche o dei laboratori di ricerca. Iniziative come lezioni aperte, MOOCs (Massive Open Online Courses), e piattaforme di apprendimento online consentono a individui di ogni background di accedere a conoscenze specialistiche e di elevare la loro comprensione su una vasta gamma di argomenti. Questo

accesso universale alla conoscenza potenzia gli individui,
fornendo loro gli strumenti per partecipare attivamente
alle discussioni e alle decisioni che influenzano le loro
vite e la società nel suo complesso.

Reti di Esperti e Mentorship

- **Trasferire Conoscenze Specialistiche:** Le reti di
  esperti e i programmi di mentorship offrono piattaforme
  vitali per il trasferimento di conoscenze specialistiche.
  Attraverso la condivisione di esperienze, competenze e
  intuizioni, i professionisti esperti possono guidare la
  prossima generazione, accelerando il loro apprendimento
  e preparandoli a sfide future. Questa trasmissione di
  conoscenze non solo beneficia gli individui in crescita
  professionale ma rafforza anche le capacità collettive
  delle organizzazioni e delle comunità.

Analisi Predittiva e Big Data

- **Potenziare le Decisioni tramite la Conoscenza dei
  Dati:** Nell'era del big data, l'analisi predittiva emerge
  come uno strumento potente per migliorare la presa di
  decisioni basata sulla conoscenza. L'abilità di analizzare
  grandi volumi di dati per identificare pattern, tendenze e
  potenziali risultati futuri consente alle organizzazioni di
  anticipare cambiamenti, ottimizzare strategie e mitigare
  rischi. Questa conoscenza basata sui dati offre un
  vantaggio competitivo significativo, permettendo
  decisioni più informate e strategiche a tutti i livelli.

Interdisciplinarità per l'Innovazione

- **Arricchire la Comprensione tramite l'Interdisciplinarità:** L'approccio interdisciplinare alla conoscenza, che integra prospettive e metodologie da diverse discipline, stimola l'innovazione e una comprensione più profonda dei problemi complessi. Questo approccio promuove soluzioni creative che trascendono i confini tradizionali del sapere, affrontando questioni in modi nuovi ed efficaci. L'interdisciplinarità non solo arricchisce la ricerca e lo sviluppo ma promuove anche una cultura di apprendimento continuo e adattamento.

Questi ulteriori approfondimenti rivelano come il potere della conoscenza si manifesti attraverso l'educazione e la divulgazione, il trasferimento di competenze specialistiche, l'analisi avanzata dei dati e l'adozione di approcci interdisciplinari. Ciascuno di questi aspetti sottolinea l'importanza di rendere la conoscenza accessibile, applicabile e adattabile, garantendo che possa servire come un vero strumento di potere per il progresso individuale e collettivo, la presa di decisioni informate e l'innovazione sostenibile.

Approfondendo ulteriormente l'importanza e l'efficacia del potere della conoscenza, ci focalizziamo sull'impatto delle partnership accademiche-industriali nel catalizzare l'innovazione, sul ruolo della conoscenza tacita nel conferire vantaggi competitivi unici, sull'importanza della conservazione della conoscenza storica e culturale per influenzare le future generazioni, e sull'effetto delle politiche di open access nel rendere la conoscenza più accessibile e nel promuovere la collaborazione globale.

Partnership Accademiche-Industriali

- **Catalizzatori dell'Innovazione tramite la Collaborazione:** Le partnership tra istituzioni accademiche e il settore industriale rappresentano un fertile terreno per l'innovazione. Queste collaborazioni uniscono la ricerca teorica e le capacità di sperimentazione delle università con le risorse e l'orientamento pratico delle aziende, accelerando lo sviluppo e l'applicazione di nuove tecnologie, prodotti e servizi. Tali sinergie non solo arricchiscono la ricerca applicata ma offrono anche agli studenti esperienze pratiche preziose, preparandoli a sfide professionali future e rafforzando il legame tra teoria e pratica.

Conoscenza Tacita

- **Vantaggio Competitivo tramite la Conoscenza Non Codificata:** La conoscenza tacita, ovvero quella conoscenza che è difficile da trasmettere attraverso la scrittura o il discorso a causa della sua natura intuitiva e esperienziale, svolge un ruolo cruciale nel conferire alle organizzazioni e agli individui vantaggi competitivi unici. La capacità di catturare, condividere e applicare questa forma di conoscenza all'interno delle organizzazioni può promuovere l'innovazione interna, migliorare l'efficienza operativa e personalizzare le soluzioni alle sfide complesse, rafforzando la posizione di leadership nel mercato.

Conservazione della Conoscenza Storica e Culturale

- **Influenzare il Futuro Preservando il Passato:** La conservazione e la diffusione della conoscenza storica e culturale sono vitali per influenzare e ispirare le future generazioni. Musei, archivi, e biblioteche svolgono un ruolo chiave nel proteggere questo patrimonio, rendendolo accessibile per l'educazione e la riflessione. La conoscenza del passato non solo arricchisce la nostra comprensione delle culture e delle civiltà ma fornisce anche lezioni preziose che possono guidare le decisioni future, promuovendo un senso di identità e continuità.

Politiche di Open Access

- **Promuovere l'Accessibilità e la Collaborazione Globale:** Le politiche di open access mirano a rendere la conoscenza scientifica e accademica liberamente accessibile a tutti, superando le barriere economiche e geografiche che tradizionalmente limitano la diffusione delle informazioni. Questo approccio non solo democratizza l'accesso alla conoscenza ma incoraggia anche una più ampia collaborazione e condivisione tra ricercatori di tutto il mondo, accelerando il progresso scientifico e l'innovazione attraverso la cooperazione transnazionale e interdisciplinare.

Questi approfondimenti ulteriori enfatizzano il ruolo multifacettato del potere della conoscenza nel promuovere l'innovazione, nel conferire vantaggi competitivi, nel preservare il patrimonio culturale e storico, e nel facilitare la collaborazione globale. Attraverso la valorizzazione della conoscenza in tutte le sue forme e l'impegno nella sua condivisione etica e accessibile, si possono sfruttare appieno le sue potenzialità come leva per il progresso sostenibile, il miglioramento sociale e il rafforzamento delle capacità umane a livello globale.

Mentre continuiamo ad esplorare il potere della conoscenza come strumento di influenza e autorità, è essenziale considerare l'implicazione dell'intelligenza collettiva e delle piattaforme collaborative nella soluzione di problemi complessi, il ruolo dell'istruzione continua e dell'apprendimento permanente nel mantenimento della competitività individuale e organizzativa, l'importanza delle iniziative di citizen science nel coinvolgere il pubblico nella ricerca scientifica, e il potenziale dell'analisi dei social media per comprendere tendenze e comportamenti sociali.

Intelligenza Collettiva e Piattaforme Collaborative

- **Sfruttare la Saggezza delle Folle:** L'intelligenza collettiva, facilitata da piattaforme collaborative online, permette di unire le conoscenze e le competenze di individui sparsi in tutto il mondo per affrontare sfide complesse. Questo approccio sfrutta la diversità di pensiero per generare soluzioni innovative che sarebbero difficili da ottenere individualmente. Progetti open source, hackathon online e crowdsourcing sono esempi di come la collaborazione su vasta scala possa accelerare l'innovazione e la risoluzione di problemi, dimostrando il potere della conoscenza condivisa.

Istruzione Continua e Apprendimento Permanente

- **Mantenere la Competitività tramite l'Educazione:** Nell'attuale economia basata sulla conoscenza, l'istruzione continua e l'apprendimento permanente sono diventati indispensabili per gli individui che desiderano mantenere la propria competitività nel mercato del lavoro. L'accesso a risorse educative online, come webinar, corsi online e tutorial, consente alle persone di aggiornare costantemente le proprie competenze e di adattarsi alle mutevoli esigenze professionali, rafforzando il proprio potere e valore nel contesto lavorativo.

Citizen Science e Ricerca Partecipativa

- **Ampliare la Ricerca tramite il Contributo Pubblico:** Le iniziative di citizen science coinvolgono il pubblico generale nella ricerca scientifica, sfruttando la conoscenza e l'interesse delle persone per contribuire a progetti di ricerca su vasta scala. Questo approccio non solo amplia la portata e le capacità della ricerca scientifica ma aumenta anche la consapevolezza pubblica e l'interesse per la scienza, promuovendo un senso di partecipazione e responsabilità collettiva nei confronti delle questioni globali.

Analisi dei Social Media per la Comprensione Sociale

- **Decifrare Tendenze e Comportamenti tramite i Dati dei Social:** L'analisi dei social media offre una finestra preziosa sulle opinioni, le tendenze e i comportamenti sociali. L'elaborazione di grandi volumi di dati generati dagli utenti può rivelare pattern di interesse pubblico, movimenti sociali emergenti e la diffusione di informazioni e disinformazioni. Questa forma di conoscenza basata sui dati consente a aziende, governi e organizzazioni non governative di prendere decisioni più informate e di adattare le loro strategie per rispondere meglio alle esigenze e alle preoccupazioni della società.

Attraverso questi ulteriori approfondimenti, diventa chiaro che il potere della conoscenza trascende i confini tradizionali, estendendosi dall'istruzione formale e dall'innovazione tecnologica alla partecipazione civica e all'analisi comportamentale. L'abilità di mobilizzare, condividere e applicare la conoscenza in modi nuovi e collaborativi apre infinite possibilità per affrontare le sfide del nostro tempo, dimostrando che quando la conoscenza viene valorizzata e resa accessibile, può diventare la leva più potente per il progresso e il cambiamento positivo.

Proseguendo l'analisi sul potere della conoscenza come leva di cambiamento e influenza, esploriamo l'implicazione della diffusione della conoscenza attraverso i nuovi media digitali nell'abbattere le barriere all'informazione, il ruolo cruciale dell'educazione interculturale nell'arricchire la comprensione globale, l'importanza dell'accesso aperto alla ricerca scientifica per accelerare il progresso condiviso, e il potenziale delle tecnologie emergenti, come l'intelligenza artificiale, nel trasformare il modo in cui generiamo, condividiamo e applichiamo la conoscenza.

Diffusione della Conoscenza attraverso i Nuovi Media Digitali

- **Abbatte le Barriere all'Informazione:** L'avvento dei nuovi media digitali ha rivoluzionato il modo in cui la conoscenza viene distribuita e consumata, rendendola più accessibile a livello globale. Piattaforme di social media, blog, podcast e altri canali digitali consentono una rapida diffusione di idee, conoscenze e innovazioni, superando i limiti geografici e socio-economici che tradizionalmente hanno impedito l'accesso universale all'informazione. Questa democratizzazione della conoscenza potenzia gli individui, consentendo loro di apprendere, contribuire e partecipare a dibattiti su scala mondiale.

Educazione Interculturale

- **Arricchisce la Comprensione Globale:** L'educazione interculturale svolge un ruolo fondamentale nel promuovere la comprensione e il rispetto tra diverse culture e società. Integrando nei curricula educativi temi che esplorano diverse prospettive culturali, storiche e sociali, si preparano gli studenti a operare efficacemente in un mondo sempre più interconnesso. La conoscenza e l'apprezzamento delle differenze culturali rafforzano le competenze comunicative interculturali, fondamentali per la negoziazione, la diplomazia e la collaborazione internazionale.

Accesso Aperto alla Ricerca Scientifica

- **Accelerare il Progresso Condiviso:** L'adozione di politiche di accesso aperto per la pubblicazione di risultati di ricerca scientifica sta trasformando il panorama dell'innovazione e dello sviluppo. Rendendo i risultati di ricerca immediatamente disponibili a ricercatori, praticanti e al pubblico generale senza barriere economiche, l'accesso aperto facilita una più rapida disseminazione delle scoperte, stimolando ulteriore ricerca e applicazioni pratiche. Questo modello promuove un'etica di condivisione della conoscenza che accelera il progresso scientifico e tecnologico a beneficio dell'umanità.

Tecnologie Emergenti e la Trasformazione della Conoscenza

- **Rivoluzionare la Generazione e la Condivisione della Conoscenza:** L'evoluzione di tecnologie emergenti, come l'intelligenza artificiale (AI) e il machine learning, sta cambiando radicalmente il modo in cui generiamo, analizziamo e applichiamo la conoscenza. Queste tecnologie offrono la possibilità di elaborare e interpretare grandi volumi di dati, scoprendo insight e pattern che sfuggono all'analisi umana. L'impiego dell'AI nella ricerca e nell'innovazione non solo può accelerare la scoperta di nuove soluzioni ma può anche personalizzare l'apprendimento e l'accesso alla conoscenza, adattandosi alle esigenze individuali.

Questi ulteriori approfondimenti evidenziano come il potere della conoscenza, amplificato dall'avanzamento tecnologico e dalla crescente interconnessione globale, continui a essere una forza motrice fondamentale per il cambiamento sociale, economico e culturale. Attraverso la promozione dell'accesso alla conoscenza, l'adozione di un approccio inclusivo e interculturale all'educazione, e l'esplorazione delle potenzialità delle nuove tecnologie, possiamo sfruttare al meglio questo potere per affrontare le sfide del nostro tempo, guidando verso un futuro di progresso e innovazione condivisi.

Continuando a indagare sulle dinamiche del potere della conoscenza, esaminiamo l'impatto del data storytelling nella comunicazione efficace di complessi insiemi di dati, il valore della sintesi della conoscenza per facilitare la comprensione trasversale, l'importanza della preservazione digitale nel garantire l'accessibilità a lungo termine delle informazioni e, infine, l'esplorazione delle comunità di pratica come spazi per lo scambio e la crescita della conoscenza condivisa.

Data Storytelling

- **Comunicare Dati Complessi in Modo Efficace:** Il
  data storytelling emerge come un potente strumento per
  rendere accessibili e comprensibili complessi insiemi di
  dati. Attraverso la narrazione, si possono evidenziare
  pattern, tendenze e insight nascosti nei dati, rendendo
  l'informazione più relatabile e impattante per un pubblico
  più ampio. Questo approccio non solo migliora la presa di
  decisioni basata su dati ma facilita anche il
  coinvolgimento e la comprensione del pubblico rispetto a
  questioni complesse, dimostrando come la presentazione
  della conoscenza sia essenziale quanto la sua scoperta.

Sintesi della Conoscenza

- **Facilitare la Comprensione Trasversale:** In
  un'epoca caratterizzata da un sovraccarico informativo, la
  capacità di sintetizzare e distillare la conoscenza diventa
  fondamentale. La sintesi efficace permette agli individui
  di attraversare discipline, integrando e applicando la
  conoscenza in contesti diversi. Questa abilità non solo
  accelera l'apprendimento ma promuove anche
  l'innovazione, consentendo l'applicazione di idee e
  concetti da un campo all'altro, e facilitando una
  comprensione più olistica dei problemi.

Preservazione Digitale

- **Garantire l'Accessibilità a Lungo Termine delle
  Informazioni:** La preservazione digitale svolge un ruolo
  critico nel mantenere la conoscenza accessibile per le
  future generazioni. In un mondo dove l'informazione
  digitale può diventare rapidamente obsoleta o degradata,
  le strategie di preservazione digitale assicurano che
  risorse preziose, dalla letteratura accademica ai
  documenti governativi, restino disponibili e utilizzabili.
  Questa continua accessibilità supporta l'apprendimento

continuo, la ricerca e la memoria collettiva, sottolineando l'importanza di sistemi di archiviazione sostenibili e accessibili.

Comunità di Pratica

- **Spazi per lo Scambio di Conoscenza Condivisa:** Le comunità di pratica offrono spazi dinamici dove i membri possono condividere esperienze, sfide e soluzioni, promuovendo l'apprendimento collaborativo e lo sviluppo professionale. Queste comunità, organizzate attorno a interessi o obiettivi comuni, facilitano lo scambio di conoscenze tacite e esplicite, rafforzando le competenze individuali e collettive. L'interazione regolare e il supporto reciproco all'interno di queste comunità non solo accrescono la conoscenza ma rafforzano anche la coesione sociale e il senso di appartenenza.

Attraverso questi ulteriori approfondimenti, è evidente come il potere della conoscenza si estenda in molteplici dimensioni, dalla capacità di comunicare efficacemente informazioni complesse, alla necessità di preservare e sintetizzare la conoscenza per la fruizione futura, fino all'importanza delle comunità di pratica nel coltivare ambienti di apprendimento e innovazione condivisi. Questi aspetti sottolineano l'importanza di strategie inclusive e accessibili nella gestione della conoscenza, garantendo che il suo potere sia utilizzato per promuovere il progresso, l'innovazione e la comprensione collettiva in un mondo sempre più interconnesso e informatizzato.

Proseguendo nell'esame del potere della conoscenza come strumento di influenza e cambiamento, si rivela fondamentale esplorare il contributo delle piattaforme di e-learning nel rendere l'istruzione accessibile a livello globale, l'importanza di coltivare la diversità epistemica per arricchire il panorama della conoscenza, il ruolo cruciale dell'etica nella gestione e nella diffusione delle informazioni, e infine, l'impatto dei think tank e delle istituzioni di ricerca nel plasmare le politiche pubbliche e guidare l'innovazione sociale.

Piattaforme di E-Learning

- **Democratizzare l'Istruzione a Livello Globale:** Le piattaforme di e-learning hanno trasformato radicalmente il paesaggio educativo, offrendo opportunità di apprendimento a chiunque disponga di una connessione internet. Questa accessibilità rimuove barriere geografiche e socioeconomiche, consentendo a un numero maggiore di persone di acquisire conoscenze e competenze che possono migliorare le loro prospettive di vita. Questi strumenti digitali supportano l'istruzione personalizzata e l'apprendimento continuo, elementi chiave per rimanere competitivi nell'economia della conoscenza.

Diversità Epistemica

- **Arricchire la Conoscenza attraverso la Diversità:** La diversità epistemica, ovvero la valorizzazione di diverse forme di conoscenza e modi di sapere, da quelli scientifici a quelli indigeni e locali, amplia la comprensione dei problemi complessi e promuove soluzioni innovative. Riconoscere e integrare diverse prospettive epistemiche non solo arricchisce il dibattito intellettuale ma stimola anche l'innovazione attraverso l'incontro di diverse tradizioni di pensiero, favorendo un approccio più olistico ed equo alla risoluzione dei problemi globali.

Etica nella Gestione della Conoscenza

- **Navigare l'Informazione con Responsabilità:** L'etica nella gestione e nella diffusione della conoscenza è essenziale per assicurare che l'informazione venga utilizzata in modo responsabile e per il bene comune. Le questioni etiche relative alla privacy dei dati, alla proprietà intellettuale, e all'accesso equo alle informazioni richiedono un'attenzione costante per evitare abusi e per promuovere pratiche di condivisione che rispettino i diritti e le libertà individuali. Un approccio etico alla conoscenza sostiene la fiducia e l'integrità nell'ambito accademico, industriale e sociale.

Think Tank e Istituzioni di Ricerca

- **Influenzare Politiche e Innovazione Sociale:** I think tank e le istituzioni di ricerca giocano un ruolo cruciale nel plasmare le politiche pubbliche e nel guidare l'innovazione sociale. Attraverso la ricerca approfondita e l'analisi di temi critici, questi enti forniscono insight preziosi e raccomandazioni basate su evidenze che possono informare i decisori politici e il pubblico. La loro capacità di sintetizzare e comunicare conoscenze complesse in formati accessibili permette di influenzare il dibattito pubblico e di contribuire a soluzioni politiche informate e sostenibili.

Questi ulteriori approfondimenti dimostrano come il potere della conoscenza continui a essere un fulcro centrale per lo sviluppo umano, economico e sociale. Attraverso la promozione dell'accesso all'istruzione, la valorizzazione della diversità epistemica, l'adesione a principi etici nella gestione delle informazioni, e l'apporto di think tank e istituzioni di ricerca, è possibile sfruttare la conoscenza per affrontare le sfide contemporanee, promuovere l'equità e stimolare l'innovazione per un futuro migliore e più informato.

Concludendo, il potere della conoscenza si manifesta come un pilastro fondamentale per il progresso e l'evoluzione della società umana, influenzando profondamente le dinamiche di potere, l'innovazione e il cambiamento sociale. Questo potere, radicato nell'accesso, nella condivisione e nell'applicazione etica dell'informazione, si estende attraverso vari ambiti della vita umana, dalla politica all'economia, dall'educazione alla scienza.

Democratizzazione dell'Accesso alla Conoscenza

La democratizzazione dell'accesso alla conoscenza attraverso piattaforme di e-learning e politiche di open access rappresenta un cambiamento paradigmatico verso un'istruzione e una ricerca più inclusive. Questi strumenti digitali abbattendo le barriere fisiche e socioeconomiche, offrono a individui di ogni angolo del pianeta la possibilità di apprendere, crescere e contribuire al corpus della conoscenza umana. L'istruzione, una volta prerogativa di pochi, si trasforma così in un diritto universale, accelerando l'innovazione e promuovendo una società più equa.

Valorizzazione della Diversità Epistemica

L'arricchimento del panorama della conoscenza attraverso la valorizzazione della diversità epistemica apre nuove prospettive nella comprensione e risoluzione dei problemi globali. Integrando saperi da culture e discipline diverse, si promuove un dialogo più ricco e soluzioni innovative che rispettano e celebrano la pluralità del pensiero umano. Questa diversità epistemica non solo stimola l'innovazione ma contribuisce anche a una comprensione più empatica e olistica delle sfide che affrontiamo.

Etica e Responsabilità nella Gestione dell'Informazione

La gestione etica dell'informazione sottolinea l'importanza di navigare nel vasto mare della conoscenza con integrità e responsabilità. Nel contesto dell'era digitale, dove la disinformazione può diffondersi rapidamente, l'etica diventa cruciale per assicurare che le informazioni siano utilizzate per promuovere il benessere collettivo, rispettando la privacy, la proprietà intellettuale e l'equità nell'accesso. Solo così la conoscenza può servire come forza positiva per l'umanità.

Ruolo dei Think Tank e delle Istituzioni di Ricerca

I think tank e le istituzioni di ricerca, attraverso l'analisi approfondita e la sintesi di informazioni complesse, esercitano una significativa influenza sulle politiche pubbliche e l'innovazione sociale. Fornendo raccomandazioni basate su evidenze, questi enti guidano i decisori politici e la società civile verso scelte informate che possono modellare il futuro delle nostre società in modo sostenibile e giusto.

In sintesi, il potere della conoscenza, quando incanalato attraverso l'accesso universale, la diversità di prospettive, l'integrità etica e l'analisi rigorosa, diventa un motore di cambiamento positivo, guidando l'innovazione, il progresso sociale ed economico, e il miglioramento della qualità della vita globale. È attraverso la valorizzazione e la condivisione responsabile della conoscenza che possiamo affrontare le sfide del nostro tempo, costruendo un futuro più luminoso e informato per tutti.

18. La psicologia del timore e del rispetto: L'equilibrio tra incutere paura e guadagnare rispetto.

La psicologia del timore e del rispetto gioca un ruolo cruciale nelle dinamiche di potere e influenza. Trovare l'equilibrio giusto tra incutere paura e guadagnare rispetto è fondamentale per qualsiasi forma di leadership o gestione delle relazioni. Mentre il timore può essere un mezzo efficace per ottenere la conformità, il rispetto si guadagna attraverso l'integrità, la competenza e l'empatia, e porta a una cooperazione più genuina e sostenibile.

Il Ruolo del Timore

Il timore, quando utilizzato come strumento di controllo, può produrre risultati immediati in termini di conformità. Tuttavia, questo approccio presenta limitazioni significative e potenziali rischi. Il timore può generare ostilità, resistenza e può erodere la fiducia nel tempo. Inoltre, le persone che agiscono sotto la spinta della paura tendono a essere meno creative, meno proattive e più inclini a nascondere i problemi anziché affrontarli apertamente. Un eccesso di paura può portare a un ambiente di lavoro o a una relazione oppressiva, in cui il benessere e la motivazione sono compromessi.

Guadagnare il Rispetto

Il rispetto, al contrario, si basa su fondamenta di ammirazione per le qualità, le azioni e le competenze di una persona. A differenza della paura, il rispetto promuove un senso di fiducia reciproca, stimola la collaborazione e incoraggia un impegno più profondo. Guadagnare il rispetto richiede coerenza, giustizia, trasparenza e la capacità di ascoltare e valutare le prospettive altrui. Il rispetto si guadagna mostrando rispetto: valorizzando i contributi degli altri, trattando tutti con equità e dimostrando competenza e integrità nelle proprie azioni.

L'Equilibrio tra Timore e Rispetto

Trovare l'equilibrio tra incutere un certo grado di timore e guadagnare rispetto è una sfida complessa. Un certo livello di autorità e determinazione può essere necessario per guidare e prendere decisioni difficili, ma questo non deve mai trasformarsi in intimidazione o abuso di potere. Le figure di autorità più efficaci sono quelle che riescono a ispirare gli altri attraverso la leadership esemplare, il merito e l'empatia, piuttosto che attraverso la paura. La chiave sta nel promuovere una cultura in cui le persone si sentano valorizzate, ascoltate e motivate da un senso di scopo condiviso, piuttosto che controllate attraverso la paura.

Psicologia e Pratica

Nella pratica, l'equilibrio tra timore e rispetto si manifesta nel modo in cui i leader comunicano, prendono decisioni e gestiscono le sfide. La trasparenza nelle decisioni, l'equità nel trattamento, la coerenza nelle azioni e la capacità di ammettere e imparare dagli errori sono tutti aspetti che contribuiscono a costruire il rispetto. Allo stesso tempo, mantenere standard elevati, aspettarsi responsabilità e stabilire chiare conseguenze per le azioni contribuisce a un sano livello di autorità rispettata.

In conclusione, l'equilibrio tra il timore e il rispetto è delicato ma essenziale per qualsiasi forma efficace di leadership o relazione interpersonale. Mentre il timore può garantire la conformità a breve termine, è il rispetto a costruire le fondamenta per relazioni durature, basate sulla fiducia, sulla collaborazione e sull'impegno reciproco verso obiettivi comuni. La leadership che aspira alla sostenibilità e all'eccellenza si basa più sul guadagno del rispetto che non sull'incutere timore, promuovendo un ambiente in cui le persone sono motivate da valori condivisi e da un senso di appartenenza e scopo.

Approfondendo ulteriormente la complessa relazione tra il timore e il rispetto nelle dinamiche di potere e leadership, esaminiamo l'importanza della comunicazione autentica nel coltivare il rispetto, il delicato equilibrio tra autorità e vulnerabilità nel leadership, l'impatto a lungo termine delle strategie basate sul timore sulla cultura organizzativa, e l'importanza dell'esempio personale nel stabilire standard di rispetto e fiducia.

Comunicazione Autentica

La capacità di comunicare in modo aperto e autentico è fondamentale per guadagnare il rispetto di colleghi e subordinati. Una comunicazione efficace che trasmette sincerità, chiarezza di intenti e considerazione per le prospettive altrui può rafforzare i legami interpersonali e promuovere un ambiente di lavoro positivo. L'autenticità nella comunicazione mostra rispetto per l'intelligenza e l'esperienza degli altri, incoraggiando un dialogo costruttivo e la condivisione di idee.

Autorità e Vulnerabilità

I leader che bilanciano con successo autorità e vulnerabilità tendono a guadagnarsi un profondo rispetto. Mostrare vulnerabilità, come la capacità di ammettere errori o incertezze, può sembrare controintuitivo nel contesto della leadership tradizionale. Tuttavia, questa apertura umanizza i leader, rendendoli più relatabili e affidabili. Una leadership che accetta la vulnerabilità, pur mantenendo una chiara visione e autorità, costruisce una cultura di fiducia reciproca e impegno collettivo.

Impatto delle Strategie Basate sul Timore

Strategie di leadership o di gestione basate prevalentemente sul timore possono avere effetti deleteri sulla cultura organizzativa a lungo termine. Ambienti di lavoro caratterizzati da paura e tensione tendono a sopprimere l'innovazione, a limitare la cooperazione e a ridurre il benessere dei dipendenti. Inoltre, il risentimento e la disaffezione possono portare a un elevato turnover del personale e a una diminuzione della produttività complessiva. La leadership che si affida al timore sacrifica la lealtà e l'engagement per guadagni a breve termine, mettendo a rischio la sostenibilità e la crescita a lungo termine.

L'Importanza dell'Esempio Personale

Il potere dell'esempio personale nel stabilire standard di rispetto e fiducia è immenso. I leader che agiscono con integrità, che trattano gli altri con rispetto e che dimostrano impegno nei confronti dei valori e degli obiettivi condivisi servono come modelli positivi per tutta l'organizzazione. Questo esempio personale è contagioso; stabilisce aspettative comportamentali e promuove un ethos collettivo basato sul rispetto reciproco e sull'eccellenza. Quando i leader si comportano in modo coerente con i principi che promuovono, legittimano la loro autorità e rafforzano il loro potere di influenzare positivamente la cultura e le prestazioni organizzative.

In sintesi, il processo di bilanciamento tra incutere timore e guadagnare rispetto richiede una riflessione attenta e una pratica deliberata. La leadership e la gestione efficaci derivano da una combinazione di comunicazione autentica, apertura alla vulnerabilità, rifiuto delle strategie basate sul timore e un costante esempio personale di integrità e rispetto. Questi principi non solo migliorano le dinamiche interpersonali e la cultura organizzativa ma contribuiscono anche al successo a lungo termine e alla sostenibilità dell'organizzazione, promuovendo un ambiente in cui tutti si sentono valorizzati, motivati e impegnati verso obiettivi comuni.

Proseguendo nell'approfondimento delle dinamiche tra timore e rispetto, è importante considerare l'influenza della costruzione di relazioni basate sulla fiducia, l'impatto del riconoscimento e della valorizzazione sui singoli e sul gruppo, l'importanza della trasparenza decisionale per la legittimazione dell'autorità, e l'effetto del coinvolgimento attivo e dell'ascolto nella creazione di un ambiente di rispetto reciproco.

Costruzione di Relazioni Basate sulla Fiducia

La fiducia è la pietra angolare di qualsiasi relazione significativa e produttiva, sia essa nel contesto lavorativo, personale o sociale. Le relazioni basate sulla fiducia incoraggiano un senso di sicurezza e apertura che permette alle persone di esprimersi liberamente, di prendere iniziative e di lavorare in modo più collaborativo. La costruzione di questa fiducia richiede tempo, coerenza e dimostrazioni ripetute di affidabilità e integrità da parte dei leader. Quando i membri di un team si fidano dei loro leader e tra loro, il rispetto reciproco cresce naturalmente, creando un ambiente lavorativo più armonioso e produttivo.

Riconoscimento e Valorizzazione

Il riconoscimento del contributo di ciascuno e la valorizzazione delle diverse competenze e punti di vista all'interno di un gruppo sono elementi fondamentali per guadagnare rispetto. Celebrare i successi, anche quelli piccoli, e riconoscere l'impegno e il duro lavoro rafforza il senso di appartenenza e aumenta la motivazione. Questa pratica non solo mostra rispetto per il singolo ma serve anche a costruire una cultura organizzativa in cui il rispetto reciproco è una norma, incentivando tutti a contribuire al meglio delle loro possibilità.

Trasparenza Decisionale

La trasparenza nelle decisioni è cruciale per mantenere il rispetto e la fiducia. Quando i leader spiegano apertamente il processo decisionale, inclusi i criteri usati e i fattori considerati, i membri del team sono più inclini a comprendere e accettare le decisioni, anche quando non sono a loro favore. Questa trasparenza dimostra rispetto per gli interessati, rafforza la legittimità dell'autorità del leader e promuove un senso di giustizia e equità all'interno dell'organizzazione.

Coinvolgimento Attivo e Ascolto

Il coinvolgimento attivo e l'ascolto attento sono pratiche chiave che rivelano un profondo rispetto per le idee e i contributi altrui. I leader che praticano l'ascolto attivo dimostrano di valorizzare sinceramente il personale e le loro opinioni, incoraggiando un dialogo aperto e onesto. Questo non solo aiuta a identificare e risolvere i problemi in modo più efficace ma promuove anche un ambiente in cui le persone si sentono viste, ascoltate e rispettate. Il coinvolgimento attivo in questo modo contribuisce significativamente a un clima di rispetto reciproco e fiducia.

Attraverso queste considerazioni aggiuntive, diventa evidente che l'equilibrio tra timore e rispetto si raggiunge non attraverso l'imposizione di autorità, ma attraverso pratiche di leadership che promuovono fiducia, trasparenza, riconoscimento e coinvolgimento. Queste strategie costruiscono fondamenta solide per relazioni di rispetto durature, che a loro volta sostengono un ambiente collaborativo e produttivo, dove la paura viene sostituita da una motivazione intrinseca guidata dal rispetto reciproco e dall'ammirazione.

Esplorando ulteriormente il delicato equilibrio tra il timore e il rispetto nelle dinamiche di leadership e nelle relazioni interpersonali, si riconosce l'importanza di stabilire confini chiari e aspettative, il potere dell'empowerment e dell'autonomia nella promozione del rispetto, l'influenza delle culture organizzative sulla percezione del timore e del rispetto, e la significativa funzione della feedback culture nel sostenere un ambiente basato sul rispetto reciproco.

Stabilire Confini Chiari e Aspettative

La definizione di confini chiari e l'istituzione di aspettative concrete sono fondamentali per mantenere un equilibrio tra autorità e vicinanza. Questi confini consentono ai membri di un team o a chiunque in una relazione di sapere cosa è accettabile e cosa non lo è, riducendo le incertezze e promuovendo un ambiente di lavoro sicuro e rispettoso. Quando i confini e le aspettative sono comunicati chiaramente e applicati in modo coerente, si evitano malintesi e si costruisce rispetto reciproco, eliminando la necessità di ricorrere al timore come strumento di controllo.

Empowerment e Autonomia

L'empowerment dei singoli e la concessione di un certo grado di autonomia nelle decisioni e nelle azioni rafforzano il rispetto e la fiducia all'interno di una squadra. Consentire alle persone di prendere iniziative, esplorare soluzioni creative ai problemi e assumersi la responsabilità dei loro progetti dimostra fiducia nelle loro capacità e rispetto per la loro autonomia professionale. Questo approccio non solo aumenta la soddisfazione e la motivazione ma incoraggia anche un senso di appartenenza e contributo significativo agli obiettivi comuni.

Culture Organizzative e la Percezione del Timore e del Rispetto

La cultura organizzativa gioca un ruolo significativo nel modellare come il timore e il rispetto sono percepiti e manifestati all'interno di un'organizzazione. Culture che enfatizzano la competitività, la gerarchia e il controllo possono inclinare la bilancia verso il timore, mentre quelle che valorizzano la collaborazione, l'inclusività e il supporto tendono a promuovere il rispetto reciproco. La leadership ha la responsabilità di coltivare una cultura organizzativa che rifletta i valori di rispetto e fiducia, creando un ambiente dove il timore viene sostituito dall'ispirazione e dall'ammirazione.

Cultura del Feedback

L'adozione di una cultura del feedback costruttivo e regolare contribuisce enormemente a un ambiente basato sul rispetto reciproco. La pratica di fornire e ricevere feedback in modo aperto, onesto e costruttivo non solo aiuta a migliorare le prestazioni individuali e di squadra ma rafforza anche le relazioni interpersonali attraverso la comunicazione e la comprensione. Un approccio positivo al feedback incoraggia l'apprendimento continuo e la crescita personale, riducendo la necessità di imporre il timore per influenzare il comportamento o correggere gli errori.

Attraverso questi ulteriori approfondimenti, emerge chiaramente che il rispetto, più del timore, dovrebbe essere il fondamento su cui costruire efficaci dinamiche di leadership e relazioni interpersonali. Creare un ambiente in cui la fiducia, l'autonomia, la comunicazione aperta e il feedback costruttivo prevalgono non solo ottimizza le prestazioni e la produttività ma promuove anche un clima di collaborazione, innovazione e benessere complessivo. In tale contesto, il rispetto diventa la forza trainante dietro l'efficacia della leadership, la coesione di squadra e la soddisfazione personale, superando di gran lunga il limitato e spesso controproducente impiego del timore.

Approfondendo ulteriormente l'esplorazione della psicologia del timore e del rispetto, si evidenzia l'importanza della responsabilità personale e collettiva nella promozione del rispetto, il ruolo della comprensione e dell'empatia nel mitigare il timore, l'effetto dell'equità percepita sulle dinamiche di potere e rispetto, e l'importanza della formazione continua per i leader nel coltivare strategie basate sul rispetto.

Responsabilità Personale e Collettiva

Un aspetto cruciale nell'equilibrio tra timore e rispetto è la responsabilità personale e collettiva. In un ambiente dove ogni individuo si assume la responsabilità delle proprie azioni e contribuisce attivamente al benessere comune, si promuove una cultura di rispetto reciproco. Questa responsabilità condivisa favorisce un senso di comunità e appartenenza, dove il timore è sostituito dalla fiducia reciproca e dalla collaborazione verso obiettivi comuni.

Comprensione ed Empatia

La comprensione e l'empatia sono strumenti potenti per superare barriere di timore e costruire relazioni basate sul rispetto. Mostrare empatia e cercare di comprendere le prospettive altrui dimostra rispetto per le esperienze e i sentimenti delle persone, creando un ambiente in cui gli individui si sentono valutati e ascoltati. Questa apertura contribuisce a ridurre conflitti e malintesi, favorendo una comunicazione più efficace e relazioni interpersonali più forti.

Equità Percepita

La percezione di equità all'interno di un gruppo o di un'organizzazione influisce significativamente sulle dinamiche di timore e rispetto. Quando le persone percepiscono che sono trattate con giustizia, che le decisioni sono prese in modo equo e che ci sono pari opportunità per tutti, il rispetto per i leader e l'organizzazione cresce. Al contrario, la percezione di ingiustizia o favoritismi può generare risentimento e timore, erodendo la fiducia e il rispetto reciproco.

Formazione Continua per i Leader

Per i leader, l'impegno nella formazione continua è essenziale per sviluppare e mantenere un approccio basato sul rispetto. La leadership richiede una comprensione profonda della natura umana, abilità comunicative eccellenti, e una solida capacità di gestione dei conflitti. Programmi di formazione e sviluppo possono fornire ai leader gli strumenti per navigare complesse dinamiche interpersonali, promuovere un ambiente di lavoro positivo e guadagnare il rispetto genuino dei colleghi e dei subordinati.

Attraverso questi approfondimenti, diventa evidente che l'equilibrio tra timore e rispetto si raggiunge attraverso un impegno costante nel promuovere pratiche e comportamenti che valorizzino l'empatia, la giustizia, e la responsabilità personale e collettiva. Creando un ambiente in cui il rispetto reciproco è prioritario, si costruiscono fondamenta solide per relazioni sane e produttive, dove la motivazione e l'innovazione prosperano. La leadership, quindi, assume il ruolo di guida in questo processo, modellando con l'esempio e investendo nella propria crescita continua per rafforzare una cultura organizzativa dove il rispetto prevale sul timore.

Mentre continuiamo ad approfondire la relazione tra timore e rispetto nelle dinamiche di leadership e relazionali, diventa imperativo esaminare l'importanza del dialogo costruttivo come mezzo per superare la paura, il potenziale dei sistemi di valutazione equi e trasparenti nel promuovere il rispetto, l'efficacia della leadership situazionale nel bilanciare il timore e il rispetto, e il ruolo critico dell'intelligenza situazionale nel guidare le interazioni quotidiane.

Dialogo Costruttivo

Il dialogo costruttivo si rivela essenziale nell'affrontare e superare il timore all'interno delle squadre o delle relazioni. Creando spazi sicuri dove le persone possono esprimere apertamente preoccupazioni, idee e sentimenti, si favorisce la comprensione e si riducono le tensioni. Un dialogo aperto incoraggia l'esplorazione di soluzioni condivise e rafforza il senso di comunità e appartenenza. Questa pratica dimostra rispetto per le prospettive di tutti e contribuisce a costruire un ambiente basato sulla fiducia reciproca e sul rispetto.

Sistemi di Valutazione Equi e Trasparenti

L'implementazione di sistemi di valutazione equi e trasparenti è fondamentale per mantenere un equilibrio tra timore e rispetto. Quando i membri di un team o i dipendenti percepiscono che il processo di valutazione è giusto, basato su criteri chiari e applicato uniformemente, la loro fiducia nell'organizzazione e nei suoi leader aumenta. Questi sistemi promuovono un senso di giustizia e uguaglianza, fondamentale per il rispetto reciproco, e diminuiscono la necessità di ricorrere al timore per motivare o controllare.

Leadership Situazionale

La leadership situazionale, che adatta lo stile di leadership al contesto e alle esigenze specifiche dei collaboratori, è particolarmente efficace nel navigare la dinamica tra timore e rispetto. Questo approccio richiede ai leader di essere flessibili, di ascoltare attivamente e di comprendere le motivazioni e i bisogni dei loro team. Modificando l'approccio in base alla situazione, i leader possono ispirare rispetto e lealtà, mantenendo al contempo l'autorità necessaria per guidare efficacemente.

Intelligenza Situazionale

L'intelligenza situazionale, la capacità di leggere accuratamente le dinamiche sociali e ambientali e agire di conseguenza, è cruciale per bilanciare il timore e il rispetto nelle relazioni interpersonali. Questa competenza permette di adattare la comunicazione, il comportamento e le decisioni alle specificità del contesto, promuovendo relazioni positive e costruttive. L'intelligenza situazionale abilita i leader a navigare complesse dinamiche relazionali, riconoscendo quando esercitare autorità e quando dare spazio al dialogo e alla collaborazione.

Attraverso questi approfondimenti, emerge chiaramente che la gestione dell'equilibrio tra timore e rispetto richiede una comunicazione efficace, sistemi di valutazione giusti, flessibilità nel leadership e un'elevata intelligenza situazionale. Questi elementi, combinati con un impegno per la costruzione di relazioni basate sulla fiducia e sul rispetto reciproco, sono essenziali per creare ambienti in cui le persone si sentono valorizzate, sicure e motivate a contribuire al loro massimo potenziale, promuovendo così una cultura di rispetto duraturo che supera il bisogno di ricorrere al timore.

Nell'ulteriore esplorazione della delicata relazione tra il timore e il rispetto nelle dinamiche di potere e leadership, si mette in luce l'importanza della resilienza emotiva per i leader nel gestire queste dinamiche, la necessità di un equilibrio tra aspettative elevate e supporto adeguato per promuovere la fiducia anziché il timore, il ruolo del riconoscimento dell'unicità individuale nel costruire il rispetto, e l'efficacia di promuovere una visione condivisa per allineare gli interessi individuali e collettivi.

Resilienza Emotiva nei Leader

La resilienza emotiva rappresenta una qualità cruciale per i leader che cercano di navigare efficacemente tra il timore e il rispetto. La capacità di mantenere la calma di fronte alle sfide, di gestire le proprie emozioni e di rispondere in modo ponderato agli stress emotivi consente ai leader di presentarsi come figure stabili e affidabili. Questa stabilità emotiva non solo riduce la probabilità di reazioni avverse basate sul timore ma rafforza anche il rispetto verso la figura di leadership, mostrando che si può affrontare la pressione con grazia e determinazione.

Equilibrio tra Aspettative Elevate e Supporto

Stabilire aspettative elevate pur fornendo un supporto adeguato è essenziale per coltivare un ambiente basato sul rispetto reciproco piuttosto che sul timore. Quando i leader impostano standard elevati e, allo stesso tempo, offrono le risorse, il coaching e il sostegno necessari per raggiungere tali standard, incoraggiano un senso di fiducia e competenza all'interno della loro squadra. Questo approccio dimostra la fiducia nella capacità dei membri del team di eccellere, promuovendo l'impegno e la motivazione senza ricorrere alla paura delle conseguenze negative.

Riconoscimento dell'Unicità Individuale

Il riconoscimento e la valorizzazione dell'unicità di ogni individuo contribuiscono significativamente al rispetto reciproco. I leader che riconoscono i punti di forza, le competenze e le potenzialità uniche dei loro collaboratori, e che personalizzano il loro approccio di conseguenza, non solo migliorano la performance individuale ma rafforzano anche le relazioni basate sul rispetto. Questa attenzione alle caratteristiche individuali fa sentire i membri del team valorizzati come persone, non solo come risorse, riducendo il ricorso al timore come meccanismo di controllo.

Promozione di una Visione Condivisa

L'efficacia di promuovere una visione condivisa risiede nella sua capacità di allineare gli interessi individuali e collettivi verso un obiettivo comune. Quando i leader sono in grado di comunicare chiaramente una visione che risuona con i valori e le aspirazioni dei loro collaboratori, si crea un senso di scopo condiviso che trascende le dinamiche di timore. Questa allineamento attorno a obiettivi comuni favorisce la cooperazione, l'entusiasmo e un impegno profondo, consolidando le basi per un rispetto autentico e duraturo.

Questi ulteriori approfondimenti illustrano la complessità dell'equilibrio tra timore e rispetto e l'ampia gamma di strategie che i leader possono adottare per promuovere un ambiente di rispetto reciproco. Attraverso la resilienza emotiva, l'equilibrio tra aspettative e supporto, il riconoscimento delle individualità e la condivisione di una visione comune, è possibile creare una cultura in cui il rispetto sia la norma e il timore un ricordo lontano. Questi principi, abbracciati e praticati con coerenza, guidano verso una leadership che ispira, motiva e unisce, ponendo le basi per il successo collettivo e il benessere individuale.

Approfondendo ancora la complessa interazione tra timore e rispetto nelle dinamiche di leadership e relazioni interpersonali, è fondamentale considerare l'impatto della gestione inclusiva nel promuovere un ambiente di lavoro basato sul rispetto, il valore dell'autoconsapevolezza nei leader per regolare efficacemente il proprio comportamento, l'importanza della coerenza tra parole e azioni per mantenere la fiducia e il rispetto, e il ruolo della formazione e dello sviluppo etico per rafforzare una cultura organizzativa positiva.

Gestione Inclusiva

Una gestione inclusiva che valorizza attivamente la diversità e promuove l'equità contribuisce significativamente a un ambiente basato sul rispetto reciproco. Adottando pratiche che assicurano che tutte le voci siano ascoltate e valorizzate, i leader possono mitigare il timore e rafforzare il rispetto all'interno della loro squadra o organizzazione. Questo approccio riconosce l'importanza di ogni individuo, indipendentemente dal suo background o dalla sua posizione, e dimostra un impegno per un ambiente di lavoro equo e rispettoso.

Autoconsapevolezza dei Leader

L'autoconsapevolezza gioca un ruolo cruciale nella capacità di un leader di bilanciare il timore e il rispetto. Comprendendo le proprie inclinazioni comportamentali, i leader possono regolare consapevolmente il proprio approccio per evitare di incutere timore involontariamente e per coltivare invece il rispetto. Questa consapevolezza di sé li aiuta a riconoscere l'impatto delle loro parole e azioni sugli altri, permettendo loro di guidare con empatia e comprensione, elementi fondamentali per costruire relazioni basate sul rispetto.

Coerenza tra Parole e Azioni

La coerenza tra ciò che un leader dice e ciò che fa è fondamentale per mantenere la fiducia e il rispetto all'interno di un team o di un'organizzazione. Inconsistenze possono portare a dubbi sulla sincerità e sull'integrità del leader, erodendo il rispetto e potenzialmente introducendo elementi di timore. Dimostrando coerenza e affidabilità, i leader possono rafforzare la loro credibilità e promuovere un senso di sicurezza e rispetto reciproco.

Formazione e Sviluppo Etico

L'investimento nella formazione e nello sviluppo etico dei membri dell'organizzazione è essenziale per rafforzare una cultura positiva basata sul rispetto. Programmi di formazione che includono elementi di etica lavorativa, comunicazione efficace, e gestione del conflitto possono dotare i dipendenti degli strumenti necessari per interagire in modo rispettoso e costruttivo. Questo tipo di formazione sottolinea l'importanza del rispetto reciproco come valore fondamentale, contribuendo a prevenire comportamenti che potrebbero generare timore e a promuovere invece relazioni di lavoro positive.

Questi ulteriori dettagli illuminano la multifaceted approach necessaria per navigare l'equilibrio tra timore e rispetto. Attraverso una gestione inclusiva, l'autoconsapevolezza, la coerenza e un impegno per lo sviluppo etico, è possibile costruire un ambiente in cui il rispetto reciproco è la norma e il timore è sostituito da fiducia, cooperazione e un senso condiviso di scopo. La leadership, quindi, si trasforma in un esercizio di guida attraverso l'esempio, il sostegno e la comprensione, gettando le basi per una cultura organizzativa che valorizza e promuove il rispetto a tutti i livelli.

Proseguendo nell'analisi della dinamica tra timore e rispetto, si sottolinea l'importanza della flessibilità e dell'adattabilità nei leader per rispondere in modo appropriato a vari contesti, il ruolo cruciale dell'ascolto attivo e dell'empatia nella creazione di un ambiente di rispetto, la necessità di promuovere la trasparenza e l'integrità per consolidare la fiducia, e l'effetto positivo dell'incentivazione di una cultura del feedback per un miglioramento continuo basato sul rispetto reciproco.

Flessibilità e Adattabilità dei Leader

La capacità dei leader di adattarsi e rimanere flessibili di fronte ai cambiamenti e alle diverse esigenze dei membri del team è fondamentale per mantenere un ambiente basato sul rispetto piuttosto che sul timore. Questa flessibilità permette ai leader di modulare il proprio stile di leadership in base alla situazione, dimostrando comprensione e rispetto per le circostanze uniche di ogni individuo. L'adattabilità promuove una leadership inclusiva che valuta e risponde efficacemente alla diversità di pensiero e alle varie dinamiche di gruppo.

Ascolto Attivo e Empatia

L'ascolto attivo e l'empatia sono qualità essenziali che permettono ai leader di comprendere veramente le prospettive e le esperienze dei loro collaboratori. Attraverso l'ascolto attivo, i leader mostrano che valorizzano le opinioni altrui e sono aperti a ricevere feedback. L'empatia consente ai leader di connettersi a un livello personale con i membri del team, rafforzando le relazioni basate sul rispetto reciproco e diminuendo la probabilità di dipendenza dal timore per influenzare o motivare.

Trasparenza e Integrità

Mantenere un alto livello di trasparenza e integrità nelle interazioni quotidiane e nelle decisioni rafforza la fiducia e il rispetto nei confronti dei leader. Quando i membri del team percepiscono che le informazioni vengono condivise apertamente e che le decisioni vengono prese con onestà, la loro fiducia nei leader si intensifica. Questa trasparenza elimina l'incertezza che può alimentare il timore e costruisce una base solida di rispetto e fiducia reciproca.

Cultura del Feedback

Incoraggiare una cultura del feedback continuo, dove il feedback è dato e ricevuto in modo costruttivo, è vitale per il miglioramento e lo sviluppo basati sul rispetto. Questa pratica non solo facilita la crescita personale e professionale ma contribuisce anche a creare un ambiente di lavoro positivo dove le persone si sentono apprezzate e ascoltate. Una cultura del feedback ben implementata può trasformare le potenziali situazioni di timore in opportunità per l'apprendimento e il rafforzamento del rispetto reciproco.

Questi approfondimenti evidenziano come una gestione efficace della relazione tra timore e rispetto richieda un impegno consapevole a pratiche di leadership che enfatizzano la flessibilità, l'ascolto attivo, la trasparenza e la promozione di una cultura del feedback. Adottando questi approcci, i leader possono costruire ambienti in cui il rispetto reciproco prevale, alimentando la fiducia, l'innovazione e una collaborazione genuina. La leadership, quindi, si trasforma in un viaggio di crescita condivisa, dove il rispetto è guadagnato attraverso l'impegno quotidiano per l'integrità, la comprensione e il supporto reciproco.

La complessa dinamica tra il timore e il rispetto nelle relazioni di potere e di leadership rivela una serie di principi fondamentali e pratiche efficaci essenziali per navigare queste acque spesso turbolente. La chiave per mantenere un equilibrio sano e produttivo tra questi due elementi non risiede nel dominio o nella costrizione, ma piuttosto nella creazione di un ambiente basato sulla fiducia, sull'integrità e sul riconoscimento reciproco. Le strategie discusse enfatizzano l'importanza di coltivare relazioni autentiche, promuovere la comunicazione aperta e valorizzare l'unicità individuale, tutti aspetti che contribuiscono a un ambiente di lavoro armonioso e rispettoso.

La flessibilità e l'adattabilità dei leader dimostrano la loro capacità di rispondere efficacemente alle mutevoli esigenze del team e alle diverse situazioni, promuovendo una cultura inclusiva che valorizza la diversità di pensiero e l'apporto individuale. Questa apertura alla diversità non solo arricchisce l'ambiente lavorativo ma incoraggia anche un maggiore impegno e innovazione da parte dei collaboratori.

L'ascolto attivo e l'empatia emergono come strumenti potentissimi per costruire ponti di comprensione e rispetto. Attraverso queste pratiche, i leader possono sviluppare una connessione più profonda con i membri del loro team, riconoscendo e affrontando le loro preoccupazioni e aspirazioni. Questo tipo di leadership empatica riduce significativamente la necessità di ricorrere al timore come meccanismo di controllo e crea un terreno fertile per il rispetto reciproco e la collaborazione.

La trasparenza e l'integrità nelle decisioni e nelle comunicazioni rafforzano la fiducia all'interno dell'organizzazione. Quando i membri del team percepiscono che vengono trattati con onestà e che le decisioni sono prese con giustizia, si sentono più valorizzati e rispettati. Questo ambiente promuove una cultura organizzativa sana, dove il timore viene sostituito da una lealtà e un rispetto profondi.

Infine, la promozione di una cultura del feedback costruttivo consente il miglioramento continuo e rafforza il senso di appartenenza e di rispetto. Consentendo ai membri del team di esprimere le loro opinioni e di ricevere riscontri mirati al loro sviluppo, i leader possono incoraggiare la crescita personale e professionale, costruendo allo stesso tempo relazioni solide e rispettose.

In conclusione, l'equilibrio tra timore e rispetto si raggiunge attraverso una leadership consapevole, che valorizza l'integrità, la trasparenza, l'empatia e l'ascolto attivo. Questo approccio crea un ambiente in cui i membri del team si sentono sia sfidati che supportati, dove la paura è sostituita dall'ispirazione e dal rispetto reciproco. I leader che riescono a navigare con successo queste dinamiche non solo promuovono un clima lavorativo più positivo e produttivo ma sono anche in grado di ispirare dedizione, lealtà e innovazione, assicurando il successo a lungo termine dell'organizzazione.

19. Il potere della flessibilità e della fluidità: L'abilità di cambiare tattiche e strategie fluidamente per mantenere il vantaggio.

Il potere della flessibilità e della fluidità nelle dinamiche competitive e strategiche è fondamentale per mantenere e accrescere il vantaggio in un ambiente che cambia rapidamente. Questa capacità consente a individui, team e organizzazioni di adattarsi alle mutevoli circostanze, sfruttare nuove opportunità e superare ostacoli imprevisti. La flessibilità e la fluidità implicano una mentalità aperta al cambiamento e l'abilità di abbandonare approcci obsoleti o inefficaci a favore di strategie più adatte al contesto attuale.

Adattabilità Strategica

L'adattabilità strategica è l'essenza della flessibilità e della fluidità. Significa avere la capacità di riconsiderare e modificare le proprie strategie in risposta a nuove informazioni, tendenze emergenti o cambiamenti nel contesto competitivo. Questo non solo richiede una comprensione profonda dell'ambiente operativo ma anche la capacità di prevedere possibili sviluppi futuri. La pianificazione strategica flessibile consente alle organizzazioni di rimanere un passo avanti rispetto alla concorrenza, identificando e capitalizzando rapidamente le opportunità emergenti.

Cultura dell'Innovazione

Incoraggiare una cultura dell'innovazione è fondamentale per promuovere la flessibilità e la fluidità. Un ambiente che valorizza la sperimentazione, accetta il fallimento come parte del processo di apprendimento e celebra il pensiero creativo è essenziale per stimolare l'innovazione continua. Questa cultura supporta lo sviluppo di nuove idee, prodotti e servizi che possono offrire vantaggi competitivi significativi, consentendo alle organizzazioni di adattarsi e prosperare anche di fronte a sfide impreviste.

Decisioni Basate sui Dati

La capacità di prendere decisioni rapide e informate è un altro aspetto cruciale della flessibilità e della fluidità. L'utilizzo di dati e analisi per guidare la strategia consente ai leader di fare scelte basate su informazioni concrete piuttosto che su intuizioni o ipotesi. Questo approccio aiuta a minimizzare i rischi associati al cambiamento e garantisce che le modifiche alla strategia siano giustificate da solidi fondamenti analitici.

Leadership Agile

La leadership agile sottolinea l'importanza di essere reattivi e proattivi di fronte al cambiamento. I leader agili sono quelli che possono motivare e guidare i loro team attraverso periodi di incertezza, incoraggiando l'adattabilità e la resilienza. Essi riconoscono l'importanza di delegare, promuovere l'autonomia e sostenere l'apprendimento continuo all'interno dei loro team, tutti fattori che contribuiscono a un'organizzazione più flessibile e capace di navigare efficacemente il cambiamento.

Apprendimento Continuo

L'apprendimento continuo è fondamentale per mantenere la flessibilità e la fluidità in un mondo in rapida evoluzione. Gli individui e le organizzazioni che si impegnano in un percorso di apprendimento costante sono meglio equipaggiati per adattarsi alle nuove tecnologie, ai cambiamenti del mercato e alle evoluzioni dei modelli di business. L'investimento nell'apprendimento e nello sviluppo garantisce che la forza lavoro sia preparata a sfruttare nuove opportunità e ad affrontare efficacemente le sfide emergenti.

In conclusione, il potere della flessibilità e della fluidità rappresenta un asset strategico indispensabile per navigare la complessità e l'incertezza del panorama moderno. Attraverso l'adattabilità strategica, la cultura dell'innovazione, le decisioni basate sui dati, una leadership agile e un impegno verso l'apprendimento continuo, individui e organizzazioni possono non solo mantenere il proprio vantaggio competitivo ma anche ridefinire i confini del possibile, trasformando le sfide in opportunità.

Mentre approfondiamo ulteriormente il concetto del potere della flessibilità e della fluidità, è essenziale esplorare il ruolo delle reti e delle collaborazioni nella potenziazione dell'adattabilità, l'importanza della diversificazione delle competenze per una maggiore resilienza, il contributo dell'intelligenza emotiva nella gestione efficace dei cambiamenti e la necessità di un'infrastruttura tecnologica agile che supporti la flessibilità operativa.

Potenziamento attraverso Reti e Collaborazioni

La costruzione di reti solide e il nutrimento di relazioni collaborative estendono in modo significativo la capacità di un'organizzazione di essere flessibile e fluida. Attraverso partnership strategiche, alleanze e network, le organizzazioni possono accedere a risorse, competenze e mercati che altrimenti sarebbero fuori dalla loro portata immediata. Queste reti fungono da catalizzatori per l'innovazione e offrono strade alternative di crescita e sviluppo, permettendo una maggiore agilità nel rispondere ai cambiamenti del mercato o alle sfide competitive.

Diversificazione delle Competenze

La diversificazione delle competenze all'interno dei team e delle organizzazioni è fondamentale per migliorare la flessibilità e la capacità di adattamento. Investire nello sviluppo di una gamma ampia di abilità e conoscenze garantisce che l'organizzazione possa affrontare una varietà di sfide e cogliere diverse opportunità. La formazione continua e il supporto allo sviluppo professionale degli individui sono quindi essenziali, poiché un team multidisciplinare è meglio attrezzato per innovare e adattarsi a scenari in rapida evoluzione.

Intelligenza Emotiva nella Gestione del Cambiamento

L'intelligenza emotiva dei leader e dei membri del team svolge un ruolo cruciale nel navigare i processi di cambiamento. La capacità di comprendere e gestire le proprie emozioni, così come quelle degli altri, facilita la comunicazione efficace, il supporto reciproco e la gestione dei conflitti in periodi di incertezza. Leader con elevate competenze emotive sono in grado di motivare e ispirare i loro team, guidandoli attraverso il cambiamento con empatia e chiarezza, rinforzando la coesione e la resilienza del gruppo.

Infrastruttura Tecnologica Agile

L'adozione di un'infrastruttura tecnologica agile e scalabile è un altro elemento chiave per supportare la flessibilità e la fluidità organizzativa. Soluzioni tecnologiche che permettono una rapida scalabilità, l'automazione dei processi e l'accesso a dati e analisi in tempo reale possono trasformare la capacità di un'organizzazione di adattarsi rapidamente ai cambiamenti. Investire in tecnologie che supportano la collaborazione a distanza, la gestione agile dei progetti e l'integrazione dei sistemi aiuta le organizzazioni a rimanere agili e competitive nell'era digitale.

Attraverso queste ulteriori riflessioni, diventa evidente che il potere della flessibilità e della fluidità trascende la mera capacità di reagire al cambiamento. Richiede la costruzione proattiva di un ecosistema organizzativo in cui le reti, la diversificazione delle competenze, l'intelligenza emotiva e l'infrastruttura tecnologica lavorano in sinergia per promuovere l'innovazione continua, la crescita sostenibile e una resilienza complessiva. Questo approccio olistico alla flessibilità non solo prepara le organizzazioni ad affrontare l'incertezza ma le posiziona per cogliere attivamente le opportunità emergenti, trasformando i potenziali ostacoli in vantaggi competitivi.

Esplorando ancora più a fondo la tematica della flessibilità e fluidità, diventa cruciale considerare l'importanza della visione periferica nel prevedere e adattarsi ai cambiamenti, il valore dell'interdisciplinarità nell'arricchire le capacità di problem-solving, l'impiego di simulazioni e scenari per anticipare sfide future, e l'essenzialità della resilienza organizzativa come fondamento della capacità di adattamento.

Visione Periferica

La capacità di mantenere una "visione periferica" — ovvero, la capacità di notare e interpretare segnali deboli e tendenze emergenti che potrebbero influenzare l'organizzazione — è fondamentale per le organizzazioni che aspirano a rimanere flessibili e fluide. Questa abilità consente ai leader di identificare opportunità e minacce prima che diventino evidenti, permettendo una preparazione e un adattamento proattivi piuttosto che reattivi. La coltivazione di una tale visione richiede una costante attenzione al contesto esterno e un impegno nell'apprendimento continuo.

Interdisciplinarità

L'interdisciplinarità, che incoraggia la collaborazione tra diverse aree di specializzazione, arricchisce le strategie di problem-solving e promuove soluzioni innovative. Team composti da individui con background diversificati possono affrontare problemi complessi da molteplici prospettive, generando idee che un approccio più monoculturale potrebbe non riuscire a concepire. Questa diversità di pensiero è un asset prezioso in tempi di rapido cambiamento, fornendo una gamma più ampia di strumenti e approcci per navigare l'incertezza.

Simulazioni e Scenari

L'utilizzo di simulazioni e l'elaborazione di scenari futuri sono tecniche efficaci per prepararsi ai cambiamenti imminenti. Questi strumenti permettono alle organizzazioni di esplorare l'impatto di diverse variabili e decisioni in ambienti controllati, anticipando possibili esiti e sfide. Il valore di queste tecniche sta nella loro capacità di rivelare vulnerabilità, stimolare la pianificazione strategica e migliorare l'agilità decisionale di fronte a scenari inaspettati.

Resilienza Organizzativa

La resilienza organizzativa, definita come la capacità di un'organizzazione di affrontare, adattarsi e crescere a seguito di shock e stress, è la base su cui si costruisce la flessibilità operativa. Organizzazioni resilienti sono caratterizzate da culture forti, reti di supporto solidali, e un impegno verso l'apprendimento dall'esperienza. La resilienza non si limita alla mera sopravvivenza in tempi di crisi; si tratta piuttosto di un'opportunità per rinnovarsi, sfruttando le avversità come trampolino di lancio per l'innovazione e lo sviluppo.

Attraverso questi ulteriori approfondimenti, diventa chiaro che il potere della flessibilità e della fluidità si estende ben oltre la capacità di reagire al cambiamento. Si basa su una serie di competenze e pratiche strategiche, tra cui la visione periferica, l'interdisciplinarità, l'uso di simulazioni e la costruzione di resilienza organizzativa, tutte volte a preparare le organizzazioni a prosperare in un futuro imprevedibile. Questi elementi, combinati, forniscono alle organizzazioni gli strumenti per navigare con successo le sfide emergenti, trasformando l'incertezza in opportunità e il cambiamento in un vantaggio competitivo sostenibile.

Proseguendo nell'esplorazione della flessibilità e della fluidità come asset strategici, si evidenzia l'importanza dell'agilità organizzativa nel favorire un rapido adattamento, il ruolo critico della comunicazione bidirezionale per mantenere trasparenza e coinvolgimento, la necessità di un leadership distribuita per decentralizzare le decisioni e accelerare l'innovazione, e l'effetto dell'apprendimento organizzativo nel perpetuare la crescita e l'adattabilità.

Agilità Organizzativa

L'agilità organizzativa è fondamentale per abilitare un'organizzazione a navigare con successo nell'ambiente dinamico e spesso volatili di oggi. Questo concetto va oltre la semplice capacità di cambiare rapidamente direzione; implica piuttosto una strutturazione interna che faciliti la velocità, la flessibilità e la fluidità in tutte le operazioni. L'agilità organizzativa si basa su processi snelli, strutture piatte che promuovono la rapida condivisione delle informazioni e un approccio iterativo al raggiungimento degli obiettivi. Ciò permette alle organizzazioni di rispondere prontamente alle opportunità di mercato, ai cambiamenti tecnologici e alle minacce competitive.

Comunicazione Bidirezionale

La comunicazione bidirezionale tra la leadership e i membri del team è cruciale per garantire che tutti siano informati, coinvolti e pronti ad adattarsi ai cambiamenti. Questo tipo di comunicazione promuove un ambiente in cui feedback, idee e preoccupazioni possono fluire liberamente, arricchendo il processo decisionale e aumentando il coinvolgimento dei dipendenti. Inoltre, una comunicazione efficace aiuta a mitigare le incertezze e a costruire una cultura organizzativa basata sulla fiducia reciproca, che è vitale per navigare i periodi di transizione.

Leadership Distribuita

Adottare un modello di leadership distribuita, in cui il potere decisionale è decentralizzato e distribuito tra vari livelli dell'organizzazione, può accelerare l'innovazione e migliorare la capacità di adattamento. Questo approccio non solo incoraggia l'iniziativa individuale e il problem solving a livello locale ma aumenta anche la flessibilità dell'organizzazione nel suo complesso. Consentendo ai membri del team di prendere decisioni basate sulle loro conoscenze e esperienze uniche, le organizzazioni possono sfruttare una gamma più ampia di prospettive e competenze, arricchendo la capacità di rispondere dinamicamente ai cambiamenti.

Apprendimento Organizzativo

L'investimento nell'apprendimento organizzativo sostiene l'impegno di un'organizzazione per la crescita continua e l'adattabilità. Attraverso pratiche che promuovono l'apprendimento collettivo, come la condivisione delle conoscenze, la formazione continua e il debriefing post-progetto, le organizzazioni possono coltivare una base di conoscenze sempre più ricca e diversificata. Questo patrimonio intellettuale non solo migliora la capacità di innovazione ma assicura anche che l'organizzazione rimanga resiliente di fronte ai cambiamenti, apprendendo costantemente dai successi e dagli insuccessi.

Questi ulteriori dettagli sottolineano che la flessibilità e la fluidità organizzativa sono sostenute da un approccio multidimensionale che include agilità organizzativa, comunicazione efficace, leadership distribuita e un impegno costante verso l'apprendimento e l'innovazione. Queste pratiche, integrate in una strategia coesiva, permettono alle organizzazioni non solo di adattarsi ai cambiamenti ma di prosperare in un panorama globale caratterizzato da una complessità e una velocità di cambiamento senza precedenti.

Continuando a esplorare il concetto di flessibilità e fluidità nelle strategie organizzative, emerge l'importanza della mentalità di crescita collettiva, del potenziamento dell'autonomia dei dipendenti, dell'impiego di tecniche di gestione del rischio per navigare l'incertezza, e del riconoscimento del valore dell'equilibrio tra lavoro e vita privata nel sostenere un ambiente di lavoro dinamico e adattabile.

Mentalità di Crescita Collettiva

La promozione di una mentalità di crescita collettiva all'interno di un'organizzazione è fondamentale per sostenere la flessibilità e la fluidità. Questa prospettiva incoraggia i membri del team a vedere le sfide come opportunità di apprendimento e sviluppo, piuttosto che come ostacoli insormontabili. Cultivare una cultura in cui l'errore è visto come parte integrante del processo di crescita promuove la sperimentazione e l'innovazione, elementi chiave per l'adattamento efficace ai cambiamenti e per il mantenimento di un vantaggio competitivo.

Autonomia dei Dipendenti

Potenziare l'autonomia dei dipendenti supporta direttamente la flessibilità organizzativa. Fornire ai team la libertà di prendere decisioni, gestire i loro carichi di lavoro e sperimentare nuovi approcci stimola un ambiente di lavoro proattivo e responsabile. Questa autonomia favorisce una maggiore agilità, poiché le decisioni possono essere prese rapidamente a livello locale senza la necessità di un'estesa catena di approvazioni, consentendo all'organizzazione di reagire in modo più efficace alle opportunità emergenti e alle sfide del mercato.

Gestione del Rischio Innovativa

L'adozione di tecniche di gestione del rischio innovative e flessibili è cruciale per navigare l'incertezza mantenendo la fluidità operativa. Strategie che prevedono la valutazione continua dei rischi, la pianificazione di scenari diversificati e la preparazione di piani di contingenza consentono alle organizzazioni di anticipare e mitigare potenziali impatti negativi. Integrare la gestione del rischio nel processo decisionale quotidiano aiuta a garantire che la flessibilità non si traduca in vulnerabilità, ma in una preparazione strategica a fronteggiare l'imprevisto.

Equilibrio tra Lavoro e Vita Privata

Riconoscere e sostenere l'importanza dell'equilibrio tra lavoro e vita privata contribuisce significativamente alla capacità di un'organizzazione di mantenere un ambiente di lavoro flessibile e dinamico. Organizzazioni che valorizzano il benessere dei dipendenti e promuovono pratiche di lavoro flessibili tendono ad avere team più soddisfatti, motivati e produttivi. Questo approccio non solo migliora la qualità della vita dei dipendenti ma rafforza anche la loro lealtà e impegno verso l'organizzazione, alimentando un ciclo virtuoso di innovazione e adattabilità.

Questi approfondimenti ulteriori evidenziano come la flessibilità e la fluidità nelle organizzazioni richiedano un impegno olistico verso la creazione di un ambiente che valorizza la crescita, l'autonomia, una gestione del rischio proattiva e il benessere dei dipendenti. Attraverso queste pratiche, le organizzazioni possono non solo navigare efficacemente l'incertezza ma anche prosperare in essa, trasformando le sfide in opportunità di sviluppo e successo a lungo termine.

Approfondendo ulteriormente il tema della flessibilità e fluidità organizzativa, si rivela essenziale esaminare l'importanza della capacità di resilienza individuale e collettiva, l'adozione di strumenti tecnologici avanzati per una maggiore agilità operativa, l'importanza di mantenere una prospettiva globale in un'economia interconnessa e il ruolo cruciale dell'etica e della sostenibilità nelle decisioni strategiche per assicurare un successo durevole.

Capacità di Resilienza

La resilienza, sia a livello individuale che collettivo, è fondamentale per navigare con successo in periodi di cambiamento e incertezza. Organizzazioni che investono nello sviluppo della resilienza dei loro team attraverso formazione, supporto psicologico e promozione del benessere generale sono meglio equipaggiate per affrontare le sfide. La resilienza permette agli individui e ai gruppi di recuperare rapidamente da contrattempi, di adattarsi alle nuove realtà e di continuare a progredire verso gli obiettivi prefissati, trasformando le avversità in fonti di crescita e apprendimento.

Strumenti Tecnologici Avanzati

L'adozione di strumenti tecnologici avanzati gioca un ruolo chiave nel potenziare la flessibilità e la fluidità operativa delle organizzazioni. Soluzioni come il cloud computing, l'intelligenza artificiale, l'automazione e la blockchain offrono opportunità senza precedenti per ottimizzare i processi, migliorare la presa di decisioni e facilitare la collaborazione a distanza. Questi strumenti tecnologici non solo aumentano l'efficienza operativa ma abilitano anche nuovi modelli di business, permettendo alle organizzazioni di adattarsi e innovare in modo proattivo in risposta alle dinamiche di mercato in evoluzione.

Prospettiva Globale

Mantenere una prospettiva globale è essenziale nell'attuale economia interconnessa. Le organizzazioni che comprendono le tendenze globali, le diversità culturali e le implicazioni geopolitiche possono navigare più efficacemente il panorama internazionale, identificando opportunità di crescita e mitigando rischi associati a instabilità e cambiamenti normativi. Una mentalità globale incoraggia l'adozione di strategie flessibili e inclusive che rispettano le differenze locali mentre perseguono obiettivi globali, rafforzando la capacità di operare efficacemente in vari contesti.

Etica e Sostenibilità

Infine, l'integrazione di considerazioni etiche e di sostenibilità nelle decisioni strategiche è cruciale per garantire il successo a lungo termine in un ambiente aziendale sempre più attento alla responsabilità sociale. Le organizzazioni che priorizzano l'etica e la sostenibilità nelle loro strategie non solo migliorano la loro reputazione e il rapporto con i consumatori ma contribuiscono anche alla costruzione di un futuro più equo e sostenibile. Questo approccio etico promuove una flessibilità che non è solo reattiva ma proattivamente allineata ai principi di equità, giustizia e cura per l'ambiente, guidando l'innovazione responsabile e la resilienza a lungo termine.

Attraverso questi ulteriori approfondimenti, diventa chiaro che la flessibilità e la fluidità in un contesto organizzativo richiedono un approccio multifacettato che combina la resilienza, l'innovazione tecnologica, una visione globale e un impegno verso l'etica e la sostenibilità. Queste dimensioni, integrate in una strategia complessiva, equipaggiano le organizzazioni per affrontare le sfide del presente con agilità, garantendo al contempo che il loro successo contribuisca positivamente alla società e all'ambiente in un panorama in continua evoluzione.

Continuando a esplorare la tematica della flessibilità e della fluidità organizzativa, si sottolinea l'importanza di un approccio olistico alla gestione del cambiamento, l'efficacia delle reti di comunicazione orizzontali nel promuovere la trasparenza e l'innovazione, il valore dell'analisi predittiva per anticipare le tendenze di mercato e adeguare le strategie di conseguenza, e l'impatto di pratiche di lavoro flessibili nel sostenere la produttività e l'equilibrio tra vita lavorativa e personale.

Approccio Olistico alla Gestione del Cambiamento

Adottare un approccio olistico alla gestione del cambiamento implica considerare tutti gli aspetti dell'organizzazione – dalle persone ai processi, dalla cultura tecnologica alla strategia aziendale. Un tale approccio assicura che il cambiamento sia integrato in modo coerente in tutta l'organizzazione, minimizzando le resistenze e massimizzando l'accettazione e l'adattabilità. Coinvolgere i dipendenti in tutte le fasi del processo di cambiamento aiuta a costruire un senso di appartenenza e responsabilità collettiva verso gli obiettivi comuni.

Reti di Comunicazione Orizzontali

Le reti di comunicazione orizzontali facilitano lo scambio di informazioni e idee in modo aperto e trasversale all'interno dell'organizzazione, rompendo i silos tradizionali e promuovendo una cultura di condivisione e collaborazione. Questo tipo di comunicazione supporta l'innovazione, in quanto le idee possono provenire da qualsiasi livello dell'organizzazione, e rafforza la flessibilità, permettendo alle informazioni critiche di fluire rapidamente in risposta a cambiamenti esterni o interni.

Analisi Predittiva

L'utilizzo dell'analisi predittiva per esaminare dati e tendenze può offrire preziose intuizioni sulle direzioni future del mercato, consentendo alle organizzazioni di adeguare preventivamente le loro strategie. Prevedere le mutevoli esigenze dei consumatori, le tendenze tecnologiche emergenti o i potenziali rischi di mercato permette di anticipare i cambiamenti piuttosto che reagire, posizionando l'organizzazione in una postura proattiva di continua adattabilità e innovazione.

Pratiche di Lavoro Flessibili

L'implementazione di pratiche di lavoro flessibili, inclusi orari di lavoro variabili, telelavoro e modelli di lavoro ibridi, dimostra l'adattabilità dell'organizzazione non solo alle esigenze del mercato ma anche a quelle dei suoi dipendenti. Queste pratiche possono migliorare significativamente la produttività e la soddisfazione dei lavoratori, promuovendo al contempo un migliore equilibrio tra vita lavorativa e personale. Un ambiente di lavoro che supporta la flessibilità personale è meglio attrezzato per attrarre e trattenere talenti, essenziale per la capacità di adattamento e innovazione a lungo termine dell'organizzazione.

Questi ulteriori dettagli mettono in luce come la flessibilità e la fluidità siano il risultato di una serie integrata di pratiche e approcci che vanno ben oltre la mera capacità di rispondere rapidamente ai cambiamenti. L'adozione di un approccio olistico al cambiamento, la promozione di una comunicazione trasversale, l'utilizzo di analisi predittive per anticipare il futuro e l'implementazione di pratiche di lavoro flessibili sono tutti aspetti fondamentali che contribuiscono a creare un ecosistema organizzativo dinamico, resiliente e continuamente adattabile. Questa comprensione profonda e olistica dell'adattabilità permette alle organizzazioni non solo di sopravvivere ma di prosperare in un contesto globale in rapida evoluzione.

Nell'ulteriore approfondimento della flessibilità e fluidità organizzativa, è cruciale esplorare l'impatto di un ambiente di lavoro inclusivo ed equo, la significativa relazione tra l'empowerment dei dipendenti e l'innovazione sostenibile, il valore dell'apprendimento intergenerazionale per ampliare la prospettiva organizzativa, e l'importanza di una leadership visionaria nel guidare la trasformazione continua.

Ambiente di Lavoro Inclusivo ed Equo

Un ambiente di lavoro che promuove l'inclusività e l'equità è fondamentale per sfruttare appieno il potenziale di flessibilità e fluidità. La creazione di spazi in cui tutti i dipendenti si sentano valorizzati e inclusi non solo migliora il benessere e la motivazione ma anche alimenta la diversità di pensiero, cruciale per l'innovazione e l'adattabilità. Organizzazioni che impegnano risorse nello sviluppo di politiche e pratiche inclusive possono aspettarsi una maggiore collaborazione, una riduzione del turnover e una più ampia gamma di soluzioni creative ai problemi emergenti.

Empowerment dei Dipendenti e Innovazione Sostenibile

L'empowerment dei dipendenti gioca un ruolo chiave nell'abilitare l'innovazione sostenibile. Fornire ai team l'autonomia di esplorare nuove idee, di sperimentare e di prendere iniziative conduce a una maggiore agilità organizzativa. Quando i dipendenti si sentono supportati nella loro crescita personale e professionale e sono incoraggiati a contribuire attivamente al processo innovativo, l'organizzazione nel suo insieme diventa più resiliente, adattabile e capace di perseguire l'innovazione in modo continuativo

Apprendimento Intergenerazionale

L'apprendimento intergenerazionale, che incoraggia il trasferimento di conoscenze tra dipendenti di diverse età e livelli di esperienza, arricchisce la capacità di un'organizzazione di adattarsi e innovare. Questa pratica non solo facilita la conservazione delle conoscenze organizzative ma promuove anche una cultura di apprendimento continuo. La diversità di prospettive e esperienze può stimolare nuovi modi di pensare e risolvere problemi, rafforzando la flessibilità organizzativa e preparando l'organizzazione a sfide future impreviste.

Leadership Visionaria

La leadership visionaria è essenziale per guidare un'organizzazione attraverso il cambiamento e mantenere un vantaggio competitivo in un ambiente in continua evoluzione. Leader che dimostrano una visione chiara del futuro, capacità di anticipare le tendenze di mercato e di guidare l'innovazione, sono in grado di ispirare e mobilitare i loro team verso obiettivi comuni. Una leadership efficace comprende l'importanza di costruire e mantenere una cultura organizzativa che valori la flessibilità, la collaborazione e l'apertura al cambiamento, creando le condizioni per una trasformazione continua e uno sviluppo sostenibile.

Questi ulteriori approfondimenti rivelano come la flessibilità e la fluidità siano profondamente radicate in una cultura organizzativa che valorizza l'inclusività, l'empowerment dei dipendenti, l'apprendimento intergenerazionale e una leadership visionaria. Questi elementi interconnessi formano il tessuto di un'organizzazione realmente adattabile, capace di navigare con successo l'incertezza e di sfruttare le opportunità emergenti, assicurando al contempo il benessere e la crescita dei suoi membri e il contributo positivo al contesto sociale ed economico più ampio.

Proseguendo nell'analisi della flessibilità e fluidità come principi chiave per la resilienza e il successo organizzativo, è cruciale esplorare l'importanza delle partnership strategiche esterne, l'efficacia delle piattaforme collaborative digitali, il potere della trasparenza finanziaria per guadagnare fiducia e sostegno, e il ruolo della sostenibilità ambientale nelle strategie di adattamento.

Partnership Strategiche Esterne

Le partnership strategiche con altre organizzazioni, istituzioni accademiche o enti governativi possono significativamente ampliare la capacità di un'organizzazione di essere flessibile e fluida. Attraverso queste collaborazioni, le organizzazioni possono accedere a nuove risorse, competenze e mercati, oltre a condividere rischi e costi associati all'esplorazione di nuove opportunità o tecnologie. Le partnership strategiche esterne offrono un canale per l'innovazione e l'apprendimento reciproco, consentendo alle organizzazioni di adattarsi più rapidamente ai cambiamenti ambientali e di mercato.

Piattaforme Collaborative Digitali

L'utilizzo di piattaforme collaborative digitali facilita la
comunicazione, la condivisione delle conoscenze e la gestione di
progetti in ambienti di lavoro sempre più distribuiti
geograficamente. Questi strumenti consentono ai team di
lavorare insieme in modo efficace, indipendentemente dalla loro
posizione, promuovendo un ambiente di lavoro flessibile e
reattivo. Le piattaforme digitali supportano l'innovazione
aperta, permettendo a persone di diverse aree
dell'organizzazione, o addirittura esterne ad essa, di contribuire
a progetti comuni, accelerando il processo di innovazione e
adattamento.

Trasparenza Finanziaria

La trasparenza finanziaria gioca un ruolo cruciale nel rafforzare
la fiducia e il sostegno sia all'interno che all'esterno
dell'organizzazione. Rendere noti i risultati finanziari, le
strategie di investimento e le previsioni di mercato aiuta a
costruire una base di fiducia con stakeholder, dipendenti e
partner. Questa trasparenza consente anche di navigare più
efficacemente in periodi di incertezza finanziaria, poiché le parti
interessate sono meglio informate sulle sfide e sulle strategie
adottate dall'organizzazione per affrontarle.

Sostenibilità Ambientale

Incorporare la sostenibilità ambientale nelle strategie di
adattamento non solo dimostra l'impegno di un'organizzazione
nei confronti della responsabilità sociale d'impresa, ma può
anche offrire vantaggi competitivi a lungo termine. Le strategie
sostenibili possono ridurre i costi attraverso una maggiore
efficienza energetica e una riduzione degli sprechi, oltre a creare
nuove opportunità di mercato attraverso prodotti e servizi ecocompatibili. La sostenibilità ambientale rafforza la resilienza
organizzativa, preparando l'azienda a normative future più

stringenti e rispondendo alle crescenti aspettative dei consumatori per pratiche aziendali responsabili.

Questi approfondimenti mettono in evidenza come la flessibilità e la fluidità siano sostenute da una combinazione di collaborazioni strategiche, adozione di tecnologie collaborative, pratiche di trasparenza finanziaria e un impegno verso la sostenibilità ambientale. Questi fattori, collettivamente, non solo migliorano la capacità di un'organizzazione di adattarsi e prosperare in un panorama in rapido cambiamento, ma contribuiscono anche alla costruzione di un'identità aziendale robusta e responsabile, capace di attrarre talenti, investitori e clienti in un mercato globale sempre più consapevole e connesso.

Concludendo l'esplorazione approfondita del potere della flessibilità e fluidità organizzativa, si sottolinea che queste qualità non sono semplicemente tattiche reattive di fronte al cambiamento, ma principi fondamentali che guidano l'innovazione, la crescita sostenibile e la resilienza in un ambiente globale in continua evoluzione. L'integrazione di strategie di adattabilità, la costruzione di culture organizzative aperte e dinamiche, l'adozione di tecnologie avanzate e l'impegno verso pratiche sostenibili ed etiche rappresentano la base su cui le organizzazioni moderne possono non solo sopravvivere ma realmente prosperare.

L'Essenza dell'Adattabilità Strategica

L'adattabilità strategica emerge come un elemento essenziale, che richiede una visione lungimirante e la capacità di anticipare e rispondere agilmente ai cambiamenti. Questa flessibilità non è limitata alla capacità di modificare i piani operativi, ma si estende alla trasformazione dei modelli di business, alla reinvenzione dei prodotti e servizi e alla riconfigurazione delle strutture organizzative per rimanere rilevanti e competitivi.

Creazione di Culture Dinamiche

Le organizzazioni che promuovono culture dinamiche, incentrate sull'apprendimento continuo, sulla collaborazione e sull'innovazione, sono meglio attrezzate per affrontare le sfide del futuro. Queste culture valorizzano la diversità di pensiero, incoraggiano la sperimentazione e abbracciano l'errore come opportunità di apprendimento, costruendo così una forza lavoro resiliente e adattabile.

Tecnologia come Abilitatore di Flessibilità

La tecnologia gioca un ruolo cruciale nell'abilitare la flessibilità e la fluidità organizzativa. L'adozione di strumenti digitali, piattaforme collaborative e soluzioni basate sul cloud consente alle organizzazioni di operare con maggiore efficienza, di migliorare la comunicazione interna ed esterna e di sfruttare dati e analisi per prendere decisioni informate. Questa infrastruttura tecnologica fornisce il fondamento per un'operatività agile e una capacità di innovazione costante.

Impegno verso la Sostenibilità e l'Etica

Infine, un solido impegno verso la sostenibilità e l'etica dimostra non solo una responsabilità verso la società e l'ambiente ma anche una visione strategica che riconosce l'importanza di costruire un futuro resiliente. Le pratiche sostenibili ed etiche migliorano la reputazione dell'organizzazione, attraggono talenti e clienti consapevoli e preparano l'entità a navigare nel contesto di un mondo che pone sempre maggior enfasi sulla responsabilità sociale d'impresa.

In sintesi, il potere della flessibilità e fluidità trascende la semplice capacità di adattarsi ai cambiamenti. È una filosofia operativa che intreccia l'agilità strategica, le culture organizzative dinamiche, l'avanzamento tecnologico e l'impegno verso pratiche sostenibili ed etiche in un approccio coeso che posiziona le organizzazioni per il successo a lungo termine. Attraverso l'adozione di questi principi, le entità possono affrontare le incertezze future con fiducia, trasformando le sfide in opportunità e guidando l'innovazione in un'era di trasformazione senza precedenti.

20. L'eredità del potere: Riflessioni su come il potere è percepito e trasmesso attraverso le generazioni, e come costruire un'eredità duratura.

L'eredità del potere, e come essa è percepita e trasmessa attraverso le generazioni, tocca profondamente le radici dell'identità culturale, sociale e personale. La trasmissione del potere, che può assumere forme materiali come la ricchezza o il patrimonio, o immateriali come il sapere e le competenze, influisce significativamente sulla struttura della società e sulle dinamiche interpersonali. Riflettere su come costruire un'eredità duratura richiede un'esplorazione delle pratiche, dei valori e dei principi che determinano non solo il successo e l'influenza nel presente, ma anche l'impatto e il ricordo nel futuro.

Percezione del Potere attraverso le Generazioni

La percezione del potere varia significativamente attraverso le generazioni, influenzata da cambiamenti culturali, sociali e tecnologici. Mentre alcune generazioni possono valorizzare l'acquisizione di potere attraverso la ricchezza materiale o la posizione sociale, altre possono enfatizzare il potere dell'informazione, dell'innovazione o dell'impatto sociale. Comprendere queste diverse percezioni è essenziale per chi aspira a lasciare un'eredità duratura, poiché richiede un adattamento alle mutevoli definizioni di successo e influenza.

Trasmissione del Potere

La trasmissione del potere attraverso le generazioni si realizza non solo attraverso l'assegnazione di beni e titoli ma anche mediante la condivisione di conoscenze, valori e competenze. Educare le generazioni future, sia all'interno delle famiglie che delle comunità, sul valore dell'etica del lavoro, della responsabilità sociale, dell'integrità e della compassione, è fondamentale per costruire una base solida su cui possono erigere il loro successo e influenzare positivamente il mondo.

Costruzione di un'Eredità Duratura

Costruire un'eredità duratura richiede una visione a lungo termine e un impegno costante verso gli obiettivi che trascendono l'interesse personale. Ciò implica investire in cause e progetti che hanno un impatto positivo sulla società, promuovere la sostenibilità e l'equità, e agire come modelli di ruolo etici e responsabili. Un'eredità duratura non si misura solo dal successo materiale lasciato alle generazioni future, ma anche dall'impronta morale o culturale che guida il loro sviluppo e ispira il loro contributo alla società.

L'Importanza dell'Umanità e della Connessione

Nel costruire un'eredità, l'importanza di mantenere l'umanità e la connessione con gli altri è fondamentale. Il potere autentico e duraturo deriva dalla capacità di influenzare positivamente la vita delle persone, di costruire relazioni significative e di contribuire al benessere collettivo. Riconoscere l'interdipendenza umana e agire con empatia e generosità può rafforzare le fondamenta di un'eredità che sopravvive alla prova del tempo.

In sintesi, l'eredità del potere è un concetto multidimensionale che comprende la trasmissione di beni materiali e immateriali, così come i valori, le conoscenze e i principi. Costruire un'eredità duratura richiede una profonda riflessione sul significato del successo e dell'influenza, un impegno per il benessere della società e un approccio etico alla leadership e al potere. Attraverso la valorizzazione delle relazioni umane, l'investimento nell'educazione delle generazioni future e l'impegno in cause che promuovono il progresso sociale e ambientale, è possibile lasciare un segno indelebile che beneficia non solo della propria discendenza ma dell'intera comunità umana.

Proseguendo nell'esame dell'eredità del potere e della sua trasmissione attraverso le generazioni, emerge l'importanza di considerare il ruolo dell'innovazione e dell'adattamento al cambiamento, l'effetto delle narrazioni familiari e comunitarie nell'inculcare valori e aspirazioni, il potenziale dell'educazione come strumento di empowerment e la responsabilità di promuovere l'equità intergenerazionale.

Innovazione e Adattamento al Cambiamento

Per costruire un'eredità duratura, è fondamentale riconoscere il valore dell'innovazione e della capacità di adattarsi ai cambiamenti ambientali, tecnologici e sociali. Le generazioni future beneficeranno non solo delle risorse e dei beni ereditati, ma anche dell'esempio di flessibilità e di resilienza mostrato dai loro predecessori. Promuovere un approccio al potere che incoraggi la curiosità, l'apprendimento continuo e l'apertura alle nuove idee assicura che l'eredità trasmessa rimanga rilevante e influente, nonostante l'evoluzione del contesto globale.

Narrazioni Familiari e Comunitarie

Le storie e le narrazioni condivise all'interno delle famiglie e delle comunità giocano un ruolo cruciale nel modellare le percezioni del potere e dell'eredità. Queste narrazioni trasmettono valori, insegnamenti e aspirazioni, servendo come ponte tra il passato, il presente e il futuro. Valorizzare e preservare queste storie può ispirare le generazioni future a perseguire i loro obiettivi con integrità e determinazione, rafforzando il senso di appartenenza e continuità.

Educazione come Strumento di Empowerment

L'investimento nell'educazione delle generazioni future è un pilastro fondamentale nella costruzione di un'eredità duratura. Fornire opportunità educative non solo prepara i giovani ad affrontare le sfide del futuro con competenza e sicurezza, ma promuove anche lo sviluppo di leader responsabili e consapevoli. L'educazione può essere considerata uno degli investimenti più potenti nell'eredità del potere, poiché abilita l'individuo a realizzare il proprio potenziale e a contribuire significativamente alla società.

Promozione dell'Equità Intergenerazionale

La responsabilità di garantire l'equità intergenerazionale sottolinea la necessità di prendere decisioni consapevoli che non gravino indebitamente sulle generazioni future. Ciò implica un'attenta considerazione dell'impatto ambientale, sociale ed economico delle azioni odierne. Promuovere pratiche sostenibili e giuste assicura che l'eredità del potere non sia solo un trasferimento di ricchezza o conoscenza, ma anche la custodia di un mondo in cui le future generazioni possano prosperare.

Questi approfondimenti dimostrano che l'eredità del potere è un concetto complesso, che trascende la semplice trasmissione di beni materiali. Include la responsabilità di ispirare, educare e preparare le generazioni future ad affrontare un mondo in continua evoluzione. Attraverso l'innovazione, la narrazione, l'educazione e l'impegno per l'equità intergenerazionale, è possibile creare un'eredità che non solo sopravvive nel tempo, ma che arricchisce e migliora la società nel suo insieme, lasciando un impatto positivo e duraturo.

Espandendo ulteriormente la comprensione dell'eredità del potere, è imperativo esaminare l'influenza delle tecnologie emergenti sulla conservazione e trasmissione del sapere, il ruolo della mentorship intergenerazionale nell'affinare le capacità di leadership, l'importanza della responsabilità sociale e ambientale nelle pratiche aziendali, e il potere delle reti sociali nel creare comunità resilienti e solidali.

Tecnologie Emergenti e Trasmissione del Sapere

Le tecnologie emergenti hanno rivoluzionato il modo in cui il sapere e il potere vengono conservati e trasmessi alle future generazioni. Piattaforme digitali, archivi online e tecnologie blockchain offrono nuove modalità per documentare, preservare e condividere la conoscenza. Questi strumenti non solo facilitano l'accesso a una vasta gamma di informazioni ma promuovono anche una democratizzazione del sapere, consentendo a più persone di contribuire al patrimonio collettivo di conoscenze e innovazioni. Le organizzazioni e gli individui che sfruttano queste tecnologie possono assicurare che il loro impatto e le loro idee persistano ben oltre la loro esistenza fisica.

Mentorship Intergenerazionale

La mentorship intergenerazionale rappresenta un ponte vitale tra il passato e il futuro, permettendo la trasmissione di esperienze, saggezza e competenze. Attraverso relazioni di mentorship, i leader esperti possono guidare e ispirare le nuove generazioni, fornendo loro le competenze e la fiducia necessarie per affrontare le sfide imminenti. Queste relazioni arricchiscono entrambe le parti, offrendo ai mentor una nuova prospettiva e ai mentee una solida base su cui costruire il proprio percorso di crescita personale e professionale.

Responsabilità Sociale e Ambientale

L'integrazione della responsabilità sociale e ambientale nelle decisioni aziendali e personali è diventata un aspetto fondamentale dell'eredità del potere nel ventunesimo secolo. Le pratiche sostenibili non solo mitigano l'impatto negativo sull'ambiente ma costruiscono anche un legame di fiducia con clienti, dipendenti e la comunità in generale. Organizzazioni e individui che priorizzano l'etica e la sostenibilità nelle loro attività lasciano un'eredità di impegno per un futuro più giusto e vivibile, ispirando altri a seguire il loro esempio.

Potere delle Reti Sociali

Infine, il potere delle reti sociali nel costruire e sostenere comunità resilienti e solidali è un aspetto cruciale dell'eredità del potere. Le reti sociali, sia online che offline, possono mobilitare risorse, sostenere cause e promuovere il cambiamento su larga scala. Creando e mantenendo reti di supporto, gli individui e le organizzazioni possono esercitare un'influenza positiva che va oltre le loro capacità individuali, contribuendo alla costruzione di una società più coesa e capace di affrontare collettivamente le sfide.

Questi elementi aggiuntivi illustrano come l'eredità del potere sia intrinsecamente legata all'innovazione, alla condivisione di conoscenze, alla responsabilità sociale e alla costruzione di reti di supporto. Attraverso l'adozione di un approccio olistico e futuro-orientato al potere, è possibile lasciare un impatto duraturo che non solo celebra i successi del passato ma, cosa più importante, prepara il terreno per un futuro prospero e sostenibile.

Proseguendo nell'analisi dell'eredità del potere e della sua trasformazione e trasmissione intergenerazionale, diventa evidente l'importanza di coltivare una cultura dell'etica e dell'integrità, il valore dell'investimento in iniziative di responsabilità collettiva, l'impiego di narrazioni per forgiare un legame tra il passato, il presente e il futuro, e il ruolo critico della diversità e dell'inclusione nel plasmare un'eredità che rifletta i valori universali di equità e giustizia.

Cultura dell'Etica e dell'Integrità

Un fondamento di etica e integrità è imprescindibile per chi desidera lasciare un'eredità di potere rispettabile e duratura. Incoraggiare comportamenti guidati da principi etici e moralmente solidi all'interno delle organizzazioni e delle comunità assicura che le decisioni prese oggi sostengano non solo il successo a lungo termine ma anche il benessere collettivo.

Questo approccio etico al potere crea un modello di leadership che valorizza la trasparenza, l'equità e la responsabilità, influenzando positivamente le generazioni future.

Iniziative di Responsabilità Collettiva

Investire in iniziative che promuovono la responsabilità collettiva verso la società e l'ambiente contribuisce significativamente alla creazione di un'eredità positiva del potere. Impegnarsi in progetti che affrontano questioni come la povertà, l'istruzione, la salute globale e la crisi climatica dimostra una visione del potere che trascende l'interesse personale per abbracciare un impegno verso il progresso umano e la sostenibilità. Queste azioni ispirano un senso di scopo condiviso e motivano gli altri a contribuire attivamente al bene comune.

Narrazioni che Collegano Passato, Presente e Futuro

Le narrazioni che intrecciano le esperienze del passato con le visioni per il futuro giocano un ruolo cruciale nell'eredità del potere. Raccontare storie che riflettono le lotte, i successi e i valori attraverso le generazioni non solo conserva la memoria storica ma serve anche come fonte di ispirazione e guida per le azioni future. Queste narrazioni possono rafforzare l'identità collettiva e personale, sottolineando l'importanza delle radici e delle tradizioni nel plasmare le aspirazioni e gli obiettivi futuri.

Diversità e Inclusione

Riconoscere e valorizzare la diversità e l'inclusione è fondamentale per costruire un'eredità di potere che sia equa e rappresentativa della società nel suo insieme. Promuovere ambienti in cui diverse prospettive, esperienze e background sono accolti e rispettati non solo arricchisce il processo decisionale ma contribuisce anche a un maggiore senso di appartenenza e accettazione. Un'eredità che abbraccia la diversità e l'inclusione riflette un impegno verso la costruzione di un futuro in cui il potere è condiviso e accessibile a tutti, promuovendo la giustizia sociale e l'equità.

Attraverso questi ulteriori sviluppi, si sottolinea come l'eredità del potere sia intrinsecamente legata a principi di etica, responsabilità, narrazione e inclusione. La realizzazione di un'eredità che trascenda il tempo e influenzi positivamente le future generazioni richiede una riflessione profonda sulle proprie azioni e sui valori che si desidera trasmettere. L'investimento in comportamenti etici, iniziative di beneficio collettivo, la valorizzazione delle storie condivise e la promozione di un ambiente inclusivo e diversificato sono tutti elementi chiave per forgiare un'eredità di potere che non solo perduri ma elevi l'umanità verso aspirazioni più alte e condivise.

Concludendo l'esplorazione dell'eredità del potere e della sua risonanza attraverso le generazioni, emerge una profonda comprensione del fatto che l'eredità vera e duratura trascende la mera accumulazione e trasmissione di ricchezza materiale o posizioni di autorità. È intrinsecamente legata alla capacità di influenzare positivamente la vita degli altri, di promuovere valori di integrità, etica, responsabilità sociale e ambientale, e di ispirare le future generazioni ad agire per il bene comune. Questa eredità si costruisce su fondamenta di leadership visionaria, cultura dell'apprendimento continuo, innovazione responsabile e impegno per la diversità e l'inclusione.

Leadership Visionaria e Etica

L'eredità del potere richiede una leadership che esemplifichi la visione, l'integrità e l'etica, orientando le azioni non solo verso il successo personale o organizzativo ma anche verso il contributo a una società più giusta e sostenibile. La capacità di anticipare il futuro, di comprendere le implicazioni delle proprie decisioni e di agire con responsabilità etica stabilisce un modello per le

generazioni future, ispirandole a perseguire obiettivi che
trascendono l'interesse individuale.

Cultura dell'Apprendimento e Innovazione Responsabile

Fondamentale per un'eredità duratura è l'incoraggiamento di
una cultura dell'apprendimento continuo e dell'innovazione
responsabile, dove la ricerca e l'applicazione di nuove
conoscenze sono dirette a risolvere problemi critici e a
migliorare la vita delle persone. L'innovazione, guidata da
principi di sostenibilità e equità, non solo spinge il progresso
tecnologico ma promuove anche soluzioni che rispettano
l'ambiente e migliorano la coesione sociale.

Impegno per la Diversità e l'Inclusione

Un'eredità di potere significativa incorpora e celebra la diversità,
riconoscendo che le prospettive e le esperienze diverse
arricchiscono la comprensione e l'efficacia delle soluzioni ai
problemi globali. Promuovere l'inclusione e garantire che tutti
abbiano l'opportunità di contribuire e beneficiare del progresso
comune rafforza la resilienza sociale e contribuisce a un tessuto
comunitario più vibrante e sostenibile.

Responsabilità Sociale e Ambientale

Infine, l'eredità del potere si manifesta nel lascito di un mondo
migliore per le generazioni future, attraverso un impegno
incrollabile per la responsabilità sociale e ambientale. La
decisione di agire in modi che proteggano l'ambiente,
promuovano la giustizia sociale e economica e sostengano lo
sviluppo sostenibile è fondamentale per costruire un'eredità che
non solo perduri nel tempo ma sia anche fonte di ispirazione per
l'azione positiva.

In sintesi, costruire un'eredità di potere duratura va oltre il
successo personale o organizzativo e si radica profondamente
nell'impatto positivo che si lascia sul mondo. È una

combinazione di leadership visionaria, innovazione responsabile, promozione della diversità e dell'inclusione, e un impegno costante per l'etica, la responsabilità sociale e ambientale. Questa eredità, trasmessa attraverso le generazioni, serve non solo come un ricordo delle conquiste passate ma come una bussola per guidare le future generazioni verso un impegno condiviso per il benessere collettivo e la prosperità sostenibile.

In questo libro abbiamo esplorato venti concetti fondamentali riguardanti il potere, la sua natura, il suo impatto sociale, le strategie per la sua acquisizione e gestione, e le riflessioni su come può essere usato per influenzare positivamente il mondo. Ogni capitolo ha fornito approfondimenti critici e strategie pratiche su vari aspetti del potere, dalla sua dinamica nelle relazioni interpersonali alla sua eredità attraverso le generazioni.

1. **La natura del potere**: comprendere le sue radici e le sue manifestazioni nel contesto sociale e personale.

2. **L'arte della persuasione**: tecniche e approcci per influenzare gli altri.

3. **Strategie di comunicazione**: come comunicare in modo efficace per esercitare potere.

4. **Psicologia della manipolazione**: riconoscere e difendersi dalle tecniche manipolative.

5. **Leadership e autorità**: costruire e mantenere una leadership efficace.

6. **Dinamiche del potere nelle relazioni**: gestire il potere in contesti personali e professionali.

7. **Ruolo della segretezza**: l'importanza della discrezione nella strategia del potere.

8. **Gestione dell'immagine pubblica**: tecniche per influenzare la percezione pubblica.

9. **Strategia dell'assenza**: utilizzare l'assenza per aumentare il potere e l'influenza.

10. **Linguaggio non verbale**: il potere dei segnali non verbali nella comunicazione.

11. **Sovversione delle strutture di potere**: strategie per cambiare o sfidare l'ordine esistente.

12. **Adattabilità al cambiamento**: la capacità di rimanere influenti in contesti in evoluzione.

13. **Guerra psicologica**: tecniche per indebolire gli avversari mentalmente.

14. **Pianificazione a lungo termine**: visione e strategia per il successo duraturo.

15. **Legge della reciprocità**: come il dare e il ricevere influenzano il potere.

16. **Gestione dei conflitti**: strategie per risolvere i conflitti mantenendo il potere.

17. **Potere della conoscenza**: utilizzare l'informazione come strumento di potere.

18. **Psicologia del timore e del rispetto**: bilanciare paura e ammirazione.

19. **Flessibilità e fluidità**: l'abilità di cambiare strategie per mantenere il vantaggio.

20. **L'eredità del potere**: riflessioni sull'impatto duraturo e la trasmissione intergenerazionale del potere.

Risorse Aggiuntive

Per coloro che desiderano approfondire ulteriormente questi argomenti, esistono numerose risorse disponibili online e in formato cartaceo. Alcuni siti web utili includono:

- **TED Talks**: una piattaforma eccellente per esplorazioni su leadership, psicologia sociale, e dinamiche del potere attraverso discorsi di esperti.

- **Psychology Today**: offre articoli su vari aspetti della psicologia umana, inclusa la manipolazione e le strategie di persuasione.

- **Harvard Business Review**: risorsa preziosa per articoli su leadership, gestione del potere in contesti aziendali e strategie di comunicazione efficaci.

- **Coursera e edX**: piattaforme di apprendimento online che offrono corsi su leadership, psicologia, comunicazione e molti altri temi correlati al potere.

Guide Utili

Libri e pubblicazioni specifiche sul tema del potere includono:

- **"Le 48 leggi del potere" di Robert Greene**: una guida che esplora le leggi storiche del potere e della manipolazione.

- **"Come farsi ascoltare" di Dale Carnegie**: offre consigli su come migliorare le proprie capacità comunicative e persuasive.

- **"Leadership" di Daniel Goleman**: esamina le competenze necessarie per una leadership efficace, inclusa l'intelligenza emotiva.

Ricordate, il potere è uno strumento che, se usato saggiamente, può portare a cambiamenti positivi sia nella propria vita che nella società. La chiave sta nell'approccio etico alla sua acquisizione e utilizzo, mirando sempre a un impatto benefico e duraturo.